디지털자산의
이해를 위한
회계 · 세무 · valuation
안내서

디지털자산의 이해를 위한
회계·세무·valuation 안내서

2024년 12월 26일 초판 인쇄
2025년 1월 3일 초판 발행

지 은 이 ㅣ 전우수, 김성수, 이중욱
발 행 인 ㅣ 이희태
발 행 처 ㅣ 삼일피더블유씨솔루션
등록번호 ㅣ 1995.6.26. 제3-633호
주　　소 ㅣ 서울특별시 용산구 한강대로 273 용산빌딩 4층
전　　화 ㅣ 02)3489-3100
팩　　스 ㅣ 02)3489-3141
가　　격 ㅣ 30,000원

ISBN 979-11-6784-323-4 03320

4차산업과 블록체인, 가상자산, 암호화폐, NFT의 개념 및 시장의 이해,
가치평가, 회계, 세무 설명서

디지털자산의 이해를 위한 회계·세무·valuation 안내서

전우수 · 김성수 · 이중욱 지음

SAMIL | 삼일인포마인

머리말

2008년 10월 31일 오후 2시 10분, 프라이버시 보호와 암호화 기술을 기반으로 한 개인 자유와 익명성을 추구하는 활동가 집단인 Cypherpunk 회원들에게 한편의 논문이 메일로 발송됩니다. 논문의 제목은

"Bitcoin: A Peer-to-Peer Electronic Cash System".

아직도 실체가 밝혀지지 않은 Satoshi Nakamoto라는 의문의 인물이 쓴 이 9페이지 분량의 논문은 2009년 비트코인 네트워크의 첫 블록이 생성되고 한 프로그래머가 미국에서 비트코인을 이용하여 피자 2판을 구매하면서 세상에 그 존재를 알리기 시작했습니다.

이후 탈중앙화 철학과 블록체인 기술을 기반으로 한 디지털자산(가상자산)은 여러 유형의 경제적 가치를 표방하면서 상거래뿐만 아니라 사회전반에 그 영향력을 넓혀가고 있습니다.

그러나 많은 사람들이 여전히 가상자산을 무조건적으로 숭배하거나 무조건적으로 배척하는 경우를 목격하게 됩니다. 새로움을 접했을 때는 그것이 무엇인지 이해하고 그것이 어떤 가치가 있을 것인지 알아보려는 노력이 필요하지 않을까 생각됩니다.

이 책은 디지털자산(가상자산)을 이해하기 위한 책입니다. 다양한 각각의 디지털자산(가상자산)이 진정 가치가 있는지 없는지, 어떤 의미가 있는지, 회계적으로 세무적으로 어떻게 처리해야 되는지 등을 알기 위해 도움이 되는 책이 되고자 합니다.

이 책의 목적은 디지털자산(가상자산)에 대한 기본적인 이해를 도우며, 나아가 디지털자산의 가치를 파악하고 이를 기초로 현재 논의되고 있는 가치평가방법을 활용할 수 있도록 안내하며, 회계와 세무문제를 처리함에 있어 필요한 사항과 기준을 참고할 수 있도록 기술하였습니다.

이 책은 크게 3부분으로 구분됩니다.

Part1은 디지털자산(가상자산)에 대한 개념과 역사, 가상자산의 종류 및 기초적인 기술, 가상자산의 이슈와 과제 그리고 가상자산의 미래와 전망에 대해 간단하게 다룹니다.

Part2는 디지털자산(가상자산)의 가치평가에 대한 설명입니다. 가치평가를 위한 디지털자산의 분석, 가치평가를 위해 필요한 필수적인 디지털자산의 환경 및 디지털자산 특성에 대한 이해 및 이를 위한 체크리스트, 디지털자산 평가를 위한 다양한 방법론과 평가 예시 및 사례, 그리고 디지털자산 평가의 한계 및 향후 과제에 대한 내용 등을 포함합니다.

Part3은 가상자산의 회계처리 및 세무에 대한 설명입니다. 가상자산 발행기업 및 보유기업, 그리고 거래소와 같은 사업자의 회계처리 및 과세와 개인 및 법인의 세무이슈 등을 포함합니다.

디지털자산에 대한 관심은 점차 늘어나고 있지만, 아직은 경제적 가치와 시장의 신뢰를 충분히 확보하지 못한 단계로 볼 수 있고 또한 많은 논란의 중심에 있다고 볼 수 있습니다. 그러나 디지털자산과 관련된 프로젝트는 지금도 진화를 거듭하고 있는 진행형이며, 블록체인을 기반으로 한 기술은 계속 발전하고 있습니다.

디지털자산 프로젝트들과 블록체인 기술이 어떤 방향으로 발전할 것인지는 시장참여자들의 몫입니다. 아직은 가치 있는 자산으로서 많은 한계를 보이고 있지만, 기술의 발달과 새로운 아이디어들의 등장으로 앞으로 성장할 잠재력이 있다는 점을 동시에 받아들이고 관심을 가질 때 가상자산, 암호화폐 등으로 불리는 디지털자산은 사회적으로 가치 있는 자산으로 자리잡을 수 있을 것입니다.

많은 분들이 이 책의 시작과 완성에 도움을 주셨습니다. 바쁜 일상에서도 기꺼이 자료를 찾는데 많은 도움을 주신 임혜진님, 디지털자산 이해에 많은 도움을 주신 (주)에그버스 COO 황재훈님께 깊이 감사드립니다. 책의 출간을 적극 지원해 주신 삼일피더블유씨솔루션의 이희태 대표이사님, 조원오 전무님, 김동원 이사님, 최원석 이사님께 감사드리며, 임연혁 차장님, 이슬기 대리님을 비롯한 편집부 팀원분들께도 이 지면을 빌어 감사 인사를 드립니다. 그리고 항상 곁에서 격려와 함께 에너지를 불어넣어 주는 가족에게도 함께 해줘서 늘 고맙다는 말을 드립니다. 더불어 이 순간 저희들과 함께 해주시는 여러분들께도 깊이 감사드립니다. 감사합니다.

2024년 12월 저자 일동

목차

Part 2 디지털자산의 가치평가

Part 3 가상자산의 회계 및 세무

본문에 들어가기에 앞서…

디지털자산 혹은 가상자산에 대한 국제적으로 합의된 용어의 정의는 아직 이루어지지 않은 상태입니다. 이로 인해 현재 디지털자산, 가상자산은 각국, 각 기관마다 디지털자산(Digital Asset), 가상자산(Virtual Asset), 암호화폐(Crypto Currency), 암호자산(Crypto Asset), 가상화폐(Virtual Currency) 등 다양한 명칭으로 사용되고 있습니다.

본서의 제1장과 제3장에서는 우리나라의 주요 기관에서 사용하고 있는 용어가 "가상자산"임을 고려하여 "가상자산"이라는 용어를 대표 용어로 사용하고, 제2장에서는 디지털 형태의 모든 자산에 대한 가치를 다룬다는 측면에서 "디지털자산"이라는 용어를 대표 용어로 사용합니다.

디지털자산 (가상자산)에 대한 이해

Part 1

1.1 | 가상자산이란 무엇인가?

가상자산(Virtual Asset)은 디지털화된 자산으로, 블록체인 기술과 암호화폐의 발전과 함께 등장한 개념입니다. 이러한 자산은 물리적인 형태를 가지고 있지 않으며, 중앙집중형 시스템 없이 분산형 네트워크에서 거래되고 저장됩니다. 가상자산의 범위는 매우 넓으며, 디지털자산(Digital Asset), 가상자산(Virtual Asset), 암호화폐(Crypto Currency), 암호자산(Crypto Asset), 가상화폐(Virtual Currency) 등 다양한 명칭으로 분류되거나 정의됩니다. 이러한 형태의 가상자산은 일반적으로 중앙은행이나 정부의 개입 없이 탈중앙화 네트워크를 통해 거래되는 자산을 의미하며, 비트코인(Bitcoin)이 대표적인 예입니다.

가상자산은 본질적으로 블록체인 또는 분산원장기술(DLT)을 기반으로 합니다. 이는 모든 거래 기록을 여러 컴퓨터에 분산시켜 저장하는 방식으로, 거래의 투명성과 보안성을 보장합니다. 중앙기관 없이 참여자들 간에 거래가 이루어지므로 탈중앙화의 특징을 지니고 있으며, 거래원장을 체인처럼 각각의 블록을 연결하고 사용자들이 동일한 데이터를 공유하고 검증하며, 이 원장을 각 사용자의 컴퓨터에 분산하여 보관함으로써 시스템의 보안과 신뢰성 확보를 위한 기술을 중요시합니다. 또한, 가상자산은 암호화 기술을 이용해 거래의 안전성을 강화하고, 무단접근을 막을 수 있는 기능을 제공합니다.

탈중앙화 네트워크를 기반으로 하는 가상자산은 법정화폐와 달리 특정 국가의 정부나 중앙은행에 의해 발행되지 않으며, 그 가치는 시장 수요와 공급에 의해 결정됩니다. 이러한 특징 덕분에 가상자산은 투자 수단, 결제 수단, 가치 저장 수단으로서 중요한 역할을 하고 있습니다. 특히 최근에는 스테이블코인, 디지털자산, NFT(대체불가토큰) 등의 다양한 형태로 발전하면서, 가상자산의 역할이 더욱 확대되고 있습니다.

한편, 최근에는 각국 중앙은행들도 디지털 화폐에 대한 관심을 가지기 시작하면서 CBDC(Central Bank Digital Currency, 중앙은행 디지털 화폐)를 발행하고 있습니다. 예를 들어, 중국은 디지털 위안화를 통해 실험 단계를 거치고 있으며, 유럽연합은 디지털 유로화 개발을 논의 중에 있으며, 미국, 영국, 일본 등 주요 국가들 또한 CBDC 발행 가능성을 검토하고 있습니다. CBDC는 기존 암호화폐와는 달리 중앙은행이 발행하고 관리하는 디지털 화폐로, 국가가 보증하는 안정성을 바탕으로 디지털 경제의 기반을 마련하고자 하는 목적을 가지고 있습니다.

1.2 | 가상자산의 역사적 배경

1980년대와 1990년대는 인터넷과 컴퓨터 기술이 급격하게 발전하던 시기로 이와 함께 전자상거래(E-Commerce)의 개념이 등장하며, 온라인 결제를 위한 새로운 결제 수단이 필요하게 되었습니다. 기존의 신용카드 결제와 은행 송금 방식은 디지털 환경에서 효율성이 떨어졌고, 이를 대체할 전자화폐의 필요성이 대두되었습니다. 1983년, 암호학자 데이비드 차움(David Chaum)은 암호화 기술을 사용한 eCash 개념을 제안했는데, eCash는 사용자의 익명성을 보호하고, 디지털 서명을 통해 거래의 무결성을 보장하는 시스템이었습니다. 1990년대에는 DigiCash, E-Gold, PayPal과 같은 다양한 전자화폐 프로젝트가 등장했는데, 초기 전자화폐는 중앙화된 운영 방식을 채택하여 은행이나 특정 기관이 통제하는 시스템이었고, 이로 인해 보안 문제, 자금 세탁 위험, 정부 규제 등의 한계가 있었으며, 이러한 문제들은 이후 탈중앙화된 디지털 화폐 개념으로 이어지게 됩니다.

2008년 글로벌 금융 위기는 가상자산의 탄생에 중요한 계기가 되었는데, 금융 시스템의 붕괴와 은행에 대한 신뢰 하락은 중앙화된 금융 시스템의 문제점을 드러냈습니다. 이 시기에 사토시 나카모토(Satoshi Nakamoto)라는 익명의 인물이 비트코인(Bitcoin) 백서를 발표하면서, 블록체인 기반의 탈중앙화 가상자산의 역사가 시작되었습니다. 비트코인의 창시자 사토시 나카모토는 중앙화된 은행 시스템의 신뢰성 문제를 해결하고자, 디지털 화폐를 제안했으며, 이를 P2P 전자화폐 시스템으로 구현할 수 있는 방법을 제시했습니다. 사토시의 비트코인은 단순한 디지털 화폐가 아니라, 블록체인이라는 새로운 기술을 이용해 거래를 처리하고, 모든 기록을 탈중앙화된 방식으로 저장하는 시스템을 구축하였습니다. 이는 은행이나 정부와 같은 중앙집중형 기관 없이, 사용자가 직접 거래하고 네트워크가 모든 거래를 검증하는 방식입니다.

비트코인의 등장 이후, 가상자산은 단순히 디지털 화폐를 넘어 다양한 형태로 발전하기 시작했습니다. 이더리움(Ethereum)은 2015년에 등장한 또 다른 중요한 가상자산으로, 비트코인에 비해 훨씬 다양한 기능을 제공합니다. 이더리움은 스마트 계약 기능을 추가하여, 단순한 송금 외에도 자동화된 계약을 체결하고 실행할 수 있는 플랫폼을 제공하며, 블록체인 기술의 활용 범위를 확장했습니다.

이 외에도 다양한 가상자산들이 등장하게 되었으며, 각 가상자산은 나름의 특징과 목적을 지니고 있습니다. 이들은 모두 블록체인이라는 공통된 기반 위에서 다양한 혁신적 기능을 발휘하고 있습니다.

1.3 | 비트코인의 탄생과 발전

비트코인(Bitcoin)은 블록체인 기반의 탈중앙화 전자화폐 시초이자 가장 널리 알려진 암호화폐입니다. 2008년 사토시 나카모토라는 익명의 인물이 발표한 "비트코인: P2P 전자화폐 시스템" 백서는 금융 시스템의 중앙집중적인 구조에 대한 반발로, 분산형 디지털 화폐 시스템의 필요성을 강조하였습니다. 사토시는 비트코인을 P2P(peer-to-peer) 시스템으로 설계하여, 은행과 같은 중앙기관 없이도 개인들 간의 안전한 거래가 가능하도록 했습니다.

비트코인의 핵심 기술은 블록체인입니다. 블록체인은 모든 거래 정보를 '블록'으로 묶어 체인처럼 연결하는 방식으로, 거래 내역이 위조되거나 변경이 쉽지 않도록 보호합니다. 비트코인 네트워크는 탈중앙화 되어 있어, 중앙집중식 기관이 없더라도 네트워크 참가자들이 서로 거래를 검증하고 기록을 공유합니다. 이 덕분에 비트코인은 제3자의 개입 없이 직접적으로 안전하게 거래를 처리할 수 있게 되었습니다.

비트코인의 출현은 디지털 화폐의 가능성을 열었으며, 특히 2010년에 처음으로 실제 상거래에 사용되면서 암호화폐의 실제적인 사용 사례가 입증되었고, 그 이후 비트코인은 디지털 금이라는 별명을 얻으며, 가치 저장 수단으로서 자리를 잡아가고 있는 중입니다. 비트코인은 2017년에 가격 급등을 경험하면서 가상자산 시장의 주류로 자리잡았고, 이는 다양한 투자자와 기업들이 가상자산에 대한 관심을 가지는 계기가 되었습니다.

이에 따라 비트코인과 같이 탈중앙화 블록체인 네트워크를 기반으로 한 다양한 가상자산들이 등장하면서, 비트코인은 하나의 디지털 자산이자 시장의 표준으로 발전해 왔습니다.

하지만 비트코인도 높은 가격 변동성과 확장성 문제, 거래 속도 제한 등의 한계를 지니고 있습니다. 그리고 비트코인의 이러한 단점을 해결하기 위한 가상자산은 지금도 계속 등장하고 있습니다.

[표 1] 비트코인의 탄생 배경과 주요 사건 요약

연도/시기	주요 사건 및 배경	설명 및 영향
2007~2008년	글로벌 금융 위기 발생	미국의 서브프라임 모기지 사태로 인한 대형 금융 기관 파산 및 경제 혼란. 중앙화된 금융 시스템에 대한 불신 증가
2008년 9월	리먼 브라더스 파산	세계적인 투자 은행 리먼 브라더스의 파산으로 금융 위기 심화. 정부의 구제 금융으로 중앙은행의 통제력 강화
2008년 10월	사토시 나카모토의 비트코인 백서 발표	"Bitcoin: A Peer-to-Peer Electronic Cash System" 백서 발표. 탈중앙화된 P2P 전자 화폐 시스템 제안
2008년 11월	비트코인 소프트웨어 초기 개발 시작	사토시 나카모토는 백서의 내용을 바탕으로 비트코인 소프트웨어 개발을 시작. 블록체인 기반의 분산 원장 기술 도입
2009년 1월	비트코인 네트워크 첫 블록 생성(제네시스 블록)	비트코인 첫 블록(제네시스 블록) 생성. "Chancellor on brink of second bailout for banks"라는 메시지 포함.
2009년 1월	첫 비트코인 거래 발생	사토시 나카모토와 개발자 할 피니(Hal Finney) 간의 첫 비트코인 거래 실행. 초기 비트코인 생태계 형성 시작

1.4 | 주요 가상자산의 등장 (이더리움, 리플, 라이트코인 등)

비트코인 외에도 여러 가상자산들이 등장하여, 각각의 고유한 목적과 특성을 가지고 시장에서 중요한 역할을 차지하고 있습니다. 그 중 이더리움(Ethereum), 리플(Ripple), 라이트코인(Litecoin) 등이 그렇게 등장한 가상자산의 한 예라고 볼 수 있습니다.

1. 이더리움(Ethereum)

이더리움은 비탈릭 부테린이 19세인 2013년 이더리움의 설계도에 해당되는 백서를 발간하고 2년 후에 2015년에 개발하여 일반에게 공개한 블록체인 플랫폼으로, 비트코인의 한계를 넘어서기 위해 개발되었습니다. 이더리움(이더, ETH)은 비트코인처럼 디지털 화폐로서의 기능을 하기도 하지만, 스마트 계약(Smart Contract)이라는 기능을 통해 탈중앙화된 애플리케이션(DApps)을 실행할 수 있는 플랫폼을 제공합니다. 스마트 계약은 계약 조건이 충족되면 자동으로 실행되는 계약으로, 이를 통해 자동화된 거래가 가능해졌습니다. 이더리움의 이 혁신은 블록체인 기술을 단순히 송금 및 거래의 수단을 넘어서, 모든 종류의 계약 및 시스템을 자동화할 수 있는 강력한 도구로 자리잡게 했습니다.

2. 리플(Ripple)

리플은 국제 송금을 블록체인 네트워크에서 처리하는 가상자산입니다. 리플은 중앙화된 시스템이지만, 그 거래 속도와 비용 절감 효과로 인해 금융 기관들 사이에서 인기를 얻고 있습니다. 리플(XRP)은 빠르고 효율적인 국제 송금을 위해 설계된 암호화폐로, 기존의 은행 시스템보다 훨씬 저렴하고 빠르게 국제 송금을 처리할 수 있도록 합니다. 리플은 주요 금융 기관들과 파트너십을 맺고 있으며, 전통적인 금융 시스템과의 융합을 시도하는 가상자산입니다.

3. 라이트코인(Litecoin)

라이트코인은 2011년 찰리 리에 의해 만들어졌으며, 비트코인의 기술을 바탕으로 한 경량화된 버전입니다. 비트코인에 비해 블록 생성 시간이 짧고, 거래 처리 속도가 빠르며, 저렴한 거래 수수료를 자랑합니다. 이러한 특징 덕분에 라이트코인은 비트코인과 비교하여 일상적인 소액 결제에서 유리한 특성을 가지고 있습니다. 또한, 라이트코인은 비트코인보다 채굴 방식이 좀 더 효율적이어서 많은 채굴자들에게 인기를 끌었습니다.

이 외에도 비트코인 캐시, 모네로, 카르다노 등 다양한 가상자산들이 각기 다른 기술적 특성과 목표를 가지고 등장하였으며, 가상자산 시장은 점점 더 다채롭고 복잡한 구조를 이루어가고 있습니다. 각 가상자산은 그 목적과 설계 철학에 따라 시장에서 서로 다른 역할을 수행하며, 블록체인 혁명은 계속해서 새로운 가능성을 열어가고 있습니다.

참고 1 2023년 글로벌 시가총액 상위 10개 가상자산

	종목명	비중
1	BTC(비트코인)	50.4%
2	ETH(이더, 이더리움)	19.8%
3	USDT(테더)	7.1%
4	BNB(바이낸스)	3.2%
5	USDC(유에스디코인)	2.3%
6	XRP(리플)	2.1%
7	ADA(카르다노)	0.9%
8	DOGE(도지코인)	0.8%
9	LTC(라이트코인)	0.7%
10	SOL(솔라나)	0.6%

* 2023년 6월 30일 코인마켓캡 기준

참고 2 국내 상장기업 토큰 발행 현황

발행회사	주요사업	상장토큰	비상장토큰	발행연도
카카오	인터넷, 게임 등	BORA, KLAY	–	18년, 19년
위메이드	게임	위믹스클래식, 위믹스	–	20년, 22년
넷마블	게임	MBX, FNCY	–	22년
네오위즈홀딩스	게임	NEOPIN	S2, Brave, Intella X	22년
다날	지급결제	페이코인	–	19년

* 2023년 7월 금융위원회
* 해당 회사들은 위 가상자산을 해외 자회사를 통해 발행

제2장
가상자산의 기술적 기초

2.1 │ 블록체인의 원리

블록체인(Blockchain)은 가상자산의 핵심 기술로, 데이터를 분산된 네트워크에 안전하게 저장하고 관리하는 분산형 데이터베이스 시스템입니다. 이 시스템은 중앙 서버가 아닌 여러 참여자가 동시에 데이터를 검증하고 기록하는 방식을 사용하여, 투명성과 보안성을 확보합니다.

블록체인의 가장 중요한 구성 요소는 블록(Block)입니다. 블록은 여러 개의 거래 데이터를 포함하며, 각 블록은 고유한 해시값(Hash)으로 식별됩니다. 블록체인은 다음과 같은 절차로 작동합니다.

1) 거래 데이터 생성: 사용자가 거래를 요청하면 네트워크에 거래 데이터가 전송됩니다.
2) 검증 및 블록 생성: 네트워크 참여자(노드)가 이 거래 데이터의 유효성을 검증합니다. 검증된 거래 데이터는 하나의 블록으로 묶입니다.

3) 블록 연결: 새로운 블록은 이전 블록의 해시값을 포함하여 블록체인에 연결됩니다.

4) 네트워크 동기화: 모든 노드는 새로운 블록을 자신의 장부에 추가하고 동기화합니다.

블록체인은 탈중앙화, 불변성, 투명성의 특징을 가지는데, 탈중앙화된 구조 덕분에 데이터를 단일 기관이 통제하지 않으며, 블록에 한 번 기록된 데이터는 수정할 수 없어 불변성을 보장합니다. 이 과정은 합의 알고리즘(Proof of Work, Proof of Stake)을 통해 이루어지며, 이를 통해 네트워크 참여자 간의 신뢰를 형성합니다.

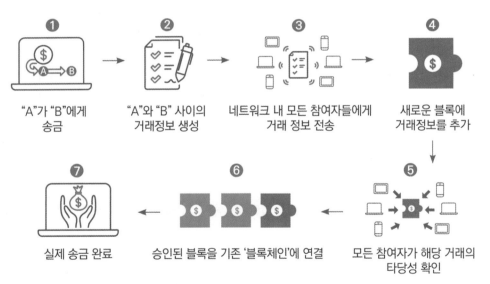

❶ "A"가 "B"에게 송금

❷ "A"와 "B" 사이의 거래정보 생성

❸ 네트워크 내 모든 참여자들에게 거래 정보 전송

❹ 새로운 블록에 거래정보를 추가

❺ 모든 참여자가 해당 거래의 타당성 확인

❻ 승인된 블록을 기존 '블록체인'에 연결

❼ 실제 송금 완료

출처 : DHL/Accenture

2.2 | 분산원장기술(DLT)과 블록체인의 차이

분산원장기술(Distributed Ledger Technology, DLT)은 데이터베이스가 중앙 서버가 아닌 여러 노드에 분산되어 저장되는 기술입니다. 모든 참가자가 동일한 데이터를 동시에 공유하고 검증할 수 있어, 투명성과 보안성을 높입니다. DLT는 가상자산뿐만 아니라 다양한 산업에서 투명한 데이터 관리를 위해 사용되고 있습니다.

블록체인은 DLT의 한 형태로, 데이터를 블록 단위로 기록하고 체인 형태로 연결하는 방식입니다. 그러나 모든 DLT가 블록체인 구조를 따르는 것은 아닙니다. DLT는 다양한 형태로 구현될 수 있으며, 블록체인은 그중 체인 구조를 가진 특수한 사례입니다.

[표 2] 분산원장기술과 블록체인의 차이

구분	분산원장기술(DLT)	블록체인(Blockchain)
정의	중앙화된 데이터베이스 없이, 여러 노드에 분산된 방식으로 데이터를 기록하고 관리하는 기술	데이터를 블록 단위로 기록하고, 체인 형태로 연결하여 관리하는 DLT의 한 형태
데이터 구조	다양한 형태로 구현 가능(트리, 그래프 등)	블록 단위로 데이터를 기록하고, 해시로 연결된 체인 구조
탈중앙화 정도	구현 방식에 따라 다를 수 있으며, 일부 중앙화 요소가 포함될 수 있음.	완전한 탈중앙화 구조를 목표로 설계됨
합의 메커니즘	합의 방식에 제한이 없으며, 다양한 메커니즘 사용 가능 (PBFT, PoA 등)	주로 PoW(작업증명), PoS(지분증명)과 같은 합의 메커니즘 사용
투명성과 불변성	투명성과 불변성의 정도는 구현 방식에 따라 다름	모든 블록이 연결되어 있어 데이터의 불변성과 투명성 강조

구분	분산원장기술(DLT)	블록체인(Blockchain)
확장성	특정 구현 방식에 따라 높은 확장성 제공 가능	확장성 문제(PoW 기반 블록체인의 경우)가 존재하지만, 개선을 위한 솔루션 개발 중
데이터 수정 가능 여부	일부 DLT는 데이터 수정이 가능할 수 있음	블록체인은 데이터 수정이 쉽지 않으며, 새로운 블록 추가만 가능하도록 설계
주요 사용 사례	금융 거래, 공급망 관리, 디지털 ID 등 다양한 분야	암호화폐(비트코인, 이더리움), 스마트 계약, DApp 등

2.3 │ 암호화 기술: 해시, 공개키와 개인키

가상자산의 보안을 유지하기 위해 암호화 기술은 필수적으로 사용되는데, 그 중에서도 해시(Hashing), 공개키 암호화(Public Key Encryption), 개인키 (Private Key)는 가상자산의 거래와 보안에서 중요한 역할을 합니다.

1. 해시(Hash)

해시 함수는 임의의 길이를 가진 데이터를 고정된 길이의 문자열로 변환하는 함수로, 이 과정은 매우 빠르고 효율적이며, 작은 데이터의 변화에도 완전히 다른 해시값이 생성됩니다.

예를 들어, 비트코인은 SHA-256 해시 함수를 사용하는 데 이 해시값은 고유 식별자 역할을 하며, 데이터의 위변조가 쉽지 않도록 보호합니다.

해시는 블록체인의 무결성을 보장하는 데, 각 블록의 해시값은 이전 블록의 해시값을 포함하고 있어, 하나의 블록이 수정되면 이후 모든 블록이 변경되어야 합니다. 이를 통해 블록체인의 데이터가 변경되지 않도록 합니다.

2. 공개키와 개인키

공개키(Public Key)와 개인키(Private Key)는 비대칭 암호화 방식의 중요한 요소입니다.

공개키는 누구나 볼 수 있는 키로, 데이터를 암호화하거나 송신자의 서명을 확인하는데 사용되며, 개인키는 암호화된 키로 데이터 암호화를 해제하거나 서명을 생성하는데 사용됩니다. 가상자산의 거래에서 개인키는 사용자의 디지털 서명을 생성하며, 이를 통해 거래의 진위가 확인되며, 공개키는 이 서명을 검증하여 거래의 유효성을 증명합니다.

이러한 암호화 기술 덕분에 가상자산의 거래는 안전하고 신뢰성 있게 처리됩니다. 개인키는 사용자의 자산을 보호하는 핵심 요소이기 때문에, 개인키가 유출되면 자산이 도난당할 수 있으므로 개인키는 절대적으로 안전하게 보관해야 합니다.

[표 3] 개인키와 공개키의 차이

구분	개인키(Private Key)	공개키(Public Key)
역할	거래 서명, 자산 제어	주소 생성, 거래 검증
비밀성	비밀로 유지해야 함	누구나 볼 수 있음
용도	디지털 서명 생성, 복호화	서명 검증, 암호화
보관 방법	안전하게 보관해야 함	다른 사람에게 공유 가능

2.4 | 스마트 계약(Smart Contract)과 디앱(DApp)

스마트 계약(Smart Contract)은 자동화된 계약 실행을 가능하게 하는 블록체인 기반의 프로그램으로, 계약의 조건을 코드로 작성하여, 조건이 충족되면 자동으로 실행됩니다. 예를 들어, "만약 A가 B에게 1 이더를 전송하면, B는 상품을 발송한다"는 계약 조건을 스마트 계약으로 구현할 수 있는데, 이러한 스마트 계약은 투명성, 자동화, 신뢰성의 장점을 제공합니다.

- 투명성: 스마트 계약은 블록체인에 기록되므로 누구나 내용을 확인할 수 있습니다.
- 자동화: 계약 조건이 충족되면 자동으로 실행되므로, 중개자 없이 거래가 이루어집니다.
- 불변성: 블록체인에 기록된 스마트 계약은 수정할 수 없으므로, 계약 내용이 변경되지 않습니다.

이더리움(Ethereum)은 스마트 계약을 지원하는 대표적인 블록체인 플랫폼으로, 이더리움은 EVM(Ethereum Virtual Machine)이라는 가상 머신을 통해 스마트 계약을 실행하며, 이를 통해 탈중앙화 애플리케이션(DApp)을 개발할 수 있습니다.

DApp(Decentralized Application)은 중앙 서버 없이 블록체인 네트워크에서 실행되는 애플리케이션입니다. 디앱은 사용자와 스마트 계약이 직접 상호작용하는 구조로, 탈중앙화된 환경에서 보안성과 투명성을 제공합니다. 디앱의 예로는 다음과 같은 것들이 있습니다.

- 탈중앙화 금융(DeFi): 예금, 대출, 거래소 기능을 제공하는 애플리케이션으로, 대표적으로 Uniswap, MakerDAO 등이 있습니다.

- NFT 마켓플레이스: 디지털 자산의 소유권을 증명하는 NFT 거래 플랫폼으로 OpenSea가 대표적인 예입니다.
- 게임 디앱: 사용자가 블록체인 상에서 디지털 자산을 소유하고 거래할 수 있는 게임으로 Axie Infinity가 그 예에 해당됩니다.

디앱은 전통적인 애플리케이션과 달리 탈중앙화된 구조를 통해 데이터를 투명하게 관리하고, 사용자에게 더 많은 권한을 제공하는데, 이는 중앙화된 서비스의 한계를 극복하고, 사용자의 신뢰를 높이는 역할을 합니다.

3.1 | 디지털 자산, 가상자산, 암호화폐, 가상화폐

디지털 자산, 가상자산, 암호화폐, 가상화폐는 모두 블록체인과 관련된 용어로 사용되지만, 각 용어는 약간 다른 의미와 사용 사례를 가집니다. 다음은 각각의 정의와 차이점에 대한 설명입니다.

디지털 자산(Digital Asset)은 디지털 형식으로 존재하는 모든 자산을 의미하는데 이는 파일, 데이터, 사진, 비디오, 소프트웨어, 웹사이트 도메인과 같은 것들을 포함할 수 있으며, 가상자산 및 암호화폐도 디지털 자산의 일종입니다. 물리적으로 존재하지 않지만, 전자적으로 저장되고 전송 가능하며, 블록체인을 포함한 다양한 기술을 통해 관리될 수 있습니다. 사용되는 예시로는 비트코인, 이더리움, NFT, 음악 파일, 디지털 저작권 등이 있습니다.

가상자산(Virtual Asset)은 주로 블록체인 기술을 통해 발행되고 관리되는 디지털 자산을 의미하며, 금융적 가치를 가질 수 있는 데 법적인 정의에 따라 "전자적으로 거래 가능한 자산"으로 분류되며, 암호화폐를 포함할 수 있습니다. 전통적인 법정화폐는 아니지만, 교환 및 투자 대상으로 사용되며, 다양한 플랫폼에서 거래되고, 전 세계적으로 사용 가능합니다. 블록체인 기술을 기반으로 하여 탈중앙화된 특성을 가지고 있으며, 사용되는 예시로는 비트코인, 이더리움, 리플, 테더, NFT 등이 있습니다.

암호화폐(Cryptocurrency)는 암호학적 기술(cryptography)을 사용하여 안전하게 거래를 수행하고 새로운 코인의 생성과 거래 내역의 검증을 위해 블록체인 기술을 사용하는 디지털 화폐입니다. 탈중앙화된 네트워크에서 작동하여 중앙 기관(은행, 정부 등)의 통제를 상대적으로 덜 받으면서, 거래 내역이 블록체인에 기록되어 투명성과 보안성을 제공합니다. 또한, 채굴 또는 지분검증 과정을 통해 새로운 코인이 생성되며, 높은 변동성이라는 특성을 가지고 있습니다. 사용되는 예시로는 비트코인, 이더리움, 라이트코인, 도지코인 등이 이에 해당됩니다.

가상화폐(Virtual Currency)는 온라인 또는 디지털 환경에서 사용되는 화폐로 게임 내 화폐, 특정 플랫폼에서만 사용 가능한 코인 또는 토큰 등을 포함할 수 있으며, 암호화폐도 가상화폐의 일종으로 간주될 수 있습니다. 특정 플랫폼에서만 사용 가능하거나, 제한된 환경에서 거래가 가능하며, 중앙 기관이 발행할 수도 있고, 탈중앙화된 암호화폐일 수도 있습니다. 법정화폐로 직접 교환되지 않는 경우가 많으며, 일반적으로 게임 내 화폐(로블록스의 로벅스, 포트나이트의 V-벅스), 비트코인, 이더리움 등이 이에 해당됩니다.

이렇게 각각의 용어는 그 의미와 사용 범위가 다르며, 상황에 맞게 적절히 사용될 수 있습니다.

[표 4] 디지털 자산, 가상자산, 암호화폐, 가상화폐의 차이점 비교

구분	디지털 자산 (Digital Asset)	가상자산 (Virtual Asset)	암호화폐 (Cryptocurrency)	가상화폐 (Virtual Currency)
정의	디지털 형식으로 저장된 모든 자산 (문서, 이미지, 음악, 비디오, 암호화폐 등 포함)	디지털화된 자산 중 거래 및 교환 가능한 금융적 가치를 지닌 블록체인 기반 자산 (암호화폐 포함)	암호 기술을 사용해 생성된 블록체인 기반디지털 화폐	온라인에서 사용되는 디지털 형식의 화폐
사용 목적	데이터, 콘텐츠, 금융 자산 등 다양한 분야	금융 거래, 투자, 거래소 거래	가치 저장, 교환 매체, 결제 수단	거래소 거래, 결제, P2P 거래
규제 여부	규제는 분야별로 상이 (디지털 콘텐츠 규제 등)	국가별로 규제 상황 다름 (FATF 가이드라인 참조)	각국의 금융 및 증권 규제 대상	암호화폐 규제와 유사
주요 특징	포괄적인 개념, 모든 디지털 형식의 자산 포함	금융적 성격이 강함. 가치 저장과 교환 가능. 규제적 관점에서 정의	블록체인 기반, 암호화 기술 사용. 익명성, 탈중앙화, 안전성	암호화폐와 비슷하나 특정 환경 내에서 사용 가능
예시	비트코인, 이더리움(이더), 리플 등			
	NFT		–	–
	디지털 저작권, 디지털 미디어	–	–	–

3.2 | 코인(Coin)과 토큰(Token)

코인(Coin)과 토큰(Token)은 모두 블록체인 기술을 기반으로 한 디지털 자산이지만, 그 구조와 사용 용도에서 차이가 있습니다.

코인(Coin)은 자체적인 블록체인을 가지고 있는 디지털 화폐로 비트코인은 비트코인 블록체인에서 운영되며, 이더리움은 이더리움 블록체인에서 운영됩니다. 코인은 주로 결제 수단 또는 가치 저장 수단으로 사용되며, 네트워크의 거래 수수료 지불에도 사용됩니다. 독립적인 네트워크에서 기능하기 때문에 탈중앙화된 시스템의 기초 자산으로 간주됩니다.

토큰(Token)은 기존의 블록체인 플랫폼(예: 이더리움, 바이낸스 스마트 체인) 위에서 발행되는 디지털 자산입니다. 토큰은 스마트 계약을 통해 생성되며, 다양한 용도로 사용될 수 있는데, 예를 들어, ERC-20 토큰은 이더리움 블록체인에서 발행되는 표준 토큰이며, ERC-721 토큰은 NFT를 나타냅니다.

[표 5] 코인과 토큰의 주요 차이점

구분	코인(Coin)	토큰(Token)
정의	독립적인 블록체인 네트워크에서 작동하는 디지털 화폐	기존 블록체인 플랫폼 위에서 발행되는 디지털 자산
기술 기반	자체 블록체인 네트워크(예: 비트코인, 이더리움)	스마트 계약을 통해 발행(예: ERC-20, BEP-20)
사용 용도	결제, 네트워크 수수료 지불, 가치 저장	플랫폼에서의 기능 사용, 서비스 접근, 보상, 참여
독립성	독립적인 블록체인 네트워크에서 운영	기존 블록체인 네트워크(예: 이더리움, 바이낸스 스마트 체인) 위에서 발행
보안과 소유권	블록체인의 합의 메커니즘(PoW, PoS)으로 보호	스마트 계약 보안에 의존, 계약 코드의 취약점이 있을 수 있음
변동성	네트워크의 성장과 채택률에 따라 가치 변동	토큰의 용도와 프로젝트의 성공 여부에 따라 가치 변동
발행 방식	블록 생성(채굴 또는 스테이킹)을 통해 생성	스마트 계약을 통해 발행, 제한된 공급량 가능
대표 예시	비트코인(BTC), 이더리움(ETH), 라이트코인(LTC)	유니스왑(UNI), 체인링크(LINK), 테더(USDT)

블록체인 네트워크에서의 코인과 토큰 비교

블록체인 플랫폼

비트코인 네트워크, 이더리움 네트워크, 이오스 네트워크 등

독립된 블록체인 네트워크(메인넷)을 소유,
분산원장이라는 블록체인 고유의 기술적 특성을 구현하고 개선하는 데 집중하며,
유틸리티 블록체인인 토큰 등이 쉽게 구현될 수 있는 환경을 제공

코인

비트코인 , 이더리움 , 이오스 등

플랫폼 코인은 다른 플랫폼에 종속되지
않고 자체 블록체인 네트워크를 갖고 있으면서
이를 바탕으로 독립적인 생태계를
구성하고 있는 가상자산

토큰

유니스왑, 오미세고, 비체인 등

유틸리티 토큰은 독립적인 블록체인 네트워크
없이 다른 블록체인 플랫폼상에서
특정용도로 사용하기 위해 개발된 가상자산

3.3 │ 스테이블코인(Stablecoin)의 개념

스테이블코인(Stablecoin)은 가격 변동성을 최소화하기 위해 기존 자산(예: 법정화폐, 금)에 연동된 암호화폐로, 일반적인 암호화폐는 높은 변동성을 가지고 있어 결제 수단으로 사용하기 어려우나, 이를 해결하기 위해 스테이블코인은 가치 안정성을 목표로 설계되었습니다.

스테이블코인은 크게 법정화폐 연동 스테이블코인(Fiat-backed Stablecoin), 암호화폐 연동 스테이블코인(Crypto-backed Stablecoin), 알고리즘 스테이블코인(Algorithmic Stablecoin)의 세 가지 유형으로 나뉘며, 이를 표로 요약하면 다음과 같습니다.

[표 6] 스테이블코인 3가지 유형

구분	법정화폐 담보 스테이블코인	암호화폐 담보 스테이블코인	알고리즘 기반 스테이블코인
정의	법정화폐(USD, EUR 등)로 담보된 스테이블코인	암호화폐(ETH, BTC 등)로 담보된 스테이블코인	알고리즘을 통해 공급량을 조절하여 가치 안정성을 유지하는 스테이블코인
담보 방식	은행 계좌에 예치된 법정화폐로 담보	스마트 계약에 예치된 암호화폐로 담보	알고리즘과 스마트 계약으로 자동 조절
가치 안정성	1:1로 법정화폐와 연동되어 높은 안정성	암호화폐의 변동성에 따라 가치 변동 가능성 존재	알고리즘 조절 실패 시 가치가 불안정해질 수 있음
투명성	발행사가 담보 자산을 보유하고 관리	담보 자산은 블록체인에서 확인 가능	블록체인 네트워크에서 자동으로 관리
대표 예시	테더(USDT), USD 코인(USDC), 바이낸스 USD(BUSD)	다이(DAI), sUSD(신세틱스)	테라USD(UST, 실패 사례), Frax
장점	법정화폐와 연동된 높은 안정성 제공	탈중앙화된 방식으로 투명성 증가	담보 자산 없이 자동 조절로 효율적
단점	중앙화된 발행사의 신뢰성 문제, 규제 리스크	암호화폐 담보의 변동성으로 인한 가치 위험	알고리즘 실패 시 급격한 가격 변동 가능

스테이블코인은 국제 송금, 결제, 디파이(DeFi) 등의 다양한 분야에서 사용되며, 법정화폐와 암호화폐의 장점을 결합한 형태로 간주됩니다.

3.4 | 유틸리티 토큰, 증권형 토큰, 유동화 토큰, 지불형 토큰

토큰(Token)은 블록체인 기반에서 다양한 용도로 발행되며, 그 기능에 따라 여러 가지로 분류할 수 있으며, 유틸리티 토큰, 증권형 토큰, 유동화 토큰, 지불형 토큰 등이 있습니다.

[표 7] 기능별 토큰의 구분 및 비교

구분	유틸리티 토큰 (Utility Token)	증권형 토큰 (Security Token)	유동화 토큰 (Asset-backed Token)	지불형토큰 (Payment Token)
정의	특정 플랫폼이나 서비스에서 기능을 사용할 수 있는 토큰	주식, 채권, 부동산 등 기초 자산에 대한 소유권을 나타내는 토큰	금, 부동산, 예술품 등 실제 자산을 담보로 발행된 토큰	특정 재화나 서비를 구입할 때 지급결제 수단으로 사용
용도	서비스 이용, 기능 접근, 참여 보상	소유권, 배당, 의결권 제공	기초 자산의 가치와 연동된 투자 및 거래	송금 또는 가치이전을 위해 사용
규제	주로 증권 규제 대상이 아니며, 상대적으로 법규제가 많지 않음	증권법 등의 규제를 받으며, 법적 요구사항이 많음	기초 자산의 법적 규제와 관련	증권으로 취급되지 않으나 구매의 기능을 갖고 있기 때문에 자금세탁방지법 등의 규제
대표 예시	바이낸스 코인(BNB), 체인링크(LINK)	tZERO, Securitize 토큰	PAX Gold(PAXG), Tether Gold(XAUT)	비트코인, 라이트코인, 이더(이더리움)
발행 목적	프로젝트 활성화, 사용자 참여 유도	자산의 토큰화 및 투자자 보호	자산 유동화 및 소유권 분할	법정통화처럼 교환의 매개수단
가치 결정 요소	플랫폼의 성공 여부, 사용자 수, 서비스 활성화	기초 자산의 가치, 시장의 수요와 공급	기초 자산의 시장 가치	네트워크 활성화
투자 리스크	프로젝트 실패 시 토큰 가치 하락 가능	기초 자산 가치 하락, 법적 리스크 존재	기초 자산의 변동성, 보관 리스크	높은 변동성 등

이러한 토큰은 실제 자산의 소유권 증명과 거래의 투명성을 제공하며, 투자자의 신뢰를 얻는데 도움이 되며, 각각의 목적과 기능에 맞게 설계되어 블록체인 생태계의 다양한 요구를 충족시킵니다. 토큰의 분류는 프로젝트의 목표와 설계 방식에 따라 다르며, 이는 가상자산 시장의 다양성과 복잡성을 보여줍니다.

이외에도 사용목적에 따라 결제 코인, 스테이블 코인, 유틸리티 코인, 플랫폼 코인, 디파이 코인, 프라이버시 코인 등으로 분류하기도 합니다.

3.5 | 시장 구조와 주요 거래소

가상자산 시장은 크게 중앙화 거래소(Centralized Exchange, CEX)와 탈중앙화 거래소(Decentralized Exchange, DEX)로 나눌 수 있습니다.

중앙화 거래소는 중앙 기관이 거래를 관리하는 플랫폼으로 대표적인 예로는 바이낸스(Binance), 코인베이스(Coinbase), 업비트(Upbit) 등이 있습니다. 중앙화 거래소는 사용자가 쉽게 접근할 수 있고, 높은 유동성을 제공합니다. 그러나 중앙 기관의 관리로 인해 보안 문제나 해킹 위험이 존재할 수 있습니다.

탈중앙화 거래소는 스마트 계약을 통해 사용자 간 직접 거래가 이루어지는 플랫폼으로 대표적인 예로는 유니스왑(Uniswap), 스시스왑(SushiSwap) 등이 있습니다. DEX는 중앙 기관이 없으므로 자산의 소유권이 사용자에게 있으며, 보안성이 높으나, 거래 수수료가 높고, 유동성 부족이 발생할 수 있습니다.

가상자산 시장에는 선물, 옵션과 같은 파생상품도 존재하는데, 이러한 상품은 투자자들이 헤징이나 투기 목적으로 사용하며, 가격 변동성에 큰 영향을 미칩니다. 또한, 대형 투자자들은 종종 거래소 대신 OTC 시장(Over-the-Counter Market)에서 직접 거래를 하는데, OTC 거래는 대규모 거래를 더 안전하게 처리할 수 있는 방법을 제공합니다.

3.6 | 가격 변동성의 원인과 영향

　가상자산은 전통적인 자산에 비해 가격 변동성이 매우 높은 데, 이러한 변동성은 투자자들에게 위험 요소이자 기회 요소가 될 수 있습니다. 가상자산의 변동성에 영향을 끼치는 요소는 다양하지만, 주요 영향 요인은 첫째, 시장 심리와 투자자 행동입니다. 가상자산의 가격은 투자자들의 심리에 큰 영향을 받는데, 긍정적인 뉴스는 가격을 급등시키고, 부정적인 뉴스는 가격을 급락시키게 됩니다. FOMO(Fear of Missing Out)와 FUD(Fear, Uncertainty, Doubt)는 투자자들의 감정을 자극하며, 시장의 급격한 변동성을 유발합니다. 둘째, 규제의 변화입니다. 각국 정부의 규제 정책은 가상자산의 가격에 직접적인 영향을 미치게 되는데 규제 강화는 가격 하락 요인으로 작용할 수 있으며, 반대로 규제 완화는 가격 상승을 유도할 수 있습니다. 예를 들어, 미국 SEC의 비트코인 ETF 승인 소식은 비트코인의 가격을 급등시키는 원인이 되었습니다. 셋째, 시장 유동성 부족 문제입니다. 가상자산 시장은 상대적으로 유동성이 부족할 때 변동성이 심해지는 데, 특히, 대형 투자자의 매매 활동이 시장에 큰 영향을 줄 수 있습니다. 고래(Whale)라 불리는 대형 투자자들은 대규모 자산을 보유하고 있으며, 이들의 매도 또는 매수는 시장 가격에 직접적인 영향을 미칩니다. 넷째, 기술적 요인과 네트워크 업그레이드입니다. 네트워크 업그레이드나 블록체인 네트워크의 근본적인 프로토콜 변경인 하드포크는 가격 변동성을 초래할 수 있습니다. 예를 들어, 이더리움의 머지(Merge) 업그레이드는 PoW에서 PoS로의 전환으로, 이더리움의 수급 구조를 변화시키며 가격에 영향을 주었습니다. 다섯째, 글로벌 경제 상황, 인플레이션, 금리 변화 등 매크로 경제 요인도 가상자산의 가격에 영향을 미치는 데, 특히, 가상자산은 디지털 금으로 여겨지며, 전통 자산 시장의 불안정성이 증가할 때 투자자들의 관심을 받습니다. 다만, 아직은 가상자산 시장의 투명성과 신뢰성이 전통적인 자산에 비해 많이 부족하고, 축적된 데이터나 경험이 부족하여 이는 가상자산의 변동성을 가져오는 중요한 요인 중의 하나가 됩니다.

제4장
가상자산의 이슈와 과제

가상자산은 규제와 법적 불확실성, 보안 문제, 환경적 영향, 시장의 불안정성 등 다양한 이슈와 과제에 직면해 있습니다. 각국의 규제 불확실성은 시장 성장에 걸림돌이 되고 있으며, 자금세탁과 불법 거래, 세금 문제도 중요한 도전 과제입니다. 또한, 거래소 해킹과 스마트 계약 취약점으로 인한 보안 위협은 사용자 신뢰를 저하시킬 수 있습니다. 비트코인의 에너지 소비 문제와 친환경 채굴 전환도 주요 과제이며, 사용자 교육 부족은 사기와 손실의 위험을 증가시킵니다.

4.1 | 규제와 법적 문제

가상자산은 기존 금융 시스템과 달리 탈중앙화된 특성을 가지고 있어, 각국의 규제 당국은 이를 어떻게 다룰지에 대해 어려움을 겪고 있습니다. 규제의 불확실성은 가상자산의 성장과 채택을 저해할 수 있으며, 법적 문제는 투자자 보호와 시장 안정성에 큰 영향을 미칩니다.

1. 규제 불확실성

미국, 유럽연합, 중국 등 주요 국가들은 가상자산에 대해 서로 다른 접근 방식을 취하고 있습니다. 미국 증권거래위원회(SEC)는 일부 가상자산을 증권으로 간주하고 있으며, 엄격한 규제를 시행 중입니다. 반면, 유럽연합은 MiCA 규정을 통해 가상자산의 규제를 통합하려는 노력을 하고 있습니다.

각국의 규제 차이로 인해 글로벌 가상자산 시장의 일관성이 부족하며, 이는 기업과 투자자들이 규제 리스크를 피하기 위해 탈규제 국가로 이동하게 만듭니다.

2. 자금세탁과 금융범죄

가상자산은 익명성과 탈중앙화 특성 때문에 자금세탁과 불법 거래에 악용될 가능성이 있습니다. 다크웹에서는 비트코인과 모네로(Monero) 같은 익명성이 강화된 코인이 불법 활동에 사용되고 있습니다.

국제 자금세탁방지기구(FATF)는 가상자산 거래 시 트래블 룰(Travel Rule)을 통해 거래자의 신원 정보를 공유하도록 요구하고 있습니다. 이는 자금세탁 방지를 위한 중요한 조치이지만, 가상자산의 프라이버시를 침해할 수 있다는 비판도 있습니다.

3. 세금 문제

가상자산의 성격(화폐, 자산, 상품 등)에 따라 과세 기준이 다를 수 있으며, 많은 국가에서 가상자산 거래의 이익을 양도소득세로 과세하고 있지만, 세법의 복잡성과 빠른 시장 변동성 때문에 과세를 하는데 어려움을 겪고 있습니다.

또한, 가상자산 거래는 전통적인 금융 시스템과 달리 익명성이 강해 탈세와 신고 회피의 위험이 높은 바, 각국 정부는 가상자산 거래소에 거래 보고 의무를 부과하고 있으며, 신고 기준을 강화하고 있습니다.

4.2 | 보안 문제와 해킹 위협

가상자산의 보안 문제는 해킹과 사이버 공격에 크게 노출되어 있으며, 이는 사용자 신뢰와 시장 안정성을 저해하는 중요한 요소입니다.

1. 거래소 해킹과 보안 문제

많은 가상자산 거래소가 해킹 공격의 대상이 되어 왔습니다. 2014년 마운트곡스(Mt. Gox) 거래소는 해킹으로 약 85만 비트코인을 도난당했으며, 이는 당시 전체 비트코인 유통량의 6%에 해당했습니다.

거래소들은 보안을 강화하기 위해 콜드 월렛(오프라인 지갑) 사용, 2단계 인증(2FA), 멀티시그(Multi-signature) 기능을 도입하고 있으나, 여전히 새로운 보안 위협이 존재합니다.

2. 스마트 계약의 취약점

스마트 계약은 블록체인 상에서 자동으로 실행되는 코드이지만, 코드의 오류나 취약점이 해커들에게 악용될 수 있으며, 실제로 2016년 DAO 해킹 사건에서는 약 5천만 달러 상당의 이더리움이 도난당했습니다.

스마트 계약을 배포하기 전에 보안 감사를 통해 취약점을 식별하고 수정하는 것이 중요한 데, 보안 감사는 전문 업체에서 수행하며, 이는 프로젝트의 신뢰성을 높이는데 기여하게 됩니다.

4.3 | 환경적 영향과 지속 가능성 문제

비트코인과 같은 작업증명(Proof of Work, PoW) 방식의 가상자산은 채굴 과정에서 막대한 에너지를 소비하게 되며, 이는 환경 오염 문제로 이어질 수 있습니다.

1. 작업증명(PoW)의 에너지 소비

비트코인 채굴은 강력한 컴퓨터 연산을 필요로 하며, 이는 대규모 전력 소비로 이어지는 데, Cambridge Bitcoin Electricity Consumption Index에 따르면, 비트코인 네트워크의 연간 에너지 소비는 일부 국가의 전력 소비량과 맞먹습니다.

환경 단체들은 비트코인 채굴이 화석 연료 사용을 증가시켜 탄소 배출을 가속화한다고 주장하는 데 이는 가상자산의 지속 가능성에 의문을 제기하게 만듭니다.

2. 지분증명(PoS) 전환과 친환경 채굴

이더리움은 환경 문제를 해결하기 위해 PoW에서 지분증명(Proof of Stake, PoS)으로 전환했으며, 검증자(Validator)가 블록을 생성하게 됨으로써 에너지 소비를 크게 줄이게 됩니다.

일부 채굴자들은 수력, 태양광, 풍력과 같은 재생 가능 에너지를 사용하여 친환경 채굴을 추진하고 있는 데, 이는 가상자산의 지속 가능성을 높이는 중요한 방법입니다.

4.4 | 사용자 교육과 인식 문제

　가상자산 시장은 여전히 복잡하고 이해하기 어려운 요소가 많아 사용자들이 가상자산의 위험과 보안을 제대로 이해하지 못하면, 사기와 손실의 위험이 커질 수 있습니다. 가상자산 투자자들은 피싱 공격과 사기 프로젝트에 쉽게 노출될 수 있으며, 가짜 웹사이트, 이메일, 소셜 미디어 메시지를 통해 사용자들의 개인 키를 탈취하려는 시도가 빈번히 발생합니다. 따라서, 거래소와 지갑 제공 업체는 사용자들에게 보안 가이드를 제공하고, 피싱 사기와 해킹 시도에 대해 설명하고 경고해야 하며, 사용자는 공식 웹사이트와 앱을 이용하고, 2단계 인증을 설정하여 보안을 강화해야 합니다.

　또한, 가상자산의 복잡성과 변동성 때문에, 사용자들은 가상자산의 기본 원리와 보안 위험을 이해할 필요가 있으며, 이를 위해 각국 정부와 교육 기관은 가상자산 관련 기본 교육 프로그램을 제공해야 합니다. 그리고, 투자자 보호를 위해 프로젝트 팀은 투명한 정보 제공과 함께 백서(White Paper)를 통해 프로젝트의 목표와 기술적 구조를 명확하게 설명해야 합니다.

4.5 | 시장 기능 불안정성 문제

1. 정보 불균형 해소

　디지털자산의 건전한 시장환경 조성을 위해서는 정보의 불균형 해소가 필요하며, 투자자를 위한 시장이 별도로 존재하는 한 공시 등을 통해 정보를 투명하게 공개하고자 하는 노력이 필요합니다. 상장, 거래 등에 대한 정보가 일부에게만 주어지는 구조적인 문제가 해결되지 않는다면 시장환경의 불안정성은 계속될 수

밖에 없을 것입니다.

2. 데이터와 경험부족

주식과 부동산과 같은 전통적인 자산은 재무정보를 비롯한 여러 데이터에 기초하여 자산을 이해하고 파악합니다. 그러나 디지털자산은 이러한 정보 공개의 범위와 주체가 모호하거나 부족한 경우가 많습니다. 이는 어쩌면 우리가 가지고 있는 디지털자산에 대한 경험이 충분하지 않기 때문일 수도 있습니다. 디지털자산을 이해하고 파악하기 위한 많은 경험과 정보들이 쌓이면, 시장참여자들은 양질의 디지털자산을 구분해 내기 시작할 것입니다. 양질의 정보와 경험들이 제대로 축적되고 공유될 수 있도록 시장참여자 모두가 노력해야 시장이 제대로 기능하는 시기가 앞당겨질 것입니다.

3. 기술적인 어려움

많은 사람들이 디지털자산을 어려운 자산으로 받아들이는 요인 중의 하나는 기술적 복잡성일 것입니다. 전통적인 시장에서의 제품과 서비스는 가시적이어서 그 시장의 특징을 이해하는 것이 어렵지 않습니다. 그러나 디지털자산은 블록체인 기술을 기반으로 합니다. 우선 블록체인 기술을 이해하고 이를 기반으로 움직이는 가상의 시장을 파악하는 것이 쉽지 않습니다. 또한 각 프로젝트의 기술적 특성과 구현 방식도 다르기 때문에 각각의 차이를 이해하고 비교하는 것도 어려운 일입니다.

이러한 장벽은 디지털자산이 보편화되고 접근성이 개선될 때 가능해집니다. 디지털네트워크가 질적·양적으로 확장되어 가면서 해결되어야 할 중요한 과제 중의 하나입니다.

4. 한계와 가능성을 동시에 받아들이는 관점

무조건 배척하거나 무조건 숭배하는 것 모두 경계의 대상입니다. 새로움을 접했을 때는 그것이 무엇인지 이해하고 그것이 어떤 가치가 있을 것인지 알아보려는 노력이 필요합니다.

디지털자산에 대한 관심은 점차 늘어나고 있지만, 아직은 경제적 가치를 충분히 확보하지 못한 단계이므로 많은 논란의 중심에 있습니다. 그러나 디지털자산과 관련된 프로젝트는 지금도 진화를 거듭하고 있는 진행형이며, 블록체인을 기반으로 한 기술은 계속 발전하고 있습니다.

디지털자산 프로젝트들과 블록체인 기술이 어떤 방향으로 발전할 것인지는 시장참여자들의 몫입니다. 아직은 가치 있는 자산으로서 많은 한계를 보이고 있지만, 기술의 발달과 새로운 아이디어들의 등장으로 앞으로 성장할 잠재력이 있다는 점을 동시에 받아들이고 관심을 갖을 때 가상자산, 암호화폐 등으로 불리는 디지털자산은 사회적으로 가치 있는 자산으로 자리잡을 수 있을 것입니다.

제5장
가상자산의 미래와 전망

가상자산의 발전은 중앙은행 디지털 화폐(CBDC)와의 관계, 블록체인 기술의 혁신, 금융 시스템 변화 등 다양한 측면에서 이루어지고 있습니다. CBDC는 가상자산과의 경쟁 및 상호작용을 통해 디지털 결제 시스템을 강화하고 있으며, 블록체인 기술의 발전은 다양한 산업에 적용되고 있습니다. 또한, 탈중앙화 금융(DeFi)의 부상과 글로벌 결제 시스템의 변화는 금융 접근성을 높이고 있습니다. 가상자산은 사회적 가치 변화와 함께 금융 포용성 강화, 기존 금융 시스템의 혁신, 환경적 영향을 포함한 새로운 기회를 제공합니다.

5.1 | 중앙은행 디지털 화폐(CBDC)와의 관계

중앙은행 디지털 화폐(CBDC)는 중앙은행이 발행하는 디지털 형태의 법정화폐로 가상자산과 달리 CBDC는 중앙은행이 통제하는 중앙화된 디지털 화폐이며, 가상자산의 탈중앙화와 대비되는 개념입니다.

CBDC는 현금 사용의 감소, 디지털 경제의 발전, 자금세탁 방지, 금융 포용성 강화 등을 목적으로 발행되는데, 법정화폐와 동일한 가치를 가지며, 국가의 통화 정책과 직접 연계되어 있습니다. 이는 비트코인과 같은 가상자산이 시장의 수요와 공급에 따라 변동하는 것과 차이가 있습니다.

CBDC는 가상자산과의 경쟁 관계에 있을 수 있지만, 동시에 상호 보완적인 역할도 가능합니다. 예를 들어, CBDC는 국가 간 송금에서 빠르고 저렴한 결제를 가능하게 하며, 가상자산의 변동성을 완화하는데 기여할 수 있습니다. 일부 전문가들은 CBDC가 가상자산의 채택을 촉진할 것으로 보고 있는데 이는 CBDC가 디지털 결제 시스템을 강화하고, 블록체인 기술의 대중화를 촉진할 수 있기 때문입니다.

중국은 디지털 위안화(e-CNY)를 가장 적극적으로 추진하고 있으며, 현재 테스트 단계에 있으며, 유럽중앙은행(ECB)은 디지털 유로 발행을 검토 중이며, 이는 유럽 내에서의 디지털 결제를 혁신할 가능성이 있습니다. 미국은 디지털 달러 발행을 신중하게 고려하고 있으며, 가상자산과의 공존 가능성을 모색하고 있습니다.

CBDC는 중앙화된 통제 하에 가상자산의 기술을 활용하는 시도로, 향후 가상자산 시장에 큰 영향을 미칠 것으로 예상됩니다.

5.2 | 블록체인 기술의 발전과 응용 분야

블록체인 기술은 가상자산의 기반이 되는 핵심 기술로, 지속적인 발전과 함께 다양한 분야에 응용되고 있습니다.

초기 블록체인은 거래 처리 속도와 확장성 문제를 겪었는데, 이를 해결하기 위해 레이어 2 솔루션(예: 라이트닝 네트워크, 플라즈마), 샤딩(Sharding), 롤업(Rollup)과 같은 기술이 개발되고 있습니다. 이러한 기술들은 블록체인의 처리 능력을 향상시키고, 더 많은 사용자가 동시에 사용할 수 있게 합니다.

스마트 계약은 자동화된 거래와 계약 이행을 가능하게 하며, 이를 통해 금융 서비스, 공급망 관리, 투표 시스템 등 다양한 분야에 응용될 수 있습니다. DApp은 블록체인 상에서 실행되는 애플리케이션으로, 금융(DeFi), 게임(NFT), 소셜 네트워크 등 여러 산업에서 빠르게 확산되고 있습니다.

이외 블록체인의 새로운 응용 분야로 의료 기록의 보안과 무결성을 보장하며, 환자 데이터 관리에 활용되고 있으며, 물류 및 공급망 측면에서 제품의 추적성을 강화하고, 공급망의 투명성을 개선하는데 사용되고 있습니다. 또한, NFT는 디지털 예술 작품의 소유권을 증명하고, 창작자에게 새로운 수익 모델을 제공합니다.

블록체인 기술의 발전은 다양한 산업에 변화를 일으키며, 디지털자산의 사용 범위를 넓히고 있습니다.

5.3 | 가상자산이 금융 시스템에 미치는 영향

가상자산은 전통적인 금융 시스템에 강력한 영향을 미치고 있으며, 새로운 금융 패러다임을 제시하고 있습니다.

DeFi는 은행과 같은 중앙화된 금융 기관 없이, 스마트 계약을 통해 직접 금융 서비스를 제공하는데 대출, 예금, 스왑 거래 등이 포함되며, 이는 기존 금융 서비스보다 투명하고 효율적인 구조를 가집니다. 또한, 전통 금융 시스템의 역할을 대체하거나 보완할 수 있으며, 금융 접근성을 크게 향상시킵니다.

그리고, 가상자산, 특히 비트코인은 디지털 금으로 여겨지며, 인플레이션 헤지 수단으로 사용되고 있는데 전통적인 금융 자산의 변동성에 대한 안전 자산 역할을 할 수 있다는 기대를 받습니다. 최근 금융 시장에서는 가상자산이 포트폴리오 다각화의 일환으로 포함되고 있으며, 이는 투자자들의 신뢰를 반영합니다.

가상자산은 국경을 초월한 즉각적인 결제를 가능하게 하여, 기존의 송금 서비스보다 더 빠르고 저렴한 결제를 제공하게 되는데, 이는 특히 국제 송금 시장에서 큰 변화를 일으킬 가능성이 있습니다. 예를 들어, 리플(Ripple)은 XRP를 사용하여 빠르고 저렴한 국제 결제를 가능하게 하며, 많은 금융 기관과 협력하고 있습니다.

5.4 | 사회적 영향과 글로벌 경제의 변화

가상자산의 확산은 단순한 금융 혁신을 넘어, 사회와 경제 전반에 걸쳐 깊은 영향을 미치고 있습니다.

가상자산은 은행 계좌가 없는 사람들에게 금융 서비스를 제공할 수 있는 기회를 제공할 수 있는데 전 세계적으로 약 17억 명의 사람들이 은행 계좌 없이 살아가며, 이들에게 가상자산은 디지털 지갑을 통해 금융 접근성을 제공할 수 있습니다. 모바일 디바이스만 있으면 가상자산 네트워크에 접근할 수 있으며, 이는 개발

도상국에서 큰 변화를 일으킬 수 있습니다.

가상자산의 등장으로 인해 기존의 중앙화된 금융 시스템은 변화를 겪고 있는데 은행, 결제 프로세서, 카드 네트워크 등은 새로운 기술을 받아들이거나, 가상자산과 경쟁하기 위해 자체적인 디지털 솔루션을 개발하고 있습니다. 이 과정에서 가상자산은 기존 금융 시스템의 비효율성을 개선하고, 더 투명하고 신뢰할 수 있는 시스템을 구축하는데 기여하고 있습니다.

비트코인과 같은 일부 가상자산은 채굴 과정에서 많은 에너지를 소비하는 것으로 알려져, 가상자산이 환경에 부정적인 영향을 미칠 수 있다는 비판을 받고 있습니다. 이를 해결하기 위해 이더리움은 지분증명(Proof of Stake, PoS)으로 전환하여 에너지 소비를 줄였으며, 친환경적인 채굴 방식에 대한 연구도 활발하게 진행되고 있습니다.

가상자산은 탈중앙화와 자율성을 중시하는 새로운 사회적 가치를 제시하고 있으며, 이는 기존의 중앙화된 권력 구조에 도전하며, 개인의 자산 관리 권한을 확대하고 있습니다. 특히, NFT와 블록체인 기반 예술 작품은 창작자들에게 새로운 수익 모델을 제공하고, 디지털 소유권의 개념을 재정의하고 있습니다.

가상자산은 지난 10여 년간 급속한 성장을 이루며, 전 세계 금융 시장에 혁신적인 변화를 가져왔습니다. 비트코인은 최초의 블록체인 기반의 탈중앙화 암호화폐로서 가상자산의 기반을 마련했고, 이더리움은 스마트 계약을 통해 탈중앙화 애플리케이션(DApp)과 탈중앙화 금융(DeFi)의 가능성을 열었습니다. 이처럼 가상자산은 단순한 디지털 화폐를 넘어, 디지털 경제의 핵심 요소로 자리잡고 있습니다.

현재 가상자산 시장은 투자 수단, 결제 수단, 스마트 계약 플랫폼 등 다양한 용도로 사용되고 있으며, 글로벌 금융 시스템의 일부로 통합되고 있습니다. 중앙은행 디지털 화폐(CBDC)의 개발은 가상자산 기술을 활용한 중앙화된 디지털 화폐의 가능성을 제시하며, 정부와 민간 간의 협력을 촉진하고 있습니다.

앞으로의 가상자산 시장은 더욱 성숙해질 것으로 예상됩니다. 기술적 발전(예: 지분증명, 레이어 2 솔루션)은 블록체인의 확장성과 보안성을 개선하고, 더 많은 사용자가 가상자산 생태계에 참여할 수 있도록 도울 것입니다. 또한, 국제적인 규제 협력과 혁신적인 규제 프레임워크는 가상자산 시장의 투명성과 안정성을 높일 것입니다.

가상자산의 미래는 단순히 금융 분야에 국한되지 않고, 의료, 물류, 예술, 게임 등 다양한 산업에 걸쳐 새로운 비즈니스 모델과 디지털 자산 경제를 창출할 것입니다. 블록체인 기술의 응용 범위가 확장됨에 따라, 가상자산은 글로벌 경제의 디지털 전환을 이끄는 중요한 동력이 될 것입니다.

디지털자산의 가치평가

Part **2**

디지털자산의 이해를 위한 회계, 세무, valuation 안내서

1.1 | Overview

디지털자산에 대한 평가는 아직은 다수가 동의하는 이론적으로 확립된 방법론은 없다고 볼 수 있습니다. 비트코인 초창기부터 지금까지 평가방법에 대한 다양한 연구가 진행되어오고 있는 현재 진행형의 영역입니다.

그렇기 때문에 디지털자산 평가에 대한 다양한 견해가 공존하고 있습니다. 디지털자산은 기존 금융시장에서 다루어 왔던 주식, 채권, 부동산 등과는 다른 형태의 자산이므로 전통적인 평가방법인 현금흐름 기반 평가 모델 등에서 벗어나 다른 접근이 필요하다는 견해와 그 형태가 어떠하든 자산에 투자하는 궁극적인 목적은 더 많은 현금창출 혹은 현금획득일 것이므로 현금흐름 기반 평가모델 등 전통적인 평가방법론은 여전히 유효하다는 견해들이 존재하고 있는 상황입니다.

하지만, 여전히 시장참여자들 대부분이 동의하는 합의된 가치평가 모델은 없는 상태이고, 이는 내재가치에 대한 다양한 견해와 함께 높은 변동성, 즉 시장의 불안정성으로 나타나고 있습니다. 물론 높은 변동성은 시장의 신뢰 부족과 시장에 안정적으로 자리잡지 못한 이유가 가장 클 것이지만 설명력 높은 합의된 가치평가 모델의 부재도 그 이유 중의 하나가 될 수 있을 것입니다.

그렇다면 내재가치에 대한 분분한 의견, 혹은 가치평가에 대한 합의가 어려운 이유는 무엇일까요?

비트코인의 예를 들어볼까요?

만약 비트코인이 디지털세상에서 실물경제의 달러와 같은 기축통화의 역할을 하게 된다면 디지털세상의 경제규모의 크기에 따라 비트코인의 가치도 달라질 수 있을 것입니다. 그렇다면 향후 디지털세상에서 거래되는 시장의 크기에 대한 기대치, 그 시장에서 비트코인이 거래 통화로서의 역할을 담당하는 부분의 크기의 대한 기대치 등에 따라 비트코인의 가치는 달라질 수 있습니다.

반대의 경우도 생각해 볼 수 있습니다. 디지털자산의 종류는 다양하지만 비트코인과 같은 디지털화폐가 디지털세상에서 거래 수단으로서의 화폐 또는 가치저장 수단으로서의 화폐 기능을 할 수 있는 것은 디지털경제 참여자들의 "신뢰"에 바탕을 둡니다. 그런데 그 어떤 이유로 비트코인과 같은 디지털자산이 시장의 신뢰를 잃게 된다면 그 가치는 "0"(zero)에 가까이 수렴할 수도 있습니다. 바로 이 부분이 실물자산과 중요한 차이점 중의 하나이고 내재가치에 대한 의문이 계속 이어지는 이유일 것입니다.

물론 비트코인과 같은 디지털자산은 기존의 전통적인 자산과 다른 성격의 자산이므로 전통적인 시장에서 적용하는 내재가치 접근법이 아닌 다른 가치평가 접근법으로 이해하고 평가해야 한다는 주장도 있지만, 디지털자산도 근본적인 투자의 목적은 실물자산과 차이가 없을 것이므로 전통적인 내재가치접근법을 배제하여서는 안될 것입니다.

다만, 주식가치를 평가할 때 DCF와 같은 내재가치접근법과 상대가치와 같은 시장가치접근법을 비교하면서 평가의 갭(Gap)을 좁혀 나가는 것과 같은 방식으로, 디지털자산도 디지털자산의 성격을 고려한 시장접근방법과 적절한 내재가치접근법을 병행하여 평가하는 방식으로 접근하는 것이 필요합니다.

디지털자산의 평가에 대한 연구는 아직 초기 단계이지만, 과거 전통적인 기법의 평가방법론이 정립되는 과정과 같이 시장의 경험이 쌓이고, 데이터가 축적되면 현재 연구되고 있는 가치평가 모델의 단점도 점차 보완되어 합리적인 평가방법론이 등장하게 될 것입니다. 이 과정을 통해 다수의 시장참여자들이 합의할 수 있는 평가방법론이 빠른 시일 내에 정립되기를 기대합니다.

1.2 | 디지털자산은 과연 내재가치가 있는가?

앞장에서 디지털자산의 내재가치에 대한 분분한 의견, 혹은 가치평가에 대한 합의가 어려운 이유를 설명하면서 잠깐 다루었지만 디지털자산의 평가에 대해 얘기할 때 가장 논쟁이 되는 부분 중의 하나가 내재가치에 대한 것입니다.

내재가치는 본질가치와 유사한 의미로 사용되는데, 기업이라고 하면 기업이 사업을 영위할 때 향후 창출할 수 있는 현금흐름을 현재가치로 합산한 가치정도의 의미로 볼 수 있습니다.

그렇다면 금의 내재가치는 무엇일까? 기업이 아닌 금은 그 자체만으로 현금흐름을 창출하지 못하기 때문에 사전적 의미에서의 내재가치는 없다고 볼 수 있습니다. 물론 금도 중요한 광물자원으로서 산업의 다양한 영역에서 활용될 수 있기 때문에 내재가치가 전혀 없다고 볼 수는 없지만 일반적으로 가치 저장 수단으로서의 금의 가치를 따질 때 내재가치로서는 설명될 수 없는 부분이 있습니다. 이를 설명하기 위해서는 한 자산이 가져다 주는 효용이라는 측면에서 가치를 조금 넓게 해석할 필요가 있을 것입니다. 금이 이러한 가치를 갖는 것은 가치 저장 수단으로서의 신뢰를 가진 자산이라는 점, 한정된 자원으로서 가치가 안정적인 자산이라는 점, 영속성이 있어 지속가능한 자산이라는 점, 상대적으로 다양하게 이용될 수 있는 활용성이 높은 자산이라는 점 등일 것입니다. 가만히 두면 그 자체로 배당을 하거나 현금흐름을 창출하는 자산은 아니지만, 금이 가진 이러한 속성이 시장의 신뢰를 얻어 가치를 부여한 것입니다.

디지털자산의 대표주자 비트코인은 어떨까요? 내재가치가 있을까요?

하나의 비트코인 자체는 고유한 내재가치를 가지고 있다고 보기 어려울 것 같습니다. 비트코인은 단지 디지털 텍스트로 구성된 문자열일 뿐이니까요. 그러나 신뢰를 기반으로 한 디지털네트워크 생태계라면 이야기가 달라질 수 있습니다. 그 자체로는 내재가치가 없지만 디지털생태계라는 네트워크에서 신뢰를 얻게 될 때 가치를 갖게 되는 네트워크 자산입니다.

그리고 그 디지털생태계 또는 그 네트워크가 우리에게 가치 또는 효용을 안겨주어야 네트워크 가치는 지속될 수 있습니다.

디지털생태계의 모두가 네트워크에서 아무런 가치나 효용도 얻을 수 없다고 느끼게 된다면 디지털자산에 대한 시장의 신뢰는 무너지고 그 가치는 결국 거품처럼 사라지게 될 것입니다. 반면 디지털생태계가 우리에게 가치와 효용을 안겨주면서 지속적으로 확장해 나간다면 그 생태계에서 활용되는 디지털자산도 가치를 부여 받는 구조입니다. 만약 지금의 인터넷 기업들과 같이 버블의 시대를 뚫고 성장해 나가는 디지털생태계가 구축된다면 그 생태계에서의 디지털자산도 가치 있는 자산이 될 수 있을 것입니다.

1.3 | 디지털자산 평가의 기본 전제

가치평가를 할 때에는 여러 가지 가정과 전제를 두게 됩니다.

실물경제에서 주식의 가치를 평가할 때, 대표적인 기본 전제가 **"계속기업의 가정"**입니다. 우리는 특별한 상황이 아니라면 평가하려는 회사는 지속적으로 사업을 영위할 것이라는 가정을 전제로 두고 평가를 하게 됩니다. 물론 청산가정을 통해 일정 기간 동안 사업을 영위하는 가정으로 평가하는 경우도 있지만, 그러한 경우는 일반적이라고 보지 않습니다.

디지털자산을 평가할 때에도 이러한 계속기업의 가정, 지속성의 가정은 여전히 유효합니다. 이 계속기업의 가정을 디지털자산의 세계에서는 **"신뢰 유지의 가정"**이라고 표현하고자 합니다. 디지털자산의 세계에서 자산이 가치를 계속적으로 유지하기 위해서는 시장의 신뢰가 필요합니다.

주식가치를 평가할 때 회사가 계속된다는 가정하에서 평가를 하듯, 디지털자산을 평가할 때 해당 자산에 대한 **시장의 신뢰가 유지된다는 가정**을 기본 전제로 두고 평가하는 내재가치접근법을 고려해 볼 수 있는 것입니다.

다만 신뢰를 상실했을 때의 위험도가 늘 있기 마련이므로 이 위험의 크기, 즉 자산이 시장의 신뢰를 상실할 위험의 크기를 할인율과 같은 방식으로 반영하여 가치에서 조정하는 방법에 대한 고려가 필요할 것입니다.

1.4 | 기회와 위험

주식가치를 평가할 때 우리는 기회와 위험에 대해 생각합니다. 기회는 향후 기업이 창출할 것으로 예상되는 현금흐름, 수익성, 성장성 등의 의미입니다. 위험은 이러한 기대가 예상대로 이루어질 것인지에 대한 변동성의 의미입니다. 기회와 위험은 따로 있지 않습니다. 항상 함께 합니다. 변동성이 큰 시장에서는 성장성이 높게 예상된다면 그에 따른 위험 요인도 일반적으로 클 것으로 예상할 수 있습니다. 반대로 성장성은 낮지만 안정적이라면 위험 요인도 낮게 예상할 수 있습니다.

이러한 관계를 다음의 그림을 통해 이해할 수 있습니다.

〈그림 1〉 가치평가에서 기회와 위험의 의미

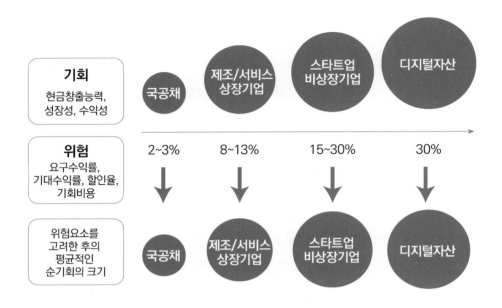

국공채는 안정적인 자산으로 인정받습니다. 국공채에 투자하면 안정적으로 이자수익을 받을 수 있지만, 국공채의 가격상승으로 위험이나 가격하락의 위험이 낮아 이후 매매를 통해 많은 차익을 얻을 것으로 기대하지는 않습니다. 제조업을 영위하는 상장회사에 투자를 할 때에는 주식시장의 평균적인 수익률 수준을 기대하게 됩니다. 이는 흔히 10% 내외로 보고 있습니다. 스타트업 회사에 투자할 때는 회사의 성장성에 대한 기대를 갖고 투자하게 됩니다. 그렇기 때문에 기대수익률이 높습니다. 한편으로는 스타트업이 기대만큼 성장하지 못할 위험도 상대적으로 크기 때문에 높은 기대수익률을 요구하게 됩니다.

디지털자산에 대한 투자도 마찬가지입니다. 상대적으로 안정적이지 못한 시장에 대한 기대는 크지만 그로 인한 위험의 크기도 크다고 볼 수 있습니다. 이러한 위험의 크기를 고려할 경우 평균적인 순기회의 크기는 기대만큼 크지 않을 수도 있습니다. 가치평가자나 투자자는 위와 같이 기회요인 뿐만 아니라 그에 상응하는 위험요인도 함께 고려하여야 할 것입니다.

참고 4 기본적 분석(Fundamental Analysis)과 기술적 분석(Technical Analysis)

주식 시장에서 사용할 수 있는 투자분석 기법은 크게 두 가지로 구별됩니다. 기업의 내재적 가치를 평가하는 기본적 분석(Fundamental Analysis)이라는 방법과 주식의 가격 변동 움직임을 중심으로 연구하는 기술적 분석(Technical Analysis)이 그것입니다. 본서에 디지털 자산의 가치평가로 다루는 부분은 주식분석 혹은 기업가치 분석에 있어서 기본적 분석(Fundamental Analysis)에 해당하는 영역을 중심으로 하고 있습니다.

디지털자산은 비교적 역사가 짧은 새롭게 형성된 시장으로 아직까지 가치평가를 위한 명확한 기준이 없다고 볼 수 있습니다.

그러나, 디지털생태계에 참여하거나 투자를 하기 위해서는 자신만의 가치 평가를 위한 기준은 마련하여야 합니다. 합의된 가치평가 방법이 없는 것이지, 가치를 평가하기 위한 방법이 전혀 없는 것은 아니기 때문입니다.

물론 현 시점에서 가치를 평가하는 것이 미래의 가치를 정확하게 예측한다는 보장을 하지는 않지만, 우리는 가치를 평가하는 과정에서 디지털자산에 대한 많은 정보를 알게 되기 때문에 그것만으로도 충분히 가치 있는 과정이 될 수 있습니다.

어떤 자산의 가치를 평가하기 위해서는 대상자산과 대상자산을 둘러싼 환경에 대한 이해가 바탕이 되어야 합니다. 이 과정이 디지털자산에 대한 분석입니다.

디지털자산을 이해하지 못하고 가치를 평가하거나 투자를 하는 것은 가치 있는 자산과 가치 없는 자산의 혼재를 불러일으켜 시장을 혼란스럽게 할 수 있습니다.

대상자산에 대해 각자가 바라보는 기대치와 관점이 다르기 때문에 각자가 평가하는 가치의 수준이 다를 수 있지만, 그렇게 평가하는 가치 수준에 대한 판단 근거를 논의하는 과정에서 시장은 중심을 잡아갈 수 있습니다. 디지털자산을 이해하는 과정이 중요한 이유입니다.

디지털자산을 이해하기 위한 분석은 크게는 디지털자산을 둘러싼 디지털생태계 혹은 디지털네트워크와 같은 환경에 대한 이해와 평가대상이 되는 디지털자산에 대한 이해로 나눌 수 있습니다.

2.1 | 디지털자산의 환경에 대한 이해

1. 디지털자산을 둘러싼 디지털생태계/네트워크에 대한 이해

어떤 자산이 가진 가치를 알고 한다면 그 자산이 어떤 자산인지에 대한 이해가 필요합니다. 그리고 그 자산이 어떤 자산인지를 이해하기 위해서는 그 자산만을 미시적으로 들여다보는 것이 아니라 그 자산을 둘러싼 환경에 대한 이해도 병행하여야 합니다.

주식시장에서도 가치투자를 위해 가치평가를 하는 사람들은 대상회사와 산업에 대해 분석하는 시간을 아까워하지 않습니다. 이러한 분석을 통해 회사가 어떻게 시장에서 경쟁우위를 갖고 계속해서 이익을 창출하고 있는지를 파악하는 것입니다.

이처럼 가치평가를 위해서는 대상자산의 성격과 본질, 그리고 환경에 대한 이해가 반드시 필요합니다.

이러한 접근법은 전통적인 자산뿐만 아니라 디지털자산의 평가에서도 마찬가지입니다. 디지털자산을 평가하기 위해서는 디지털자산이 활용되고 거래되는 시장에 대한 이해가 선행되어야 할 것입니다. 디지털 시장에 대한 이해는 곧 디지털자산이 존재하고 거래되는 디지털생태계 혹은 네트워크에 대한 이해를 포함하는 것으로서 어쩌면 평가전 단계에서 가장 중요한 부분일 것입니다.

〈그림 2〉 디지털자산 평가시 운영환경 분석

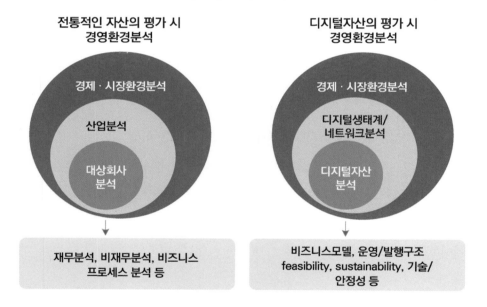

특히 디지털자산을 분석할 때에는 디지털생태계 혹은 디지털네트워크의 속성을 이해하는 것이 중요합니다. 그곳이 바로 디지털자산이 활용되고 가치를 부여받는 세상이기 때문입니다.

기존 인터넷 네트워크와 마찬가지로 블록체인도 네트워크입니다.

기존 인터넷 네트워크가 사람들을 모으고 그들을 연결할 때 네트워크를 관리하고 운영하는 중앙화된 회사 등 특정 매개체를 중심으로 이루어졌다면, 블록체인과 같은 네트워크는 중앙화된 매개체가 없거나 축소된 분산 혹은 탈중앙화되었다는 차이점이 있습니다.

블록체인 네트워크는 인터넷과 같이 네트워크의 속성을 갖지만, 차이점은 집중화된 중개인이 없이 탈중앙화된 방식으로 가치의 거래, 교환이 가능하다는 점입니다. 이 디지털네트워크를 이해하고 이 네트워크에서 디지털자산이 어떻게 기능하고 활용될 수 있는지를 파악하는 것이 중요합니다.

참고로 블록체인 생태계 구성요소는 크게 정치, 경제, 기술의 3가지로 구성됩니다. 이는 각각 **거버넌스, 크립토이코노미 또는 토큰이코노믹, 기술**을 말합니다. 거버넌스는 생태계의 철학과 운영 그리고 정치적 측면을 말하고, 크립토이코노미는 수수료 및 화폐의 순환구조와 같은 경제적인 측면, 마지막으로 기술은 개발/유지/확장/업데이트 등을 가능하게 하는 기술적인 측면을 말합니다. 즉, 거버넌스에 의해 크립토이코노미를 형성, 발전시키고, 기술을 통해서 이를 구현합니다. 블록체인 생태계를 이해하기 위해서는 이 3요소에 대한 이해가 반드시 필요할 것입니다.

2. 규제 환경에 대한 이해

디지털자산에 대한 규제 환경을 이해하는 것도 중요합니다. 전통적인 자산을 중심으로 마련된 법규들을 디지털자산에 적용할 때 그 적용에 있어 모호하거나 불분명한 부분들이 존재하기 때문에 디지털자산을 발행하거나 거래소에 상장하는 등의 경우에는 반드시 규제환경을 이해할 필요가 있습니다.

디지털자산, 특히 암호화폐는 초기에는 지급수단 혹은 거래수단으로서 기능을 표방하였으나, 이후 다양한 디지털자산이 나오면서 투자수단이나 자금조달수단이 부각되는 경우도 나오게 되었습니다. 투자수단이나 자금조달수단이 되면 자본시장법상 증권에 해당하는지가 문제가 되고, 증권에 해당한다면 자본시장법상 절차를 따라야 합니다.

미국과 유럽 등 많은 국가들이 디지털자산을 증권형 자산과 비증권형 자산으로 구별하여 증권형 디지털자산에 대해서는 자본시장법과 같은 증권 관련 법률을 적용하여 규제하고 있습니다. 그리고 비증권형 디지털자산에 대해서는 "디지털자산 기본법"과 같은 별도의 법률을 제정하여 규제하는 방향으로 가고 있습니다.

2020년 SEC가 디지털자산 "리플"을 상대로 증권신고서 미제출 등 연방증권법 위반 혐의로 소송을 제기한 건이 디지털자산을 증권형 자산으로 볼 것인지 비증권형 자산으로 볼 것인지에 대해 다투는 대표적인 사건 중의 하나로 볼 수 있습니다.

디지털자산이 운영성과에 따른 배당권 또는 잔여재산에 대한 분배청구권 등을 갖는 등 수익을 분배하는 성격일 경우에는 증권형 디지털자산에 해당할 가능성이 큽니다.

그러나 디지털자산의 증권성 여부를 판단함에 있어서 명확하지 않은 점이 여러 가지가 있지만 그 중 하나는 차익실현형 디지털자산이 자본시장법상 투자계약증권에 해당하는지의 문제입니다. 만약 디지털자산의 발행자 등이 디지털자산의 발행이나 소각을 통제하는 등의 방식으로 유통량을 조절하는 권한이 있거나 백서 등을 통해 약속한 계획이 디지털자산 구매자에 대한 이행의무를 부담하는 법적 구속력이 있다고 볼 수 있는 경우라면 자본시장법상 투자계약증권에 해당한다고 볼 수 있습니다. 그러나. 디지털자산의 발행자에게 디지털자산의 유통량을 발행할 권한이 없고, 백서 등을 통해 밝힌 계획은 향후 프로젝트에 대한 청사진을 보여주는 것일 뿐 이행의무를 부담하는 법적 구속력이 없다면 자본시장법상 투자계약증권으로 보기는 어려울 것입니다. 물론 이에 대한 판단도 현재 관련 법률을 재정비하고 있기 때문에 관련 거래를 할 때에는 반드시 현행 법률에 따른 법규가 어떻게 적용되는지 살펴볼 필요가 있을 것입니다.[1]

유틸리티 토큰의 경우에는 그 기능이 블록체인에 기반한 서비스를 이용하기 위한 수단으로 사용하는 것이기 때문에 일반적으로 증권으로 간주되지는 않는 것이 일반적입니다. 지불형 토큰도 재화나 서비스에 대한 가치 이전의 수단으로 활용되면서 화폐의 역할을 하기 때문에 증권으로 간주되지는 않으나, 구매의 기능을 갖기 때문에 '자금세탁방지법(AML)'의 규제를 받을 수는 있습니다.

금융위원회가 2023. 2. 3. "토큰 증권(Security Token) 발행·유통 규율체계 정비방안"과 함께 「토큰 증권 가이드라인」을 발표하였습니다. 규제 환경을 살펴볼 때 이 가이드라인을 참고할 필요가 있습니다. 그리고 이후 관련 법규가 개정·신설될 것이므로 이러한 규제 환경 변화를 이해하는 것도 디지털자산을 이해하는 중요한 출발점이 될 것입니다.

---

1   이러한 이유등으로 디지털자산 발행인이 감독당국에 백서를 신고할 때 해당 가상자산의 증권성 여부에 대한 법률검토의견서를 받는 것이 필요합니다.

[표 8] 디지털자산의 증권성 여부 판단 예시[2]

구분	예시

증권에 해당할 가능성이 높은 경우	• 사업 운영에 대한 지분권을 갖거나 사업의 운영성과에 따른 배당권 또는 잔여재산에 대한 분배청구권을 갖게 되는 경우
	• 발행인이 투자자에게 사업 성과에 따라 발생한 수익을 귀속시키는 경우
	  – 투자자에게 지급되는 금전등이 형식적으로는 투자자 활동의 대가 형태를 가지더라도, 실질적으로 사업 수익을 분배하는 것에 해당하는 경우
	  * 조각투자의 경우에는 공동사업의 결과에 따른 손익을 귀속 받는 계약상의 권리임을 전제하고 있으나, 디지털자산은 이에 대해 별도의 판단 필요

증권에 해당할 가능성이 낮은 경우	• 발행인이 없거나, 투자자의 권리에 상응하는 의무를 이행해야 하는 자가 없는 경우 • 지급결제 또는 교환매개로 활용하기 위해 안정적인 가치유지를 목적으로 발행되고 상환을 약속하지 않는 경우 • 실물 자산에 대한 공유권만을 표시한 경우로서 공유목적물의 가격·가치상승을 위한 발행인의 역할·기여에 대한 약속이 없는 경우

3. Tokenomics(토크노믹스)의 이해

디지털자산을 이해하기 위해서는 해당 네트워크의 경제 구조가 어떻게 순환하는지 이해하는 것이 필요합니다. 이를 토크노믹스라고 표현하는 경우도 있습니다.

토크노믹스(Tokenomics)는 "Token Economics"의 줄임말로, 암호화폐의 경제 구조를 의미하며, 토큰의 분배 방법과 토큰 수요에 영향을 미치는 기능을 결정하는 인센티브 체계 등으로 정의될 수 있습니다. 암호 자산의 토크노믹스 주요 변수에는 공급, 인플레이션, 토큰 소각, 창립 팀 및 벤처 캐피털에 대한 토큰

---

2   금융위원회 2023.2.6. "[보도자료] 토큰 증권(Security Token) 발행·유통 규율체계 정비방안" 참고

할당, 그리고 스테이킹 수익률 등이 포함될 수 있습니다. 이러한 요소들은 플랫폼의 프로토콜을 만드는 팀에 의해 결정되며, 일반적으로 출시 전에 백서에 명시됩니다.

대부분의 스마트 계약 플랫폼은 지분 증명(Proof-of-Stake) 메커니즘을 기반으로 하며, 네이티브 자산을 스테이킹하여 거래를 검증하고 처리합니다. 사용자들은 해당 자산을 스마트 계약 플랫폼에 스테이킹(잠금)하여 검증자로 활동하며, 스테이킹에 대한 보상으로 수익을 얻습니다. 스테이킹 수익률은 네이티브 자산의 총 스테이킹 금액과 검증자에게 지급되는 총 보상 금액에 따라 결정되며, 이 두 요소는 네이티브 자산의 인플레이션과 플랫폼 내에서 발생하는 거래 수에 따라 변동될 수 있습니다.

디지털자산 가격에 영향을 미치는 가장 중요한 요인 중 하나는 네트워크의 효용이며, 경제 구조의 관점에서는 해당 자산의 공급량이라고 보는 경우들이 많습니다. 예를 들어 공급이 제한된 경우, 수요가 일정하거나 증가한다고 가정하면 암호 자산의 장기적인 가치 상승이 예상된다고 보기 때문입니다.

2.2 | 디지털자산에 대한 이해

1. 화폐인가, 주식인가, 회원권인가, 상품권인가, 아니면 소유권인가? 평가대상이 무엇인지 명확히 이해해야 한다.

디지털자산마다 다른 성격을 가지고 있습니다. 그 성격을 이해하지 않고서는 평가는 불가능합니다.

골프장의 경우를 예로 들면 회원권과 주식이 있습니다. 회원권은 골프장에서 제공하는 서비스를 구매할 수 있는 권한과 같은 성격의 상품입니다. 주식은 골프장의 자산과 이익에 대한 소유권과 같은 성격의 상품입니다. 회원권과 주식의 성격이 다르기 때문에 적용되는 가정과 평가도 다른 방식으로 이루어집니다.

디지털자산의 경우도 그 성격이 무엇이냐에 따라 평가에 적용되는 가정과 방법도 다르게 고려되어야 합니다.

예를 들어 증권형 토큰(Security Token)을 평가할 때에는 주식에 대한 평가와 같이 해당 디지털네트워크의 수익창출 구조에 대한 고려가 필요할 것입니다. 토큰 네트워크의 상품이나 서비스를 구매할 수 있는 권한만 있고 지분에 대한 소유권이 없는 유틸리티 토큰(Utility Token)은 주식과는 달리 회원권의 평가 시 고려되는 가정과 방법들이 적용되어야 할 것입니다. 회원권 평가는 회원권의 보유를 통해 서비스를 이용하면서 얻게 되는 효용의 크기를 측정함으로써 이루어지게 됩니다.

골프장 영업이 잘 되어 실적이 좋아지면 주주들에게 귀속되는 이익과 자산의 크기가 증가합니다. 이는 증권형 토큰의 가치 증가를 의미합니다. 증권형 토큰(Security Token)은 보유한 토큰만큼 일정 소유권을 부여받거나 배당을 받을 수 있는 형식의 토큰을 말합니다. STO(Security Token Offering)등을 통해 구매한 토큰은 토큰 네트워크로부터 창출된 가치에 대해 분배받을 권리가 있습니다. 주식회사의 주식과 유사한 성격입니다. 시큐리티 토큰 개수에 따라 디지털 네트워크에서 창출한 이윤의 일부를 배당금으로 받을 수 있기 때문입니다. 단 주식과 달리 블록체인상에서 발행되고, 스마트 컨트랙트(Smart Contract)를 통해 배당률 등을 설정할 수 있는 등 의사결정 방식과 운영 방식이 네트워크상에서 합의에 의해 이루어진다는 차이점 등은 있을 것입니다.

증권형 토큰에도 다양한 종류가 있습니다. 회사 지분과 연결된 지분 토큰 (Equity Token)과 주식/채권 등 2개 이상의 금융상품으로 복합적으로 구성된 전환가능 토큰(Convertible Token), 부동산 담보 등을 기반으로 한 담보 토큰 (Debt Token) 등이 있습니다.

만약 디지털자산이 증권형 토큰으로서 지분토큰이라면 지분의 크기와 전체지 분을 합한 네트워크의 가치를 파악하는 것이 필요할 것입니다.

골프장의 영업이 잘 되어 서비스 이용을 희망하는 골퍼들이 많아지고 회원권을 찾는 사람들이 많아지면 회원권을 보유한 회원들이 누리는 효용의 크기도 증가할 것입니다. 이는 유틸리티 토큰의 가치 증가를 의미합니다. 상당부분의 디지털자 산의 본질은 블록체인 네트워크의 효용을 누리기 위해 필요한 회원권과 같은 자 산입니다. 그렇기 때문에 회원권의 종류가 무엇이고, 회원권으로 할 수 있는 것이 무엇인지를 이해해야 합니다.

통상 ICO(Initial Coin Offering)를 통해 발행되는 토큰은 유틸리티 토큰 (Utility Token)인 경우가 많으며, 투자자는 토큰 네트워크의 상품이나 서비스를 구매할 수 있는 권한만 있는 회원권 성격의 상품이기 때문에 사실상 상품이나 서비스가 제대로 마련되지 않으면 가치가 사라져 버릴 수 있습니다.

참고로 다음은 디지털자산의 유형별 특성과 유형별로 내재가치에 대한 접근을 어떤 방향으로 하여야 하는지를 구분한 자료를 소개합니다. 다음 표의 구분에서 볼 수 있는 바와 같이 디지털자산을 평가하기 위해서는 각 자산의 특징과 각 자산이 가치를 어떻게 창출하는지를 알아야 합니다.

참고 5 디지털자산 유형별 특성 및 내재가치 접근 방향[3]

구분	목적 및 특징	내재가치 접근 방향
암호화폐 (Cryptocurrency)	암호화폐는 비트코인과 같은 블록체인 기술을 기반으로 한 디지털 토큰 또는 코인을 의미. 이러한 화폐는 현재 중앙 은행과 독립적으로 운영되며 교환의 수단으로서 기능하도록 설계됨	자체적인 현금흐름 창출관점에서의 내재가치는 없음. 단, 디지털생태계에서의 수요와 공급에 따라 가치를 부여받을 수 있음
유동화 토큰 (Asset-Backed Token)	유동화 토큰은 블록체인 기술에 기반한 디지털 토큰으로 블록체인에는 존재하지 않지만 물리적 자산(예 : 금 또는 석유와 같은 천연자원)의 소유권을 나타내는 가치를 의미	기초 자산을 기반으로 가치를 창출
유틸리티 토큰 (Utility Token)	유틸리티 토큰은 블록체인 기술을 기반으로 한 디지털 토큰으로, 사용자에게 제품이나 서비스에 대한 접근 권한을 부여하는 것에서 가치를 창출. 유틸리티 토큰은 보유자에게 회사의 플랫폼 또는 자산에 대한 소유권을 부여하지 않으며, 보유자 간에 거래될 수 있지만 주로 교환의 수단으로 사용되지는 않고 이용권의 성격을 지님	발행자의 서비스 또는 제품에 대한 수요에서 가치를 창출
증권형 토큰 (Security Token)	증권형 토큰은 본질적으로 전통적인 증권과 유사한 블록체인 기술을 기반으로 하는 디지털 토큰임. 증권형 토큰은 법인에 대한 경제적 지분을 제공할 수도 있으며, 때때로 기한이 정해지지 않은 상황하에 현금이나 다른 금융자산을 받을 권리; 때때로 회사 결정에 투표할 수 있는 능력과 / 또는 기업의 잔여 지분에 대해 배분받을 권리를 포함하기도 함	향후 이익의 분배나 현금 또는 다른 금융자산을 받기 때문에 기업의 성공에서 가치를 창출

---

[3] "PwC In-dept release report 2019 december, 암호화자산 및 관련 거래 : IFRS에 따른 회계처리 고려 사항" 참고

2. 플랫폼 비즈니스인가, 네트워크인가, 아니면 플랫폼 내의 고유자산인가?

디지털자산 중에는 다양한 특징을 가지고 있는 자산들이 있습니다. 예를 들어 이더리움은 결제수단이면서 플랫폼의 성격을 갖고 있습니다. 스마트계약과 분산화된 애플리케이션의 기반이 되는 플랫폼의 기능을 하기 때문에 플랫폼 비즈니스의 특징이 있습니다. 동시에 다양한 스마트계약이 체결되고 거래가 이루어지는 네트워크의 모습도 갖고 있습니다. 또한, 이더리움 생태계는 고유화폐인 이더(ETH)가 있어서 디지털생태계에서 거래 수수료로 지불되거나, 스테이킹이나 네트워크 검증을 통해 보상으로 제공됩니다. 마치 이더리움(Ethereum)은 "국가"이고, 이더(Ether)는 "국가의 통화"와 같은 개념과 유사합니다.

어떤 관점에서 바라보는 가에 따라 디지털자산의 중요한 특징은 차이가 있을 수 있고, 이에 따라 가치평가 접근법도 달라질 수 있습니다.

참고 6 Global Crypto Classification Standard의 Level 1에 따른 암호화폐 분류[4]

구분	특징	자산 예시	비교 가능 전통적 자산의 예
스마트 컨트랙트 플랫폼	일반 목적 프로그래밍을 지원하며, 개발자가 스마트 계약을 작성하고 분산형 애플리케이션을 실행할 수 있는 기반 블록체인	Ethereum(ETH), Solana(SOL), Polygon(MATIC), TRON(TRX), Cosmos(ATOM) 등	IT 업종, 인터넷 또는 앱 플랫폼 업종 등
탈중앙화 애플리케이션	은행, 브로커와 같은 중앙 기관을 필요로 하지 않고, 금융 서비스에 대한 접근을 제공하는 디지털 기반 인프라	Uniswap(UNI), Aave(AAVE), Compound(COMP), SushiSwap(SUSHI), Convex Finance(CVX) 등	금융업, 다양한 거래의 중개업 등

---

4   Valuation of Cryptoassets: A Guide for Investment Professionals, 2023 CFA Institute 참조

구분	특징	자산 예시	비교 가능 전통적 자산의 예
암호화폐	가치 이전에 특화된 블록체인 또는 프로토콜(암호화폐의 수요는 교환 매체, 회계 단위, 가치 저장 수단으로서의 기능에서 발생할 수 있음)	Bitcoin, Litecoin, Monero, Zcash, Stellar, Dash, XRP 등	달러 등 화폐, 금 등

참고 7 블록체인 인프라 부문 분류[5]

분류	예시	유사한 전통산업
스마트 계약 플랫폼	Ethereum, Cardano, Solana	클라우드 서비스
확장 프로토콜	Starkware, Polygon, Arbitum	클라우드 서비스
상호 운용성 프로토콜	Cosmos, Polkadot, Avalanche	클라우드 서비스
Bridges	Celer, Multichain, Portal Token Bridge	국가 간 송금 결제

스마트 컨트랙트 플랫폼은 이더리움이 대표적 예가 될 수 있습니다. 이외에도 솔라나, 카르다노, 아발란체 등이 있습니다. 스마트 계약 플랫폼은 플랫폼 내에서 다양한 탈중앙화 애플리케이션 생태계를 활성화하도록 하는데, 해당 플랫폼 기반 하에서 탈중앙화 금융(Defi), 게임을 비롯한 다양한 애플리케이션이 만들어져서 구동되는 구조입니다. 애플의 ios 플랫폼에서 다양한 앱이 개발되어 구동되는 것과 유사한 구조입니다. 각 애플리케이션마다 해당 플랫폼에서 사용되는 각각의

---

[5] Source: CoinGecko, "Global Crypto Classification Standard by 21Shares & CoinGecko

가상화폐가 있지만 스마트 컨트랙트 플랫폼 자체에서도 가상화폐를 두어 플랫폼의 네트워크 생태계에서 활용되도록 하는데, 이더리움의 "이더"가 바로 그러한 역할을 한다고 볼 수 있습니다.

스마트 컨트랙트 플랫폼은 다양한 방식으로 사용되는데, P2P 거래, 탈중앙화된 애플리케이션의 거래 실행, 자산 거래 등이 이루어질 수 있고, 플랫폼의 블록체인에서 블록을 추가하는 검증자에게 보상을 지급하는 것도 네트워크 내에서 이루어지는 거래로 볼 수 있습니다. 이러한 스마트 컨트랙트 플랫폼을 어떤 관점에서 바라보는가에 따라 평가방법은 달라질 수 있습니다.

만약 스마트 컨트랙트 플랫폼을 하나의 회사인 것처럼 본다면, 이 플랫폼에서 생성된 현금흐름, 예를 들어 플랫폼에서 거래시 발생하는 거래 수수료를 통해 스마트 컨트랙트 플랫폼의 고유자산인 플랫폼 가상화폐의 가치를 평가하는 방법을 고려해 볼 수 있습니다. 거래 수수료를 수익원천으로 가정한다면 수수료액이 커질수록 가치가 높아지는 구조가 될 것입니다.

만약 스마트 컨트랙트 플랫폼의 네트워크적인 측면을 좀 더 강조해서 바라본다면, 네트워크의 가치가 성장하는 방향에 초점을 맞추어 평가가 이루어질 수 있습니다. 이 관점에서는 낮은 거래 수수료가 네트워크의 확장과 성장을 이루어 가치를 증대시킬 수 있는 구조입니다.

2. 디지털자산의 생태계 및 네트워크 그리고 비즈니스 모델에 대한 이해

최근 디지털자산이 발행되는 블록체인 생태계의 모습은 초기 인터넷 비즈니스 생태계의 모습과 유사합니다.

초기 인터넷 비즈니스는 저마다의 아이디를 가지고 다양한 사업모델이 등장하였습니다. 그리고 그러한 서비스는 대부분 무료로 제공되었습니다. 서비스를 무료로 제공하는 대신 네트워크 플랫폼에 사용자를 많이 모으게 됩니다. 사용자가 많이 모이면 광고가 시작되고, 프리미엄 서비스를 명목으로 유료화 서비스가 시작되며, 특정 서비스 사용에 대한 수수료가 부과됩니다.

초기에는 네트워크 플랫폼의 크기를 키우는데 집중하고, 네트워크의 크기가 커져 플랫폼 파워가 생기면 다양한 수익모델을 접목하여 수익을 창출하는 방식입니다.

이러한 방식은 블록체인 생태계에서도 유사하게 나타납니다. 저마다의 아이디어를 가지고 다양한 사업모델이 등장하고 있습니다. 그리고 그러한 서비스의 상당부분은 무료로 제공됩니다. 그러나 기존 인터넷 서비스 생태계와 차이점이 몇 가지 있습니다. 블록체인 생태계에서 네트워크는 특정기업이 절대적으로 소유하지 않는다는 것입니다. 완전한 탈중앙화는 아니더라도 상대적으로 집중화 정도는 약합니다. 그리고 코드가 오픈되어 있는 경우가 많습니다. 이 부분이 기존 인터넷 서비스와 차이를 가져옵니다. 탈중앙화와 서비스코드 오픈은 광고로 인한 수익화와 서비스 유료화를 용이하지 않게 할 수 있습니다.

그렇기 때문에 네트워크 혹은 프로젝트를 제안하고 개발한 팀[6]은 디지털자산인 토큰을 발행합니다. 그리고 수요자 및 투자자들은 이 네트워크에 참여하기 위해 토큰을 구매합니다. 일정 수량의 토큰은 개발팀과 운영팀이 직접 보유합니다. 향후 이 네트워크가 활성화되면 토큰의 수요는 늘게 되고, 토큰의 발행량이 한정되어 있을 경우 토큰의 가치도 함께 증가하는 구조입니다.

즉 디지털자산의 가치는 네트워크의 가치와 밀접한 연관관계를 갖는 것입니다. 토큰과 같은 디지털자산은 가치창출의 수단임과 동시에 네트워크가 활성화되도록 하는 기반 시스템의 기능도 가지고 있기 때문입니다.

참고로 탈중앙화된 블록체인 네트워크에서 토큰은 참여자들이 서로 협력해서 최적의 의사결정을 할 수 있도록 작용하는 인센티브의 역할도 가지고 있습니다. 디지털생태계에서 토큰이 갖고 있는 이러한 기능은 디지털자산의 평가를 더욱 어렵게 하는 요인이 되기는 하지만, 기본적으로 토큰의 사용이 참여자들에게 가치를 제공하고, 토큰의 가치가 네트워크의 가치와 연동되며, 기여자들에게 정당한 보상이 이뤄지는 합리적인 분배매커니즘을 가지고 있는 경우라면, 네트워크의 가치평가를 통해 토큰의 가치를 측정해 볼 수 있을 것입니다.

3. 수익 및 가치창출 구조에 대한 이해

디지털자산의 평가를 위해서는 디지털자산, 디지털생태계 및 네트워크의 수익 및 가치창출 구조에 대한 이해가 필요합니다.

사실 최근까지 디지털자산에 대한 높은 관심 속에서 시장이 성장해 왔지만 여전히 디지털자산의 내재가치에 대해 의견이 엇갈리는 것은 디지털자산이 그만큼

---

6   주식회사의 경우 주식을 발행하는 회사와 유사한 개념

의 경제적 혹은 실질적인 가치를 창출하지 못하고 있기 때문이라고 볼 수 있습니다.

디지털자산이 제대로 평가받기 위해서는 수익 및 가치창출 과정과 연계되어야 합니다. 이 과정이 생략된다면 디지털자산의 내재가치 논쟁은 계속될 수 밖에 없습니다.

그렇다면 디지털자산/디지털생태계의 수익 및 가치창출은 어떻게 이루어질 수 있을까요? 시장참여자들의 무한한 상상력이 다양한 비즈니스 모델을 만들어 내겠지만 현시점에서 투자자들이 일반적으로 생각하는 몇 가지를 예로 들면 다음과 같습니다.

먼저 거래를 통한 수익창출입니다. 비트코인(BTC), 이더리움(ETH) 등 다양한 암호화폐를 사고 팔아 가격변동을 이용해 수익을 창출하는 것을 생각해 볼 수 있습니다. 암호화폐에 대한 시장의 신뢰가 쌓이고, 사용처가 늘어나고, 보안이 강화되며, 사용이 편리해질수록 시장의 크기는 커져갈 것이고 그에 따라 가치도 높게 인정받을 것입니다.

다음은 탈중앙화 금융 플랫폼에 자산을 예치하고 이자를 받거나, 유동성 공급자로 참여해 수익을 얻을 수 있습니다. 이를 디파이(DeFi) 투자라고 합니다.

디파이(DeFi, 탈중앙화 금융)는 'Decentralized Finance'의 약자로, 탈중앙화 기반의 분산금융을 말합니다. 대표적으로 디지털자산을 담보하고 대출을 받거나, 다른 자산을 담보하고 원하는 디지털자산을 대출하거나 다른 디지털자산으로 교환을 지원하는 블록체인 소프트웨어(스마트 계약) 기반의 탈중앙화 금융 서비스입니다. 디파이 금융 사용자는 이 과정에서 이자를 받거나 이자 혹은 수수료를 지급하는 것과 같은 거래를 통해 수익과 비용이 발생할 수 있습니다. 기술적인 문제와 보안문제만 해결된다면 자신의 자산을 자신이 관리 및 통제할 수 있기 때문에 은행이 파산하여도 자신의 디지털자산에는 문제가 없습니다. 이러한 점이 탈중앙화 금융에 시장참여자들이 매력을 느끼는 이유입니다. 그러나 디지털자산 생태계가 무너지면 그 가치도 함께 무너질 수 있다는 점에 주의하여야 합니다.

NFT(Non-Fungible Token, 대체 불가능 토큰)의 경우에는 토큰을 구매하고 그 가치가 상승했을 때 이를 판매하여 수익을 얻을 수 있습니다. 또한 NFT는 지식재산 등을 디지털화하여 유동화한 것으로 지식재산의 활용을 통해 얻은 수익을 분배받는 방식으로 수익창출이 이루어지기도 합니다.

그리고 최근에는 암호화폐를 스테이킹[7]하거나 대여하여 추가수익을 창출하는 모델도 나오고 있습니다.

암호화폐와 같은 디지털자산을 스테이킹(staking)한다는 것은, 특정 암호화폐를 블록체인 네트워크에 예치하여 그 네트워크의 운영과 보안에 기여하는 것을 의미합니다. 이 과정에서 스테이킹된 암호화폐는 네트워크의 검증, 거래 처리, 블록 생성 등의 작업을 수행하는데 사용됩니다. 합의된 탈중앙화 네트워크에서 이러한 작업을 하기 위해서는 디지털자산이라는 지분이 필요하기 때문입니다. 자신의 디지털자산을 이러한 작업에 활용되도록 하는 기여에 대한 보상으로 스테

---

[7] Staking: 암호화폐 스테이킹은 지분 증명(Proof of Stake, PoS) 블록체인 네트워크에서 사용되는 메커니즘입니다. 간단히 말해, 스테이킹은 암호화폐 보유자가 자신의 코인을 네트워크에 예치하고, 그 대가로 보상을 받습니다. 예치된 코인은 네트워크의 거래를 검증하는데 사용됩니다.

이킹한 사용자에게는 일정량의 암호화폐를 추가로 받는 형태 등으로 보상이 주어집니다.

스테이킹은 주로 지분 증명(Proof of Stake, PoS) 또는 그 변형된 합의 알고리즘을 사용하는 블록체인에서 이루어집니다. PoS 시스템에서는 스테이킹된 암호화폐가 많을수록 블록을 검증할 기회가 더 많아지며, 이를 통해 네트워크의 신뢰성과 탈중앙성을 강화할 수 있게 됩니다.

네트워크가 확장되고 성장함에 따라 보유자산의 가치가 증가하는 경우도 생각해 볼 수 있습니다. 유틸리티 토큰은 블록체인 기술을 기반으로 한 디지털 토큰으로, 사용자에게 제품이나 서비스에 대한 접근 권한을 부여하는 것에서 가치를 창출하는 디지털자산입니다. 유틸리티 토큰은 보유자에게 회사의 플랫폼 또는 자산에 대한 소유권을 부여하지 않으며, 보유자 간에 거래될 수 있지만 주로 교환의 수단으로 사용되지는 않고 이용권의 성격을 지닙니다. 디지털자산을 통해 교환할 수 있는 재화나 서비스가 많아지고, 네트워크가 참여자가 많아질수록 이용권의 가치도 커져갈 것입니다.

이외에도 다양한 수익 및 가치창출 구조가 있을 것입니다. 자산에 대한 기준과 개념이 확장되어 새로운 개념의 자산이 디지털자산화되고 있습니다. 그러나 이러한 디지털자산들이 자산성을 유지하기 위해서는 수익과 가치창출 구조가 명확하여야 할 것입니다.

4. 신뢰가 중요하다.

디지털생태계/네트워크를 잘 구축하여야 토큰 이코노미가 제대로 작동할 수 있습니다. 잘 구축된 디지털생태계는 시장의 신뢰를 받을 수 있습니다.

앞서 비트코인을 예로 들어 "신뢰 유지의 가정"이 얼마나 중요한지 설명하였습니다. 시장의 신뢰를 받을 때의 비트코인과 신뢰를 상실한 비트코인의 가치는 엄청난 차이를 보일 것입니다.

최근 다양한 아이디어를 가지고 블록체인 기반하에 탈중앙화된 보상체계를 이룰 수 있다고 표방한 많은 프로젝트들이 나왔지만, 정작 중요한 콘텐츠는 빈약한 경우가 많습니다. 콘텐츠가 빈약한 경우에는 시장참여자들의 신뢰를 얻을 수 없습니다.

이제 막 자라기 시작한 디지털생태계에서 가치를 찾기 힘든 디지털자산이 많다는 얘기입니다. 그런 자산이 많을 수록 가치 있는 자산을 찾기는 더욱 힘들어집니다.

디지털자산의 시장가치가 제대로 인정받기 위해서는 가치 있는 자산과 그렇지 못한 자산을 쉽게 구분할 수 있는 시장의 기능이 제대로 기능하는 것도 중요합니다. 다양한 디지털자산이 혼재하는 것은 시장이 성장하는 과정에서 발생하는 자연스러운 과정이기도 하지만 디지털자산의 내재가치를 바라보는 관점이 다수의 합의에 이르지 못한 측면도 있습니다.

"신뢰 유지의 가정"를 기본전제로 디지털자산을 평가하기 위해서는 시장참여자들 스스로 내재가치 기반하에서 디지털자산을 바라보는 문화가 형성되어야 할 것입니다.

또한 디지털자산이 시장의 신뢰를 받기 위해서는 여러 가지 측면에서 갖추어야 할 요소들이 있습니다. 예를 들어 **기술적으로 안정적**이어야 합니다. 디지털자산의 특성상 보안에 취약하고 거래의 안정성이 떨어지게 되면 시장 참여자들의 신뢰를 받기는 어려울 것입니다. 콘텐츠가 시장 참여자들 **다수의 공감**을 얻는 것도 중요합니다. 오프라인 마켓의 경우도 마찬가지이지만, 디지털자산의 경우에는 전통적인 자산에 비해 그 기틀과 시장이 쉽게 무너질수 있기 때문에 지속적인 공감을 이끌어내고 가치를 유지하는 철학과 콘텐츠를 가진 디지털자산이 시장의 신뢰를 받게 될 것입니다.

5. 시장성과 유동성

디지털자산의 시장성은 그 자산이 경제적 가치와 유동성을 갖는 것과 관련이 깊습니다.

경제적 가치는 그 자산이 수익 또는 가치를 창출하는 자산으로서 의미가 있는지에 대한 판단입니다. 디지털자산이 경제적 가치를 갖기 위해서는 신뢰가 바탕이 된 네트워크에 시장참여자들이 많아져야 합니다. 이는 블록체인하에서 네트워크 서비스에 대한 시장의 수요가 얼마나 있는가의 문제이기도 합니다. 그리고 수요가 있다고 하더라도 접근성이 떨어지면 시장성을 갖기가 힘들어집니다.

디지털자산의 특징은 전세계 어느 곳에서도 접근이 가능하다는 점입니다. 이러한 상황에서 시장참여자들이 많아지기 위해서는 사용이 간편하여야 합니다. 즉, 블록체인 서비스가 일상에서 쓰이기 위해서는 결국 사용자가 편리하게 사용할 수 있을 만한 수준이 되어야 하며, 그 과정에서 네트워크 및 시스템이 사용자 편의성을 갖추는 것은 필수적인 요소가 될 것입니다.

디지털자산이 시장성을 갖기 위해서 필요한 다른 항목은 유동성입니다. 시장에서 거래를 위한 충분한 공급과 수요가 뒷받침되어야 합니다.

가치를 평가함에 있어서 유동성은 중요한 의미를 가집니다. 유동성이 있다는 것은 시장에서 거래가 용이하다는 의미입니다. 내가 가진 자산이 시장에서 쉽게 거래된다면 그 자산의 가치는 그렇지 못한 자산에 비해 시장에서 더 높게 평가됩니다. 이는 거래를 하는 상대방도 같은 생각을 갖고 있기 때문입니다.

디지털자산이 유동성을 확보하기 위해서는 사용자들의 접근성을 높이고 사용가치를 높여서 더 많은 참여자들을 확보하여야 할 것입니다. 네트워크 참여자들이 많을수록 거래의 용이성도 높아지고 가격변동의 위험성도 상대적으로 낮아지기 때문입니다.

물론 디지털자산의 유동성을 위한 기본 전제는 시장의 신뢰이고, 시장의 신뢰를 얻기 위해서는 기술적인 안정성과 다수의 공감을 이끌어낼 수 있는 철학과 콘텐츠가 중요할 수밖에 없습니다. 더 나아가 다양한 서비스와 연계하여 사용처를 확보하고, 유동성 확보를 위한 마켓전략을 수립하여 안정적인 거래환경을 제공하는 것도 필요할 것입니다.

6. 프로젝트의 실현 가능성(Feasibility)

디지털자산을 평가하기 위해서는 해당 프로젝트가 성공적으로 실행될 수 있는지를 판단하는 것이 필요합니다.

이를 위해서는 디지털자산을 발행하는 프로젝트 팀이 제공하는 투자자들이 디지털자산을 이해할 수 있도록 하는데 도움을 주는 백서(White paper) 등을 참고할 수 있을 것입니다.

프로젝트의 실현가능성을 파악하기 위해서는 기술적인 실현가능성, 시장성, 법규상 제한 여부, 재무적 실현 가능성, 운영 및 관리 능력 등을 검토할 필요가 있을 것입니다.

블록체인 기술, 스마트 계약, 보안 프로토콜 등의 요소를 포함하여 프로젝트 팀이 제안하는 기술이 실제로 구현 가능한지 살펴보아야 할 것입니다.

프로젝트가 목표로 하는 시장의 수요와 경쟁 상황을 살펴보는 것도 필요합니다. 이는 프로젝트가 제공하는 서비스가 시장에서 얼마나 효과적이고 효율적으로 수용될 수 있을 것인지에 대한 판단과 관련 있을 것입니다.

프로젝트가 운영되는 국가나 지역의 법적 및 규제적 요구 사항을 준수할 수 있는지를 파악하는 것도 중요합니다.

프로젝트가 필요한 자금을 조달할 수 있는지, 자금관리 체계가 갖추어져 있는지, 비용을 합리적으로 예측하고 효과적으로 통제할 수 있는지, 그리고 이러한 과정을 통해 수익성을 확보할 수 있는지와 같은 재무적 실현 가능성을 살펴보는 것도 필요할 것입니다.

그리고 이러한 프로젝트를 운영하고 관리할 역량과 경험을 프로젝트 팀이 갖추고 있는지도 중요한 문제입니다.

7. 개발자와 운영인력

어떤 자산에서 무형의 자산 비중이 클수록 사람에 대한 가치가 중요한 비중을 차지하게 되는 경우가 많이 있습니다. 특히, 스타트업의 가치를 평가할 때 핵심인력에 대해 파악하게 되고, 투자를 하거나 인수를 할 때 핵심인력을 유지하기 위한 정책의 계약을 필요로 합니다.

디지털자산의 경우도 마찬가지입니다. 암호화폐와 같은 디지털자산이 탈중앙화된 시스템을 갖고 있지만 개발자와 운영자는 여전히 중요한 역할을 합니다.

탈중앙화된 네트워크의 기본 프로토콜은 개발자들이 설계하고 유지보수합니다. 이는 네트워크의 안정성과 보안을 보장하는데 필수적입니다. 블록체인 기술은 지속적으로 발전하고 있습니다. 새로운 기능 추가, 보안 취약점 수정, 성능 개선 등을 위해 유능한 개발자들이 필요합니다. 운영자는 사용자 커뮤니티를 지원하고 네트워크가 원활하게 작동할 수 있도록 하는데 중요한 역할을 합니다.

개발자와 운영인력이 이러한 능력을 갖추지 못한 경우에는 해당 프로젝트의 성공 가능성은 낮아지게 될 것입니다.

예를 들어 비탈릭 부테린은 이더리움의 공동 창립자이자 주요 개발자입니다. 부테린은 이더리움의 개념을 처음 제안하고, 이를 기반으로 블록체인 플랫폼을 개발했습니다. 그리고 이더리움은 스마트 계약과 탈중앙화 애플리케이션(DApps)을 지원하는 플랫폼으로, 블록체인 기술의 활용 범위를 크게 확장시켰습니다.

부테린은 여전히 이더리움의 기술적 방향을 이끌고 있습니다. 그는 이더리움 2.0으로의 전환을 주도하며, 지분 증명(Proof of Stake)으로의 전환과 같은 주요 기술적 개선을 추진하여 왔습니다.

또한 부테린은 전 세계의 블록체인 및 암호화폐 커뮤니티와 활발히 소통하며, 이더리움의 발전을 위해 다양한 의견을 수렴하고 있습니다.

부테린의 이러한 역할들이 이더리움의 성공에 중요한 기여를 했다는 점을 볼 때, 개발자 및 운영자의 역량이 얼마나 중요한지를 짐작할 수 있습니다.

프로젝트의 초기 단계에서는 아이디어와 개발팀 및 운영팀의 역량만으로 프로젝트의 가치를 판단하는 경우도 종종 있습니다. 팀 멤버의 경력이나 인지도만으로 프로젝트의 가치를 평가받는다는 것은 그만큼 인력이 중요한 가치를 갖는다는 의미일 것입니다.

8. 기술적 특성과 안전성

디지털자산은 **무결성, 가용성** 및 **상호 운용성**을 보장하기 위해 강력하고 안전한 기술 인프라가 바탕이 되어야 합니다.

디지털자산의 무결성은 해당 자산이 생성, 저장, 전송, 처리되는 동안 데이터가 변경되지 않고 원래의 상태를 유지하는 것을 의미합니다. 이는 데이터가 정확하고 오류 없이 생성될 때부터 폐기될 때까지 유지되는 것을 의미하는 정확성, 데이터가 일관된 형식과 구조를 유지하는 것을 의미하는 일관성을 갖도록 하는 기술을 포함합니다. 일관성은 데이터가 여러 시스템이나 플랫폼에서 동일하게 유지되는 것을 보장하여야 합니다.

데이터가 무단으로 변경되거나 삭제되지 않도록 보호하는 것을 의미하는 보안성도 무결성의 중요한 요소입니다. 이는 암호화, 접근 제어, 백업 등의 보안 조치 기술 등을 통해 달성할 수 있습니다.

데이터의 변경 이력이 모두 기록되고 추적 가능하다는 것도 디지털자산이 갖추어야 할 기술 중의 하나입니다.

디지털자산의 가용성(Availability)은 해당 자산이 언제든지 접근 가능하고 사용할 수 있는 상태를 의미합니다. 이를 위해서는 디지털자산을 저장하고 관리하는 시스템이 장애 없이 정상적으로 운영될 수 있는 능력을 갖고 있어야 하고, 사용자가 필요할 때 언제든지 디지털자산에 접근할 수 있는 데이터접근성이 좋아야 하며, 디지털자산 서비스 및 거래를 중단없이 지속적으로 할 수 있도록 서버의 가동률, 네트워크 안정성, 백업 시스템 등을 갖추어야 합니다.

그리고 디지털자산이 무단 접근이나 해킹으로부터 보호되어야 하며, 이를 위해 강력한 보안 체계가 필요합니다.

디지털자산의 상호운용성(interoperability)은 서로 다른 블록체인 네트워크 간에 데이터와 암호화폐와 같은 디지털자산을 원활하게 전송하고 통신할 수 있는 능력을 의미합니다. 이는 여러 블록체인 간의 소통을 가능하게 하여, 사용자가

한 블록체인에서 다른 블록체인으로 쉽게 전환할 수 있도록 하기 때문에 네트워크의 확장성과 디지털자산의 시장성, 유동성을 높이는 데에도 기여합니다.

디지털자산이 이러한 기술적 특성과 안정성을 갖추지 못한다면 디지털자산의 가치는 높게 평가받기 어려울 것입니다.

9. 디지털자산의 철학과 배경

암호화폐 개념의 창시자인 데이비드 차움이 이캐시를 발행하고 오픈소스로 개념을 개방한지 20여년이 지난 2008년 금융위기를 겪은 사토시 나카모토는 금융기관의 무책임성, 불투명, 거대화 및 금융권력화에 거부감을 갖게 되었고, 금융기관과 같은 중앙화된 기관의 통제 및 관리 없이 블록체인 기반의 네트워크에서 참여자들이 공동으로 관리하는 탈중앙화된 암호화폐인 비트코인을 발명하였습니다.

이후로 디지털자산은 탈중앙화와 투명성이라는 철학을 바탕으로 많은 이들의 관심을 받아왔습니다. 이러한 철학이 블록체인 생태계를 구성하는 거버넌스가 되고, 거버넌스에 의해 디지털네트워크 경제 또는 크립토이코노미가 형성되고 발전한 것입니다.

디지털자산과 같이 무형의 자산으로 움직이는 세상에서는 같은 생각과 철학을 공유하는 사람들이 네트워크를 만들고 발전시켜 나가게 됩니다. 표방한 철학과 실제 운용이 달라진다면 그 생태계는 성장하기 어려울 것입니다.

우리가 디지털자산을 이해할 때 그 철학에 관심을 가져야 하는 이유입니다.

10. 지속가능성(Sustainability)

디지털자산의 지속가능성(Sustainability)은 해당 자산이 장기적으로 경제적, 환경적, 사회적, 기술적으로 지속 가능한 방식으로 운영될 수 있는지를 평가하는 개념입니다.

디지털자산이 지속가능성을 갖기 위해서는 장기적으로 수익성을 유지할 수 있어야 하며, 디지털자산의 네트워크가 사회적, 환경적으로 무해하여야 합니다. 사회적으로 무해하는 것은 사회적인 가치에 반하지 않는 철학을 가지고 있고, 사용자 보호, 운영의 투명성, 규제 준수 등을 통해 운영되는 것을 의미합니다. 환경적으로 무해하는 것은 디지털생태계가 많은 에너지를 사용하지 않으며, 친환경적으로 운영되는 것을 의미합니다.

기술적인 측면에서는 기술이 안정적이고 확장가능하며, 보안이 잘 유지될 뿐만 아니라 향후 기술의 변화에 유연하게 대처할 수 있는 구조를 가지고 있는지에 대한 판단이 지속가능성에 대한 판단으로 이어질 수 있습니다.

2.3 | 디지털자산 평가를 위해 알아야 할 그 외 사항들

디지털자산을 평가하기 위해 알아야 할 사항은 디지털자산의 수만큼 많을 수 있습니다. 즉, 앞서 설명한 주제는 하나의 가이드 혹은 예시일 뿐이고 이에 한정하지 말고 평가를 위해 중요하다고 판단되는 사항을 파악할 수 있어야 합니다.

예를 들면 다음과 같은 사항들도 디지털자산을 이해하기 위해 필요한 내용이 될 수 있습니다.

그 중 하나는 **투명성**입니다. 블록체인 기술은 데이터 및 거래의 기록에 대한 변경이 용이하지 않고 검증 가능한 기록을 생성하여 투명하게 공개하는 것으로 알려지고 있습니다. 평가하고자 하는 디지털자산이 투명성을 안전하게 제공하고 있는지 이해하는 것이 필요할 수 있습니다.

디지털자산은 시장참여자들이 수요자이면서 공급자이기도 한 경우가 많습니다. 과거 전통적인 산업과는 달리 고객들이 좀 더 적극적으로 네트워크 활동에 참여함으로써 디지털생태계가 확장성을 갖게 되는 것입니다. 디지털자산이 **고객들의 참여도**를 어떻게 높이는지를 살펴보는 것도 디지털자산의 가치를 평가함에 있어서 이해가 필요한 영역일 수 있습니다.

디지털자산의 기존의 거래를 **효율적**으로 개선할 수 있을 때 가치를 부여받을 수 있습니다. 예를 들어 블록체인 기술은 중앙화된 중개자를 없애고 거래비용을 줄일 수 있으며, 블록체인 시스템에서의 스마트 계약은 계약을 자동화할 수 있고, 신원 확인, 자산 추적, 데이터 관리 등의 프로세스를 간소화할 수 있습니다. 평가대상 자산이 이러한 기술을 포함고 있을 때 디지털자산은 가치를 갖게 될 것입니다.

디지털자산의 기본 기술이 되는 블록체인은 **혁신적**인 아이디어로 평가받고 있습니다. 이러한 기술을 토대로 구축한 디지털자산의 비즈니스 모델도 혁신적일 때 시장참여자들은 해당 디지털자산에 관심을 갖게 될 것입니다. 몇몇 암호화폐는 새로운 형태의 지불 및 송금을 가능하게 하고, 토큰은 새로운 형태의 자금조달과 거버넌스를 가능하게 하고 있습니다. 디지털 아트와 같은 새로운 형태의 창작물, 디지털부동산과 같은 새로운 형태의 공간, 새로운 형태의 디지털 아이템 등 다양한 아이디어들이 발현되고 있습니다. 이처럼 혁신적인 아이디어에 기반한 디지털자산은 디지털생태계에서 가치를 인정받을 가능성이 높아질 것입니다.

희소성 또한 디지털자산을 이해하는데 중요한 요소일 수 있습니다. 예를 들어, 비트코인은 총 발행량이 2,100만 개로 제한되어 있어 희소성이 높습니다. 절대적이지는 않지만 이는 비트코인의 가치를 높이는 요인 중 하나로 언급되고 있습니다. 희소성은 자산의 시장 매력도를 높입니다. NFT(대체 불가능한 토큰)의 경우, 희소한 NFT는 수집가들 사이에서 더 높은 가치를 지니며, 이는 재판매 가치에도 긍정적인 영향을 미칠 수 있습니다. 디지털자산의 희소성은 그 자체로 의미가 있지는 않습니다. 시장성이 있거나, 혹은 문화적인 가치를 갖으면서 그 중요성을 인정받을 수 있는 자산인 경우에 희소성은 가치평가를 함에 있어 의미있는 요소가 될 수 있습니다.

이 외에도 디지털자산 평가를 위해 알아야 할 사항은 많을 것입니다. 앞서 언급한 사항들을 하나하나 파악해 가면서 디지털자산을 이해하는데 좀더 의미있는 요소들을 찾아 확인해 나가는 접근이 필요합니다.

구분	체크 항목 예시
디지털자산 운영자 (또는 프로젝트 실행기업 지배구조) 및 투자자 정보	– 프로젝트의 소유자, 혹은 소유 법인의 주주 명부 등
	– 투자자리스트, 투자규모, 지분관계, 특수관계자 등에 대한 이해 – 프로젝트 수행 기업, 파트너 기업에 대한 정보
	– 프로젝트 디지털자산의 투자 히스토리 (선판매량, 거래량, 발행수량, 수행기업 /소유자/파트너사 보유수량 등)
디지털자산 운영인력 (프로젝트 인력)	– 프로젝트 조직, 구성원 수 및 주요 구성원 정보 (프로젝트 이력 및 업무 이력), 디지털자산 운영인력에 대한 정보
디지털자산 또는 프로젝트에 대한 정보	– 백서(White paper; 디지털자산의 사업계획서)에 대한 이해
	– 주요 제품 및 서비스의 성격 및 특징
	– 수익 및 가치창출 구조
	– 핵심역량 및 위험요인 – 혁신성과 희소성
	– 디지털자산의 유용성, 사용처 또는 제휴 서비스 – 상호 운영성 (다양한 네트워크에서의 사용 가능 여부)
	– 디지털자산 생태계 또는 네트워크에 대한 시장의 신뢰 수준
	– 유지보수를 위한 정책
	– 기술, 기록, 거래 등의 투명성
	– 소유권 등 권리 – 소유를 통해 어떤 것을 증명할 수 있는지(평가액, 금액과 같은 물적재산의 증명 또는 가치관, 사회적 지위 등과 같은 정서적 재산의 증명)
서비스 시장	– 제품 및 서비스 시장 규모, 성장성
	– 유사프로젝트 또는 유사기업
	– 경쟁구도, 공존구도 또는 협업/제휴구도

구분	체크 항목 예시
유동성 및 거래시장	– 시장에서 거래되고 있는 경우 거래량 및 시가총액
	– 거래되는 시장의 정보
	– 시가의 변동성
	– 코인의 주요 투자자
	– 코인의 분배내역
	– 거래소 규정 위반 여부
기술적 특징	– 디지털자산의 기술적 특징 및 안정성 – 안정성과 보안 특징, 보안 인력
	– 적용한 기술 표준(ERC-20, ERC-721 등)
법률적 특징	– 규제 현황 – 증권형 토큰 여부(자본시장법의 적용 여부 등) – 소재지국가, 서비스국가, 발행국가 및 거래국가 등에서 법률적 위배사항 여부 – 사회통념상 공익성에 적절한 기준 보유 여부 – 임직원 및 관계자의 유사수신행위, 배임, 횡령, 사기 등에 대한 예방 정책 – 소송 등 법률적 이슈 여부
가치평가 결과 도출	– 가치평가목적 및 평가대상에 대한 이해 – 평가대상 디지털자산의 성격 및 수익구조와 가치창출 구조에 적합한 평가방법 및 평가지표의 선정 – 향후 예상되는 수익 또는 창출될 것으로 예상되는 가치 파악 – 유사자산 및 유사거래의 파악 – 유사자산 및 유사거래로부터 도출된 평가지표 multiple에 대한 이해 – 최근 거래가격 및 투자가액에 대한 이해 – 평가 가능한 방법을 통해 추정한 가치의 비교 – 회계 및 Tax 규정에 대한 이해

부록 2 투자여부 판단을 위한 Quick checklist (스캠(Scam)코인 선별 체크리스트)[8]

- 공개한 코인 백서에 따른 사업 진행
- 비즈니스 모델 실현 가능성
- 전세계 공신력 있는 사이트에 자료 등재 여부
- 코인 발행·유통 및 상장거래소 건전성 여부
- 프로젝트 조직과 운영에 대한 투명한 정보 제공

---

8   경기남부경찰청 가상자산 전담팀에서 제시한 스캠(Scam)코인 선별 체크리스트를 참조·보완

전통적인 자산의 평가방법론⁹

디지털자산의 평가방법을 논하기 이전에 전통적인 자산의 평가방법론을 이해할 필요가 있습니다. 디지털자산의 평가도 전통적인 자산의 평가방법론을 참고하여 이루어지고 있기 때문입니다.

전통적인 평가방법은 크게 내재가치접근법, 상대가치접근법으로 구분할 수 있습니다. 그리고 접근방식으로 보면 수익(현금)가치접근법, 시장가치(상대가치)접근법, 자산가치접근법 등이 있습니다.

내재가치접근법은 기업이 향후 창출할 것으로 예상되는 현금흐름의 현재가치를 기반으로 가하는 방법이고, 상대가치접근법은 비교 가능한 유사한 회사의 가치와 비교하여 대상을 평가하는 방법입니다.

수익가치접근법은 내재가치를 찾는 접근법이고, 시장가치접근법은 상대적 비

---

9 전통적인 자산의 평가방법론은 "기업가치평가와 재무실사(삼일인포마인 출간)"와 "가치투자를 위한 나의 첫 주식가치평가(삼일인포마인 출간)"를 참고하였습니다.

교를 통해 가치를 찾는 방법입니다. 자산가치접근법은 자산 구성 요소에 따라 내재적 접근방법이 될 수도 있고, 상대적 접근이 될 수도 있으며, 원가접근법 (Cost Approach)이 될 수도 있습니다. 실무와 이론상으로 다양한 가치평가방법 들이 존재하지만 궁극적으로 이 3가지 접근방법으로 귀결된다고 볼 수 있습니다.

〈그림 3〉 가치평가방법의 종류

	기본 개념	주요 평가방법 예시
Income Approach (이익가치접근법)	미래에 예상되는 이익(또는 현금흐름)의 현재가치를 합산하여 평가대상기업의 가치를 측정하는 방법	▶ 현금흐름할인모형(DCF법) ▶ 배당할인모형 등
Market Approach or Relative method (시장가치접근법 또는 상대가치접근법)	비교대상이 되는 유사기업의 가치로부터 평가대상기업의 가치를 추정하는 방법	▶ EV/EBITDA, EV/Sales 등 ▶ PER, PBR, PSR, PCR 등
Asset-based Approach (자산가치접근법)	개별 자산 및 부채를 공정가액 등 적정한 가치를 나타낼 수 있도록 수정한 후 이를 합산하여 가치를 측정하는 방법	▶ 장부가액법, 공정가액법, 대체원가법, 청산가치법 등

다양한 가치평가방법에 공통적으로 내재된 기본 개념은 투자한 비용보다 이익 이 더 크게 발생하는지 여부를 평가하는 것입니다. 투자한 비용과 이익을 어떻게 분석하고 산출하는지만 다를 뿐입니다. **즉, 투자한 금액보다 이익이 더 크게 발생 하면 가치가 있는 것이고, 그 차이가 크면 클수록 가치의 크기도 커지는 것입니다.**

수익가치접근법 혹은 이익기준접근법은 미래 예상되는 이익수준 혹은 현재의 이익수준으로 대상회사의 가치를 평가하는 것입니다. DCF법(Discount Cashflow Method)으로 알려진 현금흐름할인법이 대표적이며, 배당할인모형 등도 수익가 치접근법에 해당됩니다.

시장가치접근법은 비교대상 유사회사의 가치를 이익의 몇배, 매출의 몇배 등으로 나타내어, 이러한 배수를 기초로 하여 대상회사의 가치를 평가하는 방법입니다. 대표적인 방법으로는 기업가치대비 영업이익 배수(EV/EBIT, EV/EBITDA), 기업가치 대비 매출 배수(EV/Revenue, PSR), 주가 대비 이익배수(PER) 등이 있습니다. 유사회사의 가치와 비교를 통해 가치를 구하기 때문에 상대가치라고도 합니다.

어떤 요소를 비교할 것인가에 따라 평가방법은 다양해지며, 기업의 성장단계별로 혹은 산업별로도 평가 요소가 차이가 날 수 있습니다. 그러나 어떤 상황에서도 평가요소는 회사의 현재 가치 혹은 잠재적 가치와 직·간접적으로 연관되어 있어야 제대로 된 가치평가가 가능합니다.

자산가치접근법은 보유하고 있는 개별 자산가치의 합으로 가치를 구하는 것입니다. 개별 자산 및 부채를 어떤 방법으로 측정하는가에 따라 장부가액법, 공정가액법, 재생산원가법, 대체원가법, 중고가액법 등 다양한 방법이 나올 수 있습니다.

3.1 │ 시장가치접근법

1. 시장가치접근법의 개념과 종류

시장가치접근법은 상대가치접근법이라고도 합니다. 시장가치접근법은 주식시장이나 M&A시장과 같은 자본거래시장에서 많이 활용되는 방법 중의 하나입니다. 심지어 우리 생활 속에서도 시장가치접근법의 활용은 쉽게 접할 수 있습니다.

이익가치접근법이나 자산가치접근법이 회사의 이익활동 또는 보유자산에 대한 분석을 바탕으로 평가를 하는 내재가치에 기초한 평가방법이라면, 시장가치접근법은 시장의 상황에 따라 상대적으로 평가되는 방법이라고 할 수 있습니다. 직접적으로 본질적인 가치 혹은 내재가치를 평가한다고 보기보다는 시장에서 형성된 가액을 기초로 가치를 간접적으로 추정하는 방법이라고 볼 수 있습니다.

일반적으로 수익가치접근법이 이론상 합리적인 평가방법이라고 하지만, 수익가치접근법은 현금흐름과 자본비용을 추정하는데 있어서 불확실성이 크기 때문에 시장가치접근법의 적용가능성이 높은 경우에는 시장가치접근법이 더 적극적으로 활용되기도 합니다. 특히, 평가방법의 특성상 매매 등의 거래와 관련된 평가에 많이 활용됩니다. 물론 이러한 경우에도 수익가치접근법과 병행하여 평가함으로써 각 평가방법이 갖는 장·단점을 보완하여 합리적인 가치를 찾아가는 방식으로 접근합니다.

시장가치접근법이 이렇게 많이 활용되는 이유는 시장상황을 가치평가에 적극적으로 반영할 수 있다는 점도 있지만 무엇보다도 그 추정방법의 단순함과 명확함으로 인해 이해가능성이 높다는 점 때문일 것입니다. 그러나, 회사마다 고유의 위험 속성이 다를 수 있고, 유사회사의 선정 등이 적절하게 이루어지지 않는다면 적정한 평가가 이루어지지 못할 수도 있다는 점에 유의하여야 합니다.

시장가치접근법은 "상대적 가치 접근법(Relative method)"이라고 표현하였습니다. 일반적으로 시장가치접근법을 적용할 때 유사회사의 가치와 비교를 통해 대상회사의 가치를 추정하기 때문입니다. 그렇기 때문에 시장가치접근법에서 중요한 사항은 "비교가 가능한 유사한 자산을 파악하는 것(비교대상회사의 선정)"과, 유사한 자산과 비교를 할 때 "어떤 요소(Key value driver)를 기준으로 비교를 할 것인지"를 분석하는 것입니다.

비교 요소는 보통 이익(Earnings)이나 EBITDA[10]와 같은 재무적 지표가 활용되지만, 산업이나 기업의 성장단계에 따라서는 MAU[11]와 같은 비재무적 지표가 평가에 활용되기도 합니다.

[표 9] 다양한 지표를 활용한 상대가치평가방법

구분	주요 평가모델	설명
Enterprise Multiple[12]	EV/EBITDA Multiple, (또는 EV/EBIT)	유사회사의 기업가치와 EBITDA(또는 EBIT) 배수를 통해 대상회사의 기업가치 추정
	EV/Revenue	유사회사의 기업가치와 매출 배수를 통해 대상회사 기업가치 추정
Equity Multiple	PER (Price to Earnings ratio)	유사회사 주가와 주당순이익 배수를 통해 대상회사의 주가(자기자본 가치) 추정
	PER (Price to Book Value ratio)	유사회사 주가와 주당순자산 배수를 통해 대상회사의 주가(자기자본 가치) 추정
기타	MAU, ARPU[13], RPB[14] 등의 산업별 경쟁 지표	산업별 핵심 경쟁요소에 따른 가치 비교를 통해 대상 회사의 가치를 추정

---

10 EBITDA: EBIT(영업이익)+D(depreciation, 감가상각비)+A(amortization, 무형자산상각비)

11 MAU: Monthly Active User(월 활성사용자)

12 EV(Enterprise value)는 기업가치를 의미합니다. 기업가치는 영업가치와 비영업가치를 합한 가치입니다.

13 ARPU: Average Revenue Per User

14 RPB: Revenue Per Box

2. 배수개념의 활용

시장접근법은 일반적으로 평가하고자 하는 가치, 예를 들어 기업가치나 지분가치를 분자로 놓고, 비교 가능한 재무수치인 EBITDA, 주당순이익 등을 분모로 하여 계산된 배수인 Multiple을 통해 가치가 평가됩니다.

이러한 배수로서 대표적인 것이 PER(주가와 순이익 배수), PBR(주가와 순자산 배수), PSR(주가와 매출액 배수), EV/EBITDA(기업가치와 영업현금흐름개념인 EBITDA 배수)가 있습니다. 비교회사와의 상대적인 가치를 평가하기 때문에 상대가치접근법이라고도 하며, 배수를 통해 비교가 이루어지므로 "배수" 혹은 "Multiple"의 개념이 중요합니다.

〈그림 4〉 multiple의 개념

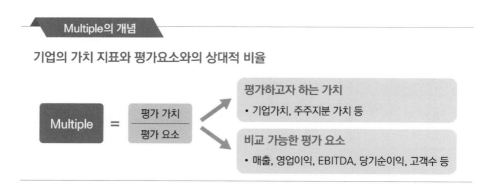

매출을 기준으로 기업가치를 산정하는 사례를 통해 상대가치로 가치평가를 하는 과정을 살펴보겠습니다.

유사기업을 선정하여 유사기업의 매출과 기업가치를 조사하고, 이를 통해 각각의 유사기업의 기업가치가 매출에 대비하여 몇 배로 형성되어 있는지를 검토합니다.

〈그림 5〉 유사기업의 Multiple과 해당 기업 재무수치 비교를 통한 상대적 평가 가치 도출 예시

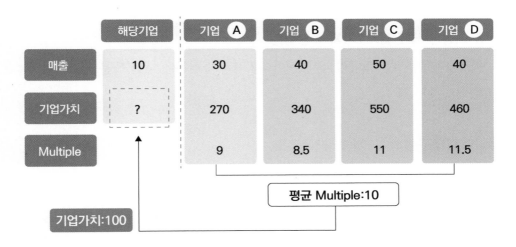

그리고 배수(multiple)를 산정할 때에는 유사회사의 평균 또는 중앙값을 이용합니다.

이 사례에서는 유사회사 매출 대비 기업가치 배수의 중앙값은 10배로 산정되었습니다.

그리고 나서 동일한 기준으로 평가대상회사의 매출을 확인하고, 유사회사의 multiple 10을 대상회사의 매출 10에 곱하면 대상회사의 "기업가치는 100"이라고 추정합니다. 이러한 방법이 바로 상대가치를 통해 대상회사를 평가하는 방법입니다.

시장가치접근법은 시장상황을 가치평가에 적극적으로 반영할 수 있다는 점과

그 추정방법의 단순함과 명확함으로 인해 이해가능성이 높다는 점 때문에 많이 활용됩니다.

3. 시장가치접근법의 3가지 핵심 질문

시장가치접근법을 적용할 때에는 아래의 3가지 질문에 대한 충분한 고민이 필요합니다.

[시장가치접근법의 3가지 핵심 질문]

☑ **누구와 비교할 것인가?**

☑ **무엇을 비교할 것인가?**

☑ **비교하고자 하는 가치는 무엇인가?**

시장가치접근법은 상대가치로서 유사회사와의 비교를 통해 주식가치를 평가하는 방법입니다. 그렇다면 어떤 회사와 비교를 해야 할까요?

당연히 가장 비슷한 회사, 즉 동업종의 유사한 제품과 서비스를 제공하는 유사한 규모의 회사와 비교하여야 합니다. 이런 유사한 회사는 주식가치에 중요한 영향을 미치는 현금흐름창출능력(이익률), 현금흐름 성장의 기대치(성장률), 현금흐름의 불확실성(규모 혹은 할인율)이 유사할 것이라고 가정하기 때문입니다.

비교대상회사가 선정되었다면 비교할 지표를 정해야 합니다. 이 비교 지표를 흔히 "Value Driver"라고 합니다. 즉, 비교 지표는 산업의 경쟁 지표이면서 회사에 가치를 가져다줄 수 있는 항목이어야 합니다. 매출, 영업이익, 영업현금흐름,

순이익 등이 그 예가 될 수 있습니다.

예를 들어 애플의 가치를 평가하는데, 비교항목을 순이익으로 정했다고 한다면 유사회사의 주가/주당순이익 또는 시가총액/당기순이익 배수(Multiple)를 애플의 당기순이익 또는 주당순이익에 곱하여 애플의 가치를 추정하는 것입니다.

유사회사와 비교를 하는 가치가 무엇인지를 정의하는 것도 중요합니다. 비교하는 가치가 무엇인가에 따라 비교 요소가 달라질 수 있기 때문입니다.

이는 우리가 평가하고자 하는 가치가 무엇인지와도 관련이 있습니다. 우리가 평가하고자 하는 가치가 그 기업의 전체 가치(기업가치)인지, 지분의 가치인지, 한 사업부의 가치인지, 아니면 회원권의 가치인지를 명확히 구분하여야 합니다. 이에 따라 비교하는 유사회사와 평가하는 회사의 배수는 많은 차이가 있을 것이기 때문입니다.

3.2 | 이익가치접근법

1. 이익가치접근법의 개념

기업이 보유한 유형·무형의 자산으로 향후 얼마만큼의 이익(또는 현금흐름)을 실현시킬 수 있는가라는 관점, 즉 미래의 이익(현금)창출능력을 바탕으로 기업가치를 평가하는 것이 이익가치접근법입니다.

여기서 가장 중요한 두 가지 개념이 나옵니다. 바로 "현금흐름"과 "할인율"입니다. 이는 "기회"와 "위험"을 나타내는 개념이기도 합니다.

이익가치접근법에서 가장 많이 활용되는 평가방법은 현금흐름할인법(DCF; Discounted Cash Flow method)입니다.

2. 현금흐름할인법(DCF; Discounted Cash Flow method)의 기본 구조

현금흐름할인법은 기업 향후 창출할 것으로 예상되는 현금흐름을 추정하여 이를 현재가치로 환산하여 합하면 그것이 바로 기업가치라고 평가하는 방법입니다.

〈그림 6〉 현금흐름할인법(DCF; Discounted Cash Flow method)의 기본 개념도[15]

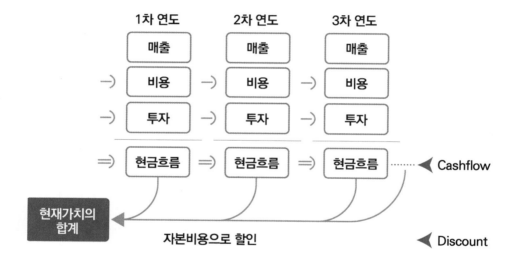

현금흐름을 추정하기 위해서는 예상되는 현금유출액과 현금유입액을 추정하여야 합니다. 이 과정을 잉여현금흐름(FCF; Free Cash Flow)을 추정하는 과정이라고 합니다.

---

15 "기업가치평가와 재무실사(삼일인포마인 출간)" 참조

현금흐름의 추정은 평가대상 기업의 과거 재무성과와 산업분석, 경영환경분석을 토대로 이루어집니다. 즉, 대상회사의 핵심 역량은 무엇이고, 이러한 핵심 역량이 미래 이익에 어떻게 기여하는지, 그리고 핵심 역량이 계속 유지될 수 있는지, 대상회사의 과거 재무성과가 미래에도 계속 유지될 수 있는지, 시장 및 산업 환경에서 대상회사의 미래 이익에 영향을 미치는 사항은 무엇이며, 이러한 특성은 향후 어떻게 전망되는지 등에 대한 분석을 토대로 현금흐름 추정이 이루어집니다.

〈그림 7〉 현금흐름할인법에서 잉여현금흐름(FCF) 산정 기본 구조[16]

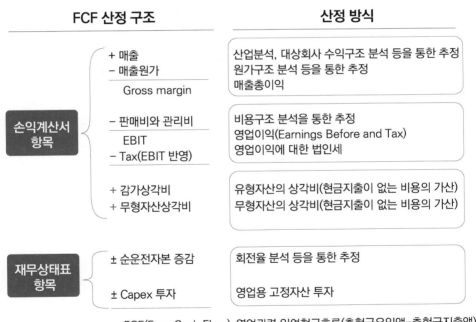

FCF(Free Cash Flow) 영업관련 잉여현금흐름(총현금유입액−총현금지출액)

---

16 "기업가치평가와 재무실사(삼일인포마인 출간)" 참조

- DCF에서 Free cash flow라고 하는 현금흐름은 영업손익과 영업자산의 분석을 통해 추정하게 됩니다.
- 우선 거시경제분석, 산업분석, 과거 실적분석(재무분석, 비재무분석) 등을 통하여 매출을 추정합니다.
- 원가구조 분석 등을 통하여 매출원가를 추정합니다.
- 비용구조 분석 등을 통하여 판매비와관리비를 추정합니다.
- 매출 - 원가 - 판관비 = 영업이익을 추정합니다.
- 영업이익은 지속가능한 이익이어야 합니다.
- 법인세는 영업이익에 대한 법인세를 추정합니다.
- 감가상각비 등 현금이 유출되지 않는 비용은 가산합니다.
- 대신 유·무형자산의 투자 등 현금이 유출되는 지출을 현금유출로 반영합니다.
- 운전자본에 대한 투자도 운전자본의 증감액을 현금유출로 반영합니다.
- 이렇게 추정된 총 현금유입액에서 총 현금유출액을 차감하면 잉여현금흐름(FCF; Free Cash Flow)이 됩니다.

이렇게 추정된 현금흐름을 현재가치로 환산하기 위해 현금흐름이 갖는 위험도를 측정하여 할인율을 구하여야 합니다. 할인율은 기회비용 혹은 자본비용이라고 합니다.

자본비용은 투자자가 요구하는 혹은 기대하는 수익률입니다. 어떤 대상자산에 투자하고 기대하는 수익이 무엇이냐에 따라 투자자의 요구수익률이 달라집니다. 이는 투자 대상이 무엇이냐에 따라 투자자가 받아들이고자 하는 위험의 정도가 다르다고 느끼기 때문입니다.

그러므로 평가 대상 현금흐름에 적합한 위험이 고려되어야 합니다.

다음의 예시를 보면 자산별로 투자자가 요구하는 수익률이 어떻게 달라질 수 있는지 확인할 수 있습니다.

[표 10] 자산별 요구수익률의 예시[17]

대상자산	수익 예시	요구수익률 예시
국·공채	이자, 시가 상승	2~3%
아파트, 상가	월세, 시가 상승	4~8%
제조/판매업 등의 상장사	배당, 주가 상승	8~14%
스타트업 비상장사	배당, 주가 상승	12~25%

국·공채와 같이 이자수익이 정해진 금액대로 발생하고 투자한 금액의 회수가능성이 아주 높다고 예상되는 경우에는 요구하는 수익률도 낮아집니다. 그러나 스타트업과 같은 비상장사에 대한 투자는 국·공채에 비해 수익에 대한 불확실성이 더 큽니다. 이렇게 수익에 대한 불확실성이 더 커지면 커질수록 투자자가 요구하는 수익률이 높아집니다.

즉, 불확실성 혹은 위험이 큰 사업은 할인율이 높고, 불확실성 혹은 위험이 적은 사업은 할인율이 낮습니다.

---

17 "기업가치평가와 재무실사(삼일인포마인 출간)" 참조

(백만 달러)	Base Year	Year1	Year2	Year3	Year4	Year5	Year6	Year7	Year8	Year9	Year10	after 10Year
① 매출	53,823	80,735	119,083	172,671	246,056	344,478	473,658	639,438	847,256	1,101,432	1,404,325	1,425,391
매출성장률		50.0%	47.5%	45.0%	42.5%	40.0%	37.5%	35.0%	32.5%	30.0%	27.5%	1.5%
② 영업이익	6,496	12,570	22,708	38,970	64,145	101,859	140,057	166,896	191,219	210,034	218,642	221,922
영업이익률	12.1%	15.6%	19.1%	22.6%	26.1%	29.6%	29.6%	26.1%	22.8%	19.1%	15.6%	15.8%
③ tax	1,624	3,142	5,677	9,743	16,036	25,465	35,014	41,674	47,805	52,509	54,661	55,480
④ 세후영업이익		9,427	17,031	29,228	48,109	76,395	105,043	125,022	143,414	157,526	163,982	166,441
⑤ 상각비		2,911	3,760	4,945	6,538	8,609	11,212	14,371	18,059	22,181	26,545	39,242
⑥ capex		(11,214)	(15,349)	(20,530)	(26,794)	(34,067)	(42,106)	(50,449)	(58,372)	(64,859)	(68,685)	(39,242)
⑦ 운전자본투자		(1,075)	(1,534)	(2,144)	(2,935)	(3,937)	(5,167)	(6,631)	(8,313)	(10,167)	(12,116)	(843)
⑧ FCF(잉여현금흐름) (④+⑤+⑥+⑦)		48	3,908	11,499	24,917	47,000	68,981	82,313	94,789	104,670	109,746	165,599
⑨ 할인율	10%											
⑩ 현재가치		44	3,230	8,640	17,019	29,183	38,938	42,240	44,220	44,390	42,312	-

구분	(백만 달러)
⑪ 현재가치 합계(Year1~Year10)	270,214
⑫ 10년 이후의 가치	751,123
⑬ 영업가치 합계	1,021,338
⑭ net debt & 비지배지분	826
⑮ 주주지분가치	1,020,512

3.3 | 자산가치 혹은 원가접근법

자산가치접근법은 자산에서 부채를 차감한 순자산가치를 이용하여 평가대상의

---

[18] "가치투자를 위한 나의 첫 주식가치평가(삼일인포마인 출간)" 참조

가치를 산정하는 평가방법입니다. 여기서 자산과 부채를 어떠한 방식으로 평가하고 측정하느냐에 따라 장부가액법, 대체원가법, 실사가액법, 공정가액법, 청산가치법 등으로 구분될 수 있습니다.

자산가치접근법은 자산구성의 성격에 따라 다르지만 상대적으로 이해하기 쉽고 평가가 간편하기 때문에 객관적이고 검증 가능성이 높아 신뢰성이 높은 평가로 알려져 있습니다. 그러나 미래 수익창출능력에 대한 고려가 용이하지 않아 계속기업의 가정에서 성장단계의 기업을 평가하기에는 적절하지 않을 수 있다는 한계로 인해, 독립적인 평가방법으로는 비교적 제한적으로 사용되고 다른 평가방법과 함께 사용되거나 보완적으로 사용되는 경우가 많습니다. 예를 들어 다양한 평가방법을 적용할 때 다른 평가와 비교하기 위한 기준점이 되거나, 현금흐름할인법으로 평가 시 비영업자산이 있을 경우 비영업자산에 대한 평가에 자산가치접근법을 적용하는 경우 등입니다. 또는 자본시장법이나 상증법(세법)에서 규정된 평가방법과 같이 수익가치와 자산가치를 가중평균할 때 사용되는 가치 개념으로서 활용되기도 합니다.

자산가치 평가방법은 기업이 현재 보유하고 있는 개별 자산 및 부채를 평가하여 기업가치 또는 순자산가치를 측정하는 방법이기 때문에 일반적으로 계속기업의 가정을 전제로 성장하는 기업을 평가하기에는 적합하지 않다고 보지만, 자산 및 부채를 개별적으로 보고 접근한다는 측면에서 각각의 자산이 독립적으로 수익창출을 하는 사업의 경우에는 자산가치접근법이 효과적인 방법이 될 수 있습니다. 각각의 자산이 독립적으로 수익창출을 하는 경우의 예는 지분을 보유한 지주회사나 여러 부동산을 보유한 부동산 투자/임대 법인을 들 수 있을 것입니다.

[표 11] 지분가치를 자산가치접근법으로 평가한 예시((주)LG의 예)[19]

구분	보유자산		자산별 가치(억원)
상장회사	LG전자	34%	5,300
	LG화학	33%	6,900
	LG유플러스	38%	1,600
	LG생활건강	34%	1,800
	HS에드	35%	40
비상장회사	디엔오	199%	250
	LG CNS	50%	3,500
	기타주식		150
기타자산	로열티		4,800
	임대자산		1,600
순차입금			**(1,700)**
순자산 가치			24,240

---

19 24년 8월 다수 Analyst report 참고 편집

3.4 | 성장단계에 따른 가치평가

사람과 마찬가지로 산업에도 라이프사이클이 있습니다. 그리고 라이프사이클 각 단계별로 회사의 상황과 경쟁상황이 다르기 때문에 기업이 추구하는 목표도 단계별로 차이가 날 수 있습니다.

예를 들어, 도입기에는 시장 규모와 매출액이 모두 낮은 수준이고 경쟁자도 많지 않은 상황입니다. 이 단계에서는 기업들이 고객들에게 인지도를 높이는 것이 가장 큰 목표가 될 수 있습니다.

성장기에는 시장 규모와 매출액이 급격히 증가하고 신규 경쟁자의 시장진입도 활발하게 이루어집니다. 이 단계에서는 시장 규모를 확대하고, 확대된 시장에서 점유율을 높이는 것이 기업들의 가장 큰 목표가 될 것입니다.

성숙기에는 성장률은 정체되지만 경쟁구도는 성공적으로 시장에 안착한 기업들에 의해 과점체제가 이루어졌을 가능성이 있습니다. 이 단계에서는 기업들이 이익을 확대하는 것을 가장 큰 목표로 삼을 것입니다.

쇠퇴기에는 성장률은 정체되거나 감소할 것입니다. 그리고 많은 기업들이 사업 철수를 검토하게 됩니다. 이 단계에서 기업들은 최저 수익성을 확보하고자 노력할 것이며, 기업의 지속가능성을 위해 신성장동력을 찾고자 할 것입니다.

〈그림 8〉 성장 단계별 기업의 목표[20]

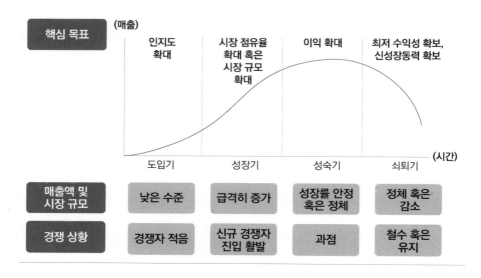

성장 단계별로 경쟁상황과 기업의 목표가 다르다는 것은 가치평가 시에도 고려될 필요가 있습니다.

시장가치접근법을 적용할 때에는 시장에서의 핵심 경쟁 요소로 비교가 이루어집니다. 성장기에 시장 점유율 확대가 핵심 목표일 경우에는 PSR이나 EV/sales 같은 매출지표, 혹은 잠재적으로 매출을 확대할 수 있는 고객 수나 거래량 수 등으로 비교가 이루어질 수 있습니다.

성숙기에 이익 확대가 핵심 목표일 경우에는 PER이나 EV/EBIT, EV/EBITDA 등의 이익 지표로 비교가 이루어질 필요가 있을 것입니다.

---

20 "가치투자를 위한 나의 첫 주식가치평가(삼일인포마인 출간)" 참조

이와 같은 사항은 디지털자산을 평가할 때에도 시사하는 바가 큽니다. 디지털 생태계가 추구하는 현재의 목표가 무엇이냐에 따라 평가시 고려해야 하는 핵심요소가 달라질 수 있다는 의미이기 때문입니다.

3.5 │ 스토리에 대한 이해

기업의 가치평가는 기업의 스토리를 숫자로 표현하는 과정과 유사합니다. 스토리를 합리적으로 숫자로 표현해 가는 과정을 통해 기업의 가치를 더 적정하게 평가할 수 있는 것입니다. 그리고 이런 스토리의 합리성을 판단하기 위해서는 산업과 회사에 대한 이해가 필수적입니다.

가치평가, 특히 주식가치평가를 할 때 스토리는 두 가지 관점에서 중요합니다.

첫 번째는, 사람들을 빠져들게 하는 좋은 스토리를 가진 기업은 소비자들의 관심을 받게 됩니다. 소비자들의 관심이 좋은 제품과 서비스로 연결될 때 회사는 성장할 수 있습니다. 그 스토리가 반드시 대단할 필요가 있는 것은 아니고, 소소하더라도 소비자들이 제품이나 서비스를 선택하게 만드는 것이면 충분합니다. 때론 이러한 스토리는 기업의 비전과도 연결이 됩니다. 주주와 시장에 실현 가능한 명확한 비전을 제시하고 이 비전을 달성하기 위한 준비를 충실하게 해 나가는 기업은 그렇지 못한 기업에 비해 성장가능성이 더 높을 수 있습니다.

두 번째는, 주식가치평가를 할 때는 숫자가 가지는 의미에 대한 이해가 필요합니다. 숫자가 가지는 의미가 회사의 스토리와 합리적으로 연결이 될 때 적절한 평가가 이루어질 수 있습니다. 가치평가는 숫자로 이루어지지만, 가치평가에서 다루어지는 숫자들이 회사의 스토리로서 설명이 이루어질 때 그 숫자들에 의미가 생기는 것입니다. 그리고 그 의미 있는 숫자들로 가치평가가 이루어질 때 회사의 가치가 제대로 평가될 수 있는 것입니다.

제4장

디지털자산의 평가방법

4.1 | 디지털자산 평가의 기본 전제

앞서 우리는 전통적인 주식가치평가에 있어서 기본적인 전제는 "계속기업의 가정"인 것처럼 디지털자산 평가에서의 기본적인 전제에는 "신뢰 유지의 가정"이 필요하다고 언급하였습니다.

디지털자산이 거래되고 활용되는 디지털생태계/네트워크의 지속성 및 이 디지털생태계/네트워크와 디지털자산에 대한 신뢰가 계속된다는 것은 디지털자산 평가의 가장 기본적인 전제가 되어야 합니다.

디지털자산이 활용되는 생태계가 지속가능하지 않다면 디지털자산도 마찬가지로 지속가능하지 않을 것입니다.

신뢰가 유지된다는 가정이 기본 전제가 되지 못한 자산은 평가의 의미가 없을 것입니다. 가치를 따지는 것이 무의미하기 때문입니다.

비트코인만 해도 그렇습니다. 시장참여자들의 신뢰가 바탕이 된 비트코인은 가치를 갖게 됩니다. 그러나 시장참여자들의 신뢰를 상실한 비트코인은 가치를 잃게 됩니다. 평가자체가 무의미해지는 것입니다.

디지털자산은 생태계 내의 참여자들의 신뢰 속에서 가치를 가집니다. 신뢰가 무너지면 디지털자산의 가치도 함께 무너집니다.

디지털생태계는 신뢰가 무엇보다 중요한 세상입니다.

4.2 | 평가방법의 종류

디지털자산에 대한 평가는 아직은 다수가 동의하는 이론적으로 확립된 방법론은 없다고 볼 수 있습니다. 여전히 다양한 평가방법에 대한 견해가 공존하며, 검증과 수정을 거쳐 새로운 방법론이 등장하는 현재 진행형의 영역입니다.

이러한 상황에서 우리는 디지털자산 평가를 위한 전통적인 방법의 응용에서부터 시장에서 논의되고 있는 다양한 평가방법을 소개하고자 합니다.

앞서 언급한 바와 같이 아직은 시장참여자들 대부분이 동의하는 합의된 가치평가 모델은 없는 상태이므로 여기에 소개된 평가방법들도 검증과정을 거쳐 향후에는 수정될 수 있을 것입니다. 그러나 디지털자산을 평가하고자 하는 다양한 시도는 디지털자산을 "가치"관점에서 바라보는 문화가 활성화되고 디지털자산에 대한 시각이 넓어진다는 측면에서 모두 의미있는 시도로 볼 수 있을 것입니다.

[표 12] 가치평가 방법의 분류

구분	평가방법	Value driver	주요 특징
수익가치 접근법/ 현금흐름 접근법	현금흐름할인법 (DCF)	예상 현금흐름, 예상 효익	– 내재가치에 기초한 평가 – 디지털자산으로부터 예상되는 현금 유입 또는 효익에 대한 분석이 필요하므로 디지털생태계/네트워크에 대한 이해가 필수적
시장가치 접근법/ 상대가치 접근법	화폐수량설 법칙 적용	시장규모 및 화폐 유통속도	– 화폐기능 디지털자산평가시 본질에 기초한 평가, – 시장규모에 대한 기대치가 다르고, V값 측정이 어려움
	부테린공식	거래량과 화폐 보유기간	– 화폐기능 디지털자산의 평가에 적용 가능 – 거래량의 정의에 따라 평가결과가 달라짐
	TAM (총유효시장접근법)	유효시장의 크기 및 침투율	– 유효시장의 정의 및 점유율 가정에 따라 평가결과 달라짐
	메트칼프의 법칙, 지프의 법칙	사용자 수, 네트워크	– 디지털생태계에서 네트워크의 연결성 중시 – 네트워크를 창출하는 가치의 본질적 차이에 대한 고려가 없다는 한계 – 네크워크 참가자 수 파악에 한계
	NVT ratio	거래량, 거래금액	– 디지털자산의 핵심가치와 관련있는 네트워크의 활성화 정도를 기준으로 추정 – 유사자산이 충분하지 않을 때 적용이 어렵고, 가치와 거래량의 상관관계에 대한 충분한 데이터가 축적되지 않음
	PER	디지털자산 단위 당 이익	– 이익과 가치의 관계를 통해 평가 – 거래 수수료 등 다양한 개념의 이익 개념 적용 – 유사자산이 충분하지 않을 때 적용

구분	평가방법	Value driver	주요 특징
			이 어렵고, 적용가능한 배수에 대한 시장정보의 축적이 필요
	PBR	보유자산의 독립적인 가치	– 디지털자산이 NFT 등과 같이 소유 개념의 자산과 관련이 있거나 플랫폼 내 측정가능한 고유자산이 있을 때 적용 가능 – 비교 가능 유사자산이 충분할 때 적용 효과성이 높음
자산가치 접근법/ 원가접근법	원가접근법	발행 (채굴, 생산)원가	– 개념이 쉽고 간단 – 작업증명(PoW)방식의 자산에는 적용가능하나, 그외 자산은 적용 효과성이 낮음
	자산가치접근법	보유자산의 독립적인 가치	– 디지털자산이 NFT 등과 같이 소유 개념의 자산과 관련이 있거나 플랫폼 내 측정가능한 고유자산이 있을 때 적용 가능 – 보유자산의 독립적인 가치에 대한 별도 판단이 필요
기타평가방법	실현자본법 (Realized capitalization, MV/RV)	최근거래가	– MV/RV 결과의 의미/원인을 정확히 파악하기 어려움 – 상대적 시가의 고평가/저평가 여부 판단에 적용
	Stock-to-flow (S2F)	공급량, 희소성	– 희소성만을 가치의 유일한 근거로 본다는 한계 – 채굴량(발행량)과 시가(value) 간의 인과관계 불분명 – 상대적 시가의 고평가/저평가 여부 판단에 적용

디지털자산을 평가하기 위해서는 디지털자산의 성격과 목적, 특징을 이해하여야 합니다. 기업의 가치, 주식의 가치를 평가하는 경우에도 평가대상 자산의 성격

과 평가 목적을 고려하여 가장 적합한 평가방법을 선정하는 것과 같이, 디지털자산의 평가에서도 디지털자산의 성격을 고려하여 해당 자산의 평가에 가장 적합한 평가방법을 선정하는 것이 필요합니다.

디지털자산의 종류는 다양하지만 아래의 표는 화폐기능에 초점을 맞춘 암호화폐, 유동화토큰, 유틸리티토큰, 증권형토큰, 이렇게 4가지 종류로 구분하여 각 자산별 목적 및 특징, 내재가치에 접근하는 관점, 그에 따른 평가방법을 구분하여 보았습니다. 이 구분은 디지털자산의 성격별 구분이지만 두 가지 이상의 성격을 갖는 경우도 있기 때문에 하나의 디지털자산을 접근할 때에도 다양한 측면에서 살펴볼 필요가 있을 것입니다.

[표 13] 디지털자산 프로젝트 특성(Global Crypto Classification Standard의 Level 1에 따른 암호화폐 분류)별 가치평가방법 예시[21]

구분	특징	자산 예시	비교 가능 전통적 자산의 예	관점	가치평가방법
스마트 컨트랙트 플랫폼	일반 목적 프로그래밍을 지원하며, 개발자가 스마트 계약을 작성하고 분산형 애플리케이션을 실행할 수 있는 기반 블록체인	Ethereum(ETH), Solana(SOL), Polygon(MATIC), TRON(TRX), Cosmos(ATOM) 등	IT 업종, 인터넷 또는 앱 플랫폼 업종 등	네트워크 관점으로 접근	스마트 컨트랙트 플랫폼을 네트워크로 가정하는 경우, 온체인 데이터를 기반으로 한 정량·정성적 프레임워크를 사용하여 상대가치 평가방법을 사용하여 플랫폼 가치평가 (예: Metcalfe 법칙 활용 등)

---

21 Valuation of Cryptoassets: A Guide for Investment Professionals, 2023 CFA Institute 참조

구분	특징	자산 예시	비교 가능 전통적 자산의 예	관점	가치평가방법
				현금흐름 자산 관점으로 접근	스마트 계약 플랫폼을 현금흐름 자산으로 가정하는 경우, 거래 수수료 등을 현금흐름으로 간주하여 DCF(현금흐름할인법) 모델을 사용하여 플랫폼 가치평가
탈중앙화 애플리케이션	은행, 브로커와 같은 중앙 기관을 필요로 하지 않고, 금융 서비스에 대한 접근을 제공하는 디지털 기반 인프라	Uniswap(UNI), Aave(AAVE), Compound (COMP), SushiSwap (SUSHI), Convex Finance (CVX) 등	금융업, 다양한 거래의 중개업 등	상대가치로 접근	동일 섹터 내 유사자산과 비교하여 가치평가 [예: 주가매출비율(Price-to-Sale), 주가수익비율(Price-to-Fee), 시가총액 대비 순자산비율(Market Capitalization to Net Assets Ratio)과 같은 지표로 비교하여 평가]
				내재적 가치로 접근	탈중앙화 애플리케이션에서 발생한 현금흐름을 기반으로 DCF 모델을 사용하여 내재가치를 추정
암호화폐	가치 이전에 특화된 블록체인 또는 프로토콜(암호화폐의 수요는 교환 매체, 회계 단위, 가치 저장 수단으로서의 기능에서 발생할 수 있음)	Bitcoin, Litecoin, Monero, Zcash, Stellar, Dash, XRP 등	달러 등 화폐, 금 등	시장가치(상대가치) 접근 또는 원가접근법	TAM(총 유효시장접근법), Stock-to-flow model, Metcalfe's law, Cost of production model 등

CFA Institutes의 "Valuation of cryptoasset"에서는 위와 같이 블록체인 기술의 기반 레이어로 사용되는 프로토콜에 연결된 토큰들과 같은 "스마트 계약 플랫폼", 인터넷의 기반 인프라지만 통제 및 관리가 집중화되지 않은 DApps이라고 하는 "탈중앙화 애플리케이션", 비트코인과 같이 가치 이전과 보전에 특화된 "암호화폐"로 그 특성을 구분하여 평가방법을 설명하고 있습니다. 즉, 평가를 하기 위해서는 평가대상의 특성을 어떻게 정의하는지가 선행되어야 하는 것입니다.

[표 14] 디지털자산 유형별 특성 및 내재가치 접근 방향과 평가방법 예시[22]

구분	목적 및 특징	내재가치 접근 방향	평가방법 예시
암호화폐 (Cryptocurrency), 결제코인/토큰 (Payment Coin/Token)	암호화폐는 비트코인과 같은 블록체인 기술을 기반으로 한 디지털 토큰 또는 코인을 의미. 이러한 화폐는 현재 중앙 은행과 독립적으로 운영되며 교환의 수단으로서 기능하도록 설계됨 (예: 비트코인, 이더 등)	자체적인 현금흐름 창출관점에서의 내재가치는 없음. 단, 디지털생태계에서의 수요와 공급에 따라 가치를 부여받을 수 있음	화폐수량설, 원가접근법, 상대가치접근법
유동화 코인/토큰 (Asset-Backed Coin/Token)	유동화 토큰은 블록체인 기술에 기반한 디지털 토큰으로 블록체인에는 존재하지 않지만 물리적 자산(예 : 금 또는 석유와 같은 천연자원)의 소유권을 나타내는 가치를 의미. 예시: NFT(Non-fungible token, 대체 불가능 토큰)	기초 자산을 기반으로 가치를 창출	현금흐름할인법, 상대가치접근법, 자산가치접근법
유틸리티 코인/토큰 (Utility Coin/Token)	유틸리티 토큰은 블록체인 기술을 기반으로 한 디지털 토큰으로, 사용자에게 제품이나 서비스에 대한 접근 권한을 부여하는 것에서 가치	발행자의 서비스 또는 제품에 대한 수요에서 가치를 창출	현금흐름할인법, 상대가치접근법

22 "PwC In-dept release report 2019 december, 암호화자산 및 관련 거래 : IFRS에 따른 회계처리 고려 사항" 참고

구분	목적 및 특징	내재가치 접근 방향	평가방법 예시
	를 창출. 유틸리티 토큰은 보유자에게 회사의 플랫폼 또는 자산에 대한 소유권을 부여하지 않으며, 보유자 간에 거래될 수 있지만 주로 교환의 수단으로 사용되지는 않고 이용권의 성격을 지님		
증권형 코인/토큰 (Security Coin/Token)	증권형 토큰은 본질적으로 전통적인 증권과 유사한 블록체인 기술을 기반으로 하는 디지털 토큰임. 증권형 토큰은 법인에 대한 경제적 지분을 제공할 수도 있으며, 때때로 기한이 정해지지 않은 상황하에 현금이나 다른 금융자산을 받을 권리; 때때로 회사 결정에 투표할 수 있는 능력과 / 또는 기업의 잔여 지분에 대해 배분받을 권리를 포함하기도 함	향후 이익의 분배나 현금 또는 다른 금융자산을 받기 때문에 기업의 성공에서 가치를 창출	현금흐름할인법, 상대가치접근법
거버넌스 토큰 (Governance Tokens)	프로젝트의 의사 결정 과정에 참여할 수 있는 권리를 제공하는 토큰	프로젝트 성공에 따른 경제적 인센티브 및 프로젝트 성장에 따른 가치 상승	현금흐름할인법, 상대가치접근법

제5장
(화폐)기능 중심의 평가방법

5.1 | 화폐수량설(Quantity Theory of Money, QTM)을 적용하는 방법[23]

비트코인의 가치를 논할 때 가장 빈번하게 언급되는 방법 중의 하나가 화폐수량설을 응용하여 평가하는 방법입니다.

화폐수량설(Quantity Theory of Money, QTM)은 고전학파의 이론 중 하나로, 물가 수준이 화폐공급과 비례한다는 이론입니다.

물가 수준이 화폐량에 의해 결정이 된다는 이론에 따른 수량방정식은 다음과 같습니다.

---

[23] 화폐수량설을 디지털자산의 평가에 활용하게 된 것은 2014년 Wang, Joseph Chen-Yu, A Simple Macroeconomic Model of Bitcoin (February 11, 2014)에 의해 제안된 것으로 알려지고 있으며, 가치 측정에 많이 응용되기 시작한 것은 2017년 Chris Burniske and Jack Tatar, Cryptoassets: The Innovative Investor's Guide to Bitcoin and Beyond (NewYork: McGraw-Hill Education, 2017)의 저서 출간으로 대중적으로 활용되기 시작한 것으로 알려지고 있습니다.

$$M \cdot \bar{V} = P \cdot \bar{Y}$$

M은 통화량, V는 화폐유통속도, P는 가격 수준, Y는 생산량을 의미합니다.

위의 방정식에서 화폐유통속도는 일정하다고 가정한다면, 생산량(GDP)인 Y는 다른 변수들에 의해 결정되어 있으므로, 통화량(M)은 가격 수준(P)과 동일한 방향으로 움직이게 됩니다.

이 이론에 대한 다양한 견해는 논외로 하고, 화폐수량설이 어떻게 디지털자산의 가치평가에 활용될 수 있는지 살펴보겠습니다.

전통적인 화폐수량설의 관점에서 다시 살펴보면, P는 가격 수준 혹은 물가 수준을 의미합니다. Y는 생산량 혹은 거래량을 의미합니다. 이 정의에 따르면 P×Y는 GDP(국내총생산)와 같은 의미를 갖습니다. 이는 한 해에 생산되는 모든 재화 가격의 총 합계라고 볼 수 있습니다. M은 유통되고 있는 통화량을 의미합니다. V는 화폐의 유통속도를 의미합니다.

예를 들어 Mars라는 가상의 세계에서 개당 100원(P)의 재화가 10,000개(Y) 생산되어 거래가 되었다고 가정해 봅니다. P×Y = 1,000,000원입니다.

Mars는 100원 단위의 화폐가 1,000장 발행되어 있습니다. 통화량인 M = 100×1,000 = 100,000원입니다.

그렇다면 화폐수량방정식에서 화폐유통속도(V) = P×Y/M = 1,000,000 / 100,000 = 10이 됩니다.

여기서 화폐유통속도(V)=10의 의미는 통화량(100,000원)이 생산량 혹은 거래량을 달성하기 위해 10회 회전했다, 혹은 단위화폐 100원이 10회씩 거래되었다는 의미가 됩니다.

통화량(100,000원)×화폐유통속도(10회) = P×Y = GDP(1,000,000원)이기 때문입니다.

위와 같은 화폐수량설의 방정식 개념을 암호화폐와 같은 디지털자산을 평가하는데 다음과 같이 응용해 볼 수 있습니다.

> 암호화폐의 시가총액(M) × 화폐유통속도(V) = 암호화폐 총 거래량(P × Y)
> 암호화폐의 시가총액(M) = 암호화폐 총 거래량(P × Y) / 화폐유통속도(V)

화폐수량설에서 총생산량 혹은 총거래량에 해당하는 P×Y는 암호화폐의 총 거래량으로 가정합니다. 이 총 거래량을 화폐의 유통속도(V)로 나누면 암호화폐의 시가총액이 되며, 시가총액을 화폐의 발행량(유통수량)으로 나누면 단위당 암호화폐의 가치가 된다고 보는 방법입니다.

예시적으로 비트코인의 가치를 위의 화폐수량방정식을 기초로 평가해 보면 다음과 같습니다. 단, 아래의 평가예시는 방정식에 따른 계산구조의 이해를 목적으로 화폐의 유통속도와 총 거래량을 단순한 가정하에 대입한 금액이기 때문에 시장과 개개인의 기대값과는 다를 수 있음을 알려드립니다.

구분	예시	가정액
M: 통화량	비트코인 총발행 수량 21백만개 가정, 1비트코인 당 가격은 미지수 (X) → M = 비트코인 총발행수량 × 단위당 가격	21,000,000개 × 80,952 달러
V: 화폐유통속도(화폐가 사용되는 평균 빈도)	달러유통속도보다는 상대적으로 낮은 화폐유통속도 0.5 가정 (거래소를 통한 소유권 이전은 유통속도에 포함하지 않는 것으로 가정)	0.5회
P: 재화 등의 평균 가격	글로벌 해외송금 시장 규모를 P×Y로 가정하고 이 시장을 1.7조 달러로 가정. 그리고 이 시장에서 비트코인의 사용비율을 50% 가정 → 8.5천억 달러	8.5천억 달러
Y: 생산량		

⇨ M = 21,000,000 × @price
⇨ V = 0.5
⇨ P × Y = 8.5천억 달러
⇨ M × V = P × Y
⇨ <u>21,000,000 × @price × 0.5 = 8.5천억 달러</u>
⇨ @price (1 비트코인 가격) = @80,952 달러

먼저 통화량(M)은 비트코인 "총발행수량 × 단위당 가격"이 됩니다. 비트코인의 총 발행량은 21백만 개로 설계되어 있기 때문에 통화량 [M = 21,000,000 × 단위당 가격]으로 가정하였습니다.

화폐의 유통속도에 대해서는 다양한 가정이 있을 수 있습니다. 현재 시장에서 상당부분의 비트코인의 소유권 변동은 암호화폐 거래소를 통해 이루어지고 있습니다. 그러나 우리는 거래소에서 이루어지는 거래량은 총 거래량에서 제외하는

것으로 가정하였습니다. 주식회사의 시가총액이 주식시장거래소에서의 거래량 총합이 아니듯이 비트코인의 시가총액 혹은 디지털자산 네트워크의 가치는 암호화폐 거래소에 이루어지는 거래량과는 다른 개념이라고 볼 수 있기 때문입니다.

그렇다면 디지털생태계에서 비트코인을 통해 이루어지는 다양한 거래의 총량이 거래량이 될 것입니다. 미국 달러화의 평균적인 유통속도를 1이라고 가정할 때, 비트코인의 유통속도는 아직은 이보다 낮을 것으로 가정하여 화폐유통속도 0.5를 기준으로 비트코인의 가치를 산정해 보고자 합니다.

다음은 P×Y를 구해야 하는데, 비트코인의 블록체인 합의매커니즘상 일상적인 제품구매나 서비스구매에는 아직은 기존 거래수단에 비해 시간이 많이 소요되기 때문에 거래완료까지 일정 시간이 소요되어도 무리가 없는 글로벌 송금시장이 메인시장이라고 가정해 보았습니다. 즉, 비트코인이 활용되는 시장을 단순하게 글로벌 송금시장이라고 가정해 보았습니다. 글로벌 해외 송금시장의 규모가 정확히 추산되지는 않지만 대략적으로 1.7조 달러라고 가정해 보았습니다. 그리고 이 시장에서 비트코인의 거래 비중이 장기적으로 50%를 차지하게 되는 것으로 가정하면 비트코인의 거래량은 8.5천억 달러가 됩니다.

이제 비트코인의 가치를 추정하기 위한 변수들을 화폐수량설의 방정식에 반영해 봅니다.

비트코인의 시가총액 (M) = 21,000,000 × @price

화폐유통속도(V) = 0.5

비트코인 총 거래량(P×Y) = 8.5천억 달러

화폐수량방식 [M×V = P×Y]에 각각의 가정된 값을 대입하면

[21,000,000 × @price × 0.5 = 8.5천억 달러]에 따라

비트코인의 시가총액은 8.5천억 달러이고, 1비트코인의 가치는

[@price (1 비트코인 가치) = @47,619달러]에 따라 @80,952달러가 됩니다.

위의 가정은 P×Y를 해외송금시장으로 가정하였지만, 비트코인이 이더리움의 화폐인 이더 등과 함께 디지털생태계의 기축통화 역할을 한다고 가정한다면 P×Y는 다른 암호화폐들이 거래되는 디지털생태계 총 거래량 중 비트코인 거래비중을 고려하여 추정해 볼 수도 있을 것입니다.

만약 시장규모에 대한 기대치가 이 보다 더 크다면 비트코인의 가치는 더 높게 평가될 것이며, 기대치가 낮다면 가치도 이보다 더 낮게 평가될 것입니다. 또한 블록체인 기반 암호화폐의 가능성을 높게 평가하면서도 비트코인이 그 역할을 지속적으로 하기는 어렵다고 본다면 혹은 기술적인 이유로 혹은 비정상적인 상황의 발생 등으로 비트코인이 생태계의 신뢰를 잃을 것이라고 본다면 그 가치는 아주 낮아질 수도 있을 것입니다.

또한 위의 가정에서 V는 여러 국가의 화폐유통속도를 고려하여 0.5로 가정하였지만 공식에서 볼 수 있는 바와 같이 단위당 비트코인이 수차례에 걸쳐 여러회 거래가 되는 경우에는 단위당 비트코인의 가격이 떨어지게 됩니다. 반대로 비트

코인의 유통속도 감소는 비트코인의 가격을 높이게 됩니다. 그러나 방정식에서의 공식이 아닌 현실세계에서는 화폐유통속도의 증가는 시장규모의 증가에 기인할 가능성이 크다고 볼 수 있습니다. 그렇기 때문에 유통속도의 증감을 단순히 비트코인 가치의 역수로 볼 것이 아니라, 시장규모의 증가와 유통속도의 변화는 상호관계를 살펴본 후 적용하여야 할 것입니다.

이와 같은 방법으로 디지털자산의 가치를 추정하는 것은 비트코인 등 디지털자산의 거래 시장 규모와 화폐유통속도의 측정이 가능하다면 의미있는 방법이 될 수 있습니다. 화폐유통속도는 블록체인상의 분산원장에 기록된 정보를 토대로 측정하는 것이 가능할 수 있으나, 시장규모를 합리적으로 예측하는 것이 어려울 수 있습니다. 그러나 시장규모를 다양한 시나리오로 가정하여 가치를 측정하는 방법으로 접근하게 되면 가치의 가이드를 갖게 될 수도 있습니다. 스타트업의 주식가치 평가를 하는 경우에는 스타트업이 향후 영위하게 되는 시장의 규모를 합리적으로 예측하기 어려운 경우 시나리오 접근법으로 가치를 추정해 보는 것과 유사하다고 볼 수 있습니다.

화폐수량설은 여러 디지털자산 중에서도 화폐로서의 교환기능이 강조되는 자산의 평가에 적합한 방법이 될 수 있습니다. 어떤 디지털자산을 발행한 회사의 가치라는 개념과 거래량에 바탕을 둔 화폐의 적정 가치 개념은 다를 수 있기 때문입니다.

위의 평가 방정식이 주는 의미는 사용자들에게 어떤 확실한 가치를 주는 디지털자산들이 많이 생겨나 디지털생태계가 건전하게 성장하게 되고, 그 네트워크에서 비트코인의 거래가 활성화된다면 비트코인의 가치는 디지털생태계의 성장과 함께 증가할 수 있다는 점입니다.

결국 비트코인과 같은 디지털자산의 가치는 신뢰할 만한 디지털생태계의 성장과 밀접한 관련이 있다는 것을 이 방정식에서도 확인할 수 있습니다. 디지털자산이 그 가치를 계속 유지하기 위해서는 디지털자산이 활용되는 디지털생태계가 건전하게 성장하여 시장참여자들에게 근본적인 가치를 가져다 줄 수 있어야 합니다. 여기서 근본적인 가치는 각각의 디지털자산이 표방하는 존재 이유라고 볼 수 있습니다. 비트코인의 경우라면 화폐로서의 가치 교환, 가치 저장 등의 수단으로서 디지털세계에서 적절하게 기능하는 것을 의미합니다.

참고 9 총발행수량과 유통발행수량

비트코인의 총발행수량은 궁극적으로 21백만 BTC입니다. 물론 아직 모두 채굴된 것은 아니고, 여전히 채굴 중입니다. 2024년 4월 말 기준 총 채굴량은 19,691,468 BTC입니다. 남은 채굴량은 1,308,532BTC로 93.768%가 채굴된 상태입니다.

시간이 지나 비트코인 채굴이 21백만 BTC까지 발행되었다고 가정하면 시가총액을 계산할 때 발행량은 21백만 BTC로 할 것인지가 고민이 될 수 있습니다. 만약 비트코인의 개인키(Private Key)를 잃어버려서 유실된 비트코인은 더 이상 거래할 수 없는 비트코인일 것이기 때문입니다. 이 경우에는 장기간 거래되지 않는 비트코인은 발행수량에서 제외하는 방법을 고려해 볼 수 있을 것입니다.

이는 마치 주식회사의 총 발행주식수는 10,000주인데, 자기주식이 1,000주가 있어서 시중에 유통되는 주식수는 9,000주일 때, 유통주식수 기준 시가총액을 산정함에 있어 9,000주를 기준으로 하는 것과 유사한 접근방법이라고 볼 수 있습니다.

구분	2006 (A)	2019 (B)
한국	0.86	0.66
미국	2.01	1.45
일본	0.74	0.54
영국	1.40	1.17
독일	1.49	1.11
중국	0.62	0.51

Source: Datastream, 연합인포맥스

5.2 | 부테린 공식; $T \times H = P \times Q$

화폐수량설을 응용한 방법과 유사한 방법으로 부테린 공식이 있습니다.

비탈릭 부테린(Vitalik Buterin)은 대표적인 디지털생태계인 이더리움을 만든 인물이자 디지털자산 및 블록체인 업계를 이끄는 대표적인 인물 중 한 명인데, 비탈릭 부테린은 기존의 화폐수량 이론에 근거를 두고 조금은 다른 관점의 모델을 제시했습니다.

비탈릭 부테린의 공식은 다음과 같습니다.

$$T \times H = P \times Q$$
$$P = T \times H / Q$$

P = 디지털자산의 가격

Q = 디지털자산의 총 발행량

P × Q = 디지털자산의 시가총액

T = 거래량(경제적 가치)

H = 1/V(거래 전 디지털자산 보유시간)

이 모델을 앞서 설명한 화폐수량설의 모델과 비교해 보면 다음과 같습니다.

구분	화폐수량설	부테린 공식
기본 방정식	MV = P'Y	T × H = P × Q
공식상 변수 비교	M (통화량 = 단위당 가격 × 화폐발행량 = 시가총액)	P × Q (시가총액 = 단위당 가격 × 화폐발행량)
	P'Y (총생산량, 총거래량)	T (거래량, 거래의 경제적 가치)
	V (화폐유통속도)	1/H (거래 전 화폐보유시간의 역수 → 화폐유통속도)
방정식 비교	M = P'Y/ V	PQ = T × H
	MV = P'Y → M = P'Y/V → M은 PQ, P'Y = T, 1/V = H → PQ = T × H	

화폐수량설의 기본 방정식은 MV = P'Y 입니다.

이를 변환하면 M = P'Y/V가 됩니다.

화폐수량설에서 통화량(M)은 부테린 공식의 PQ와 같습니다.

화폐수량설에서 총생산량 또는 총거래량 P'Y는 부테린 공식의 T와 유사한 개념이라고 가정해 볼 수 있습니다.

화폐수량성에서 화폐유통속도 V의 역수인 1/V는 부테린 공식의 H와 유사한 개념이라고 볼 수 있습니다.

그렇다면 화폐수량설의 M = P'×Y/V 는 부테린 공식의 P×Q = T×H와 동일한 방정식이 됩니다.

이 모델은 앞서 설명한 화폐수량설을 응용한 방법과는 조금 다른 형태지만 기본적으로 동일한 내용을 담고 있습니다.

그리고 화폐의 유통속도 V를 역수인 1/V=H로 표현하여 유통속도보다는 조금 더 직관적인 시장참여자들의 화폐보유시간을 변수로 사용하였다는 점에서 현상을 이해하는데 초점을 맞춘 모델이라고 보여집니다.

부테린 공식에서는 거래량을 어디까지 포함시키느냐에 따라 T의 크기가 달라지고 이에 따라 H 역시 큰 차이를 보이게 될 것입니다. 즉, 디지털생태계 내에서의 거래뿐만 아니라, 블록체인 네트워크의 밖에서 이루어지는 거래, 다양한 거래소에서 이루어지는 거래 등 거래량의 범위에 따라 H의 크기는 각기 달라질 것입니다.

이 모델이 적정가치 추정모델로 활용되기 위해서는 거래량의 정의를 무엇으로 가정할 것이냐가 중요한 부분이 될 수 있습니다. 이는 화폐수량설에서 디지털자산의 총거래량 혹은 총생산량의 정의를 무엇으로 볼 것이냐에 따라 디지털자산의 가치가 달라지는 것과 유사합니다.

5.3 | 총유효수요 접근법(TAM: Total Addressable Market Approach)

총유효수요 접근법(TAM: Total Addressable Market Approach)은 스타트업의 가치를 평가할 때 활용되는 방법 중의 하나입니다.

시장의 크기를 알아야 가치를 파악할 수 있기 때문에 스타트업이 새로운 제품이나 서비스의 출시를 준비할 때 해당 제품이나 서비스의 잠재적인 시장의 크기를 살펴보고 이를 기초로 회사의 가치를 평가하는 것입니다. 이러한 방법은 디지털자산의 경우에도 적용할 수 있습니다.

예를 들어 만약 디지털자산이 화폐의 기능으로서 교환의 매개 및 가치 저장 수단이 되는 경우라면 금이나, 통화량 등과 비교가 가능할 것이고 금과 통화가 기능한 시장이 디지털 화폐의 잠재적인 시장이 될 것입니다. 비트코인의 예를 들면 비트코인이 통화로서 기능하는 시장으로서 해외 송금 시장이 비교되곤 합니다. 그렇다면 전세계 해외 송금시장이 총유효수요(TAM)가 되는 것이고, 이 시장에서 점유율이 어떻게 될 것인가, 즉 침투율이 얼마냐의 가정에 따라 비트코인의 가치는 달라질 수 있는 것입니다.

디지털자산의 가치 = 총유효시장의 크기 x 침투율 / 디지털자산의 공급량

위 산식을 적용할 때, 침투율이 현재의 값이 아닌 향후 기대치에 근거하여 평가하게 된다면 공급량도 현재의 공급량이 아닌 향후 발행이 예정된 잠재적인 공급량을 포함하여야 할 것입니다. 그리고 총유효시장의 크기를 현재의 시장가치를 기준으로 할 것인가, 아니면 성장을 향후 기대가치를 기준으로 할 것인가에 따라서도 달라질 수 있습니다.

아직까지는 일반적으로 총유효수요접근법으로 디지털자산의 가치를 평가할 때에는 디지털자산이 가진 여러 불확실성 등으로 인해 총유효시장은 비교적 현재시점에서 객관적으로 파악이 용이한 지표를 기초로 하며, 그렇기 때문에 해외송금시장과 같은 기존에 존재하였던 전통적인 시장의 잠재적 성장 가정이 반영되지 않은 현재 시점에서의 크기가 유효시장의 값으로 많이 활용됩니다. 다만 이 경우에도 디지털 화폐의 공급량은 잠재적 발행수량을 포함하여 계산하게 됩니다.

아래의 표는 2022년~2023년 데이터를 기초로 CFA Institute의 Valuation of Cryptoassets에 소개된 것으로 다양한 유효시장에서 침투율에 따른 비트코인의 가치를 보여줍니다. 이 표는 비트코인의 잠재적인 총 발행수량을 21,000,000 BTC로 가정하여 계산한 것입니다.

[표 15] 다양한 유효시장에서 침투율에 따른 비트코인의 가치

유효시장	유효시장의 크기($)	침투 수준에 따른 1BTC 의 가치($)					
		0.50%	1%	5%	10%	20%	30%
미국 M2 통화공급량	21,149,000,000,000	5,035	10,071	50,353	100,709	201,419	302,128
금	13,365,747,545,332	3,182	6,364	31,823	63,646	127,293	190,939
미국 중앙은행의 준비금	11,598,000,000,000	2,761	5,523	27,614	55,228	110,457	165,686
해외 송금 시장	794,000,000,000	189	378	1,890	3,781	7,562	11,343
완전히 희석된 공급량 (코인 수)	21,000,000						

제6장

내재가치접근법(수익가치접근법)

6.1 | 디지털자산의 평가에 DCF(현금흐름할인법)의 적용이 가능할까?

현금흐름할인법은 투자한 자산으로부터의 예상현금흐름을 적절한 요구수익률로 할인하여 할인된 현금흐름 합계로 가치를 추정하는 방법입니다.

만약 어떤 회사의 예상되는 이익이 1년 후 100원, 2년 후 100원, 3년 후 100원이라면 이 회사의 가치는 300원의 가치가 있는 것입니다. 그러나 1년 후, 2년 후, 3년 후 이익 100원이 현재 시점에서 확실하지 않기 때문에 어느 정도 위험을 고려하게 됩니다. 즉, 지금의 확실한 100원과 1년 후의 불확실한 100원은 다르다는 것이고, 불확실의 정도와 위험의 크기를 고려하여 1년 후 100원이 현재 시점의 가치로 얼마인지를 계산하여 나타내는 것이 "현재가치"입니다. 이 불확실의 정도와 위험을 할인율, 자본비용이라고 하고, 요구수익률이면서 기회비용의 개념이 되기도 합니다.

다음의 예시는 5개년 현금흐름을 할인율 10%로 할인하여 현재가치의 합계를 구한 것입니다.

〈그림 9〉 현금흐름할인법에서 현재가치 합계 계산 예시

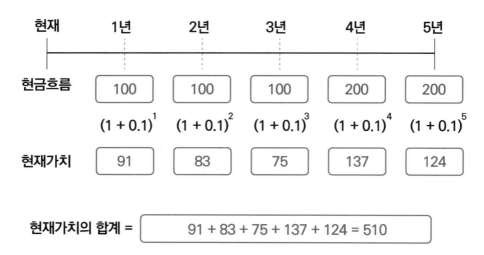

현금흐름할인법은 위의 예시와 같이 대상자산으로부터 기대되는 각 기간의 현금흐름을 추정하여 이를 현금흐름의 불확실성을 고려한 할인율로 할인한 합계액으로 가치를 추정하는 것입니다. 물론 5년 이후에도 대상자산으로부터의 현금흐름 창출이 계속될 것으로 가정한다면 5년 이후의 현금흐름도 추정하여 합산하거나 혹은 일정 산식을 통해 5년 이후 계속적으로 이루어질 현금흐름의 합계를 간략히 계산하여 합산하는 방식으로 추정합니다.

이와 같은 현금흐름할인법은 대상자산으로부터 기대되는 현금흐름을 합리적으로 추정할 수 있다면 자산의 성격에 제약을 받지 않고 적용해 볼 수 있습니다. 디지털자산의 경우도 마찬가지입니다. 디지털자산의 수익구조를 파악하여 향후

발생할 것으로 예상되는 수익의 추정이 가능하다면 이를 기반으로 미래수익, 미래현금흐름의 현재가치를 통해 디지털자산의 가치를 평가하는 것이 가능할 것입니다.

6.2 | DCF(현금흐름할인법) 적용의 예시

디지털자산을 블록체인 기반하에서 현금흐름이 발생하는 자산의 성격으로 바라볼 때, DCF(Discount Cash Flow)모델을 통해 가치평가를 해 볼 수 있습니다.

이러한 자산에는 블록체인 플랫폼에서 거래를 통해 현금흐름이 발생하는 디지털자산이 해당할 수 있습니다.

블록체인에서 수익은 블록 공간을 판매함으로써 창출됩니다. 블록 공간은 플랫폼에서 거래가 이루어지기 위해 필요한 공간이며, 이는 플랫폼 고유의 가상화폐로 지불되는 거래 수수료로 처리됩니다.

예를 들어 이더리움은 거래시 "Gas"라는 수수료가 발생합니다. 각각의 플랫폼마다 수수료 분배방식이 다릅니다. 이더리움 플랫폼에서의 수수료는 기본수수료와 우선 수수료로 구분되고 기본수수료는 주식회사에서 자사주가 매입되는 것과 유사하게 소각되어 플랫폼 가상화폐 총량을 일정 수준으로 유지하도록 하고, 우선수수료는 블록체인 검증자에게 지불되어 블록체인 네트워크를 보호하도록 합니다. 또한 새로운 블록이 네트워크에 추가되면 일정 주기로 검증자들은 블록의 정확성에 대해 합의 검증을 하게 되는데, 이때 블록체인 검증자는 새로운 블록을 검증하는 작업에 대한 대가로 보상을 받습니다. 이더리움에서는 합의 검증을 수행하는 대가로 플랫폼 고유 가상화폐인 "이더"를 새로 발행하여 검증자들에게 지급합니다.

그렇다면 스마트 컨트랙트 플랫폼의 검증자에게 이루어지는 스테이킹[24] 보상의 현금흐름은 거래 수수료와 플랫폼에서 새롭게 발행되는 가상화폐가 됩니다. 즉, 검증자들은 거래 수수료 중 우선 수수료에 대한 보상과 합의 지분증명에 대한 보상을 받기 때문입니다. 이더리움의 경우 이러한 보상은 이더리움 플랫폼 고유 화폐인 "이더(ETH)"로 지급됩니다.

> 스테이킹 가상화폐 현금흐름 = 거래 수수료(우선 수수료) + 새로 발행된 가상화폐

물론 이 현금흐름이 이더리움 플랫폼 가치 전체를 대변하는 현금흐름이라고 보기는 어려울 수 있습니다. 대신 현금흐름 관점에서 추정의 방식을 적용할 수 있는 이더리움의 고유자산인 "이더(ETH)" 중에서 스테이킹된 이더의 가치로 한정해서 보아야 할 것입니다. 만약 거래 혹은 검증시 가상화폐가 소각되는 구조라고 한다면, 예를 들어 이더리움의 거래에서 기본수수료가 소각되는 것과 같은 구조라고 한다면 위의 현금흐름 산식에는 이러한 소각관련 현금흐름은 제외되는 것처럼 보일 수 있습니다. 그러나 만약 평가자가 소각매커니즘은 주식회사가 자사주를 매입하는 것과 유사한 구조로 가정하고 추정시 가상화폐의 발행량은 안정적으로 유지된다는 가정 등을 통해 이러한 효과를 고려할 수 있을 것입니다.

---

[24] 스테이킹 보상은 검증자가 네트워크에 플랫폼의 가상화폐, 예를 들어 이더리움의 이더(ETH)를 블록검증에 참여토록 하고 그 대가로 받는 보상을 말합니다.

다시 Mars라는 가상 네트워크 플랫폼의 고유화폐인 March를 수익가치 기반의 평가방법인 DCF 접근법에 의해 평가해 보도록 하겠습니다. Mars 플랫폼은 앞서 설명한 이더리움과 같은 매커니즘과 토큰이코노믹을 가지고 있습니다. 이와 같은 상황에서 스테이킹된 가상화폐 March의 현금흐름은 다음과 같습니다.

스테이킹된 가상화폐 March 현금흐름 = 거래 수수료(우선 수수료) + 새로 발행된 가상화폐

평가기준 시점 March의 기본 정보는 다음과 같습니다.

구분	금액 (달러 환산 금액) 및 수량
연환산 거래 수수료	$3,000,000,000
스테이킹 인센티브	$2,000,000,000
발행수량	100,000,000 march

평가대상의 정의가 다르면 현금흐름의 정의가 달라지고 현금흐름의 정의가 다르면 평가결과도 달라집니다. 여기서 평가대상은 Mars 플랫폼의 고유화폐인 가상화폐 March 중에서 스테이킹된 화폐를 대상으로 하며, 스테이킹된 화폐의 현금흐름은 거래 수수료와 스테이킹을 통해 받는 인센티브로 가정합니다.

거래 수수료와 인센티브 값에 대한 가정은 최근 온체인 데이터를 기초로 일정 성장률 및 할인율을 고려하여 추정할 수 있을 것입니다.

그리고 스테이킹을 통한 과정에서 발생하는 화폐 보유자의 비용은 없는 것으로 가정합니다.

March의 최근 성장률이 50%였으므로 추정시점 기대 성장률은 50%로 가정하고, 이러한 고성장이 당분간 지속될 수도 있지만 Mars 플랫폼의 시장지위 등을 고려하여 성장률은 매년 5%씩 하락하여 연도별로 50%~5% 성장할 것이라고 가정하였습니다.

할인율은 30%를 적용하였는데, 전통적인 시장에서 이와 유사한 스타트업에 적용하는 할인율이 20%를 넘기는 경우가 있다는 점을 고려하여 여기에 리스크 프리미엄을 가산한 30%를 가정하였습니다.

10년차 추정기간 이후에 적용할 영구성장률은 3%를 적용하였습니다. 이는 전통적인 시장에서 성장성이 높은 기업의 영구성장률로 많이 활용되는 가정입니다.

참고로 추정기간 이후에도 현금흐름은 계속될 것이나 추정기간을 무한히 길게 할 수 없기 때문에 DCF방법론에서는 일정 기간은 각 기간별 현금흐름을 추정하고 이후 기간은 다음과 같은 영구현금흐름의 가치를 구하는 공식에 따라 추정기간 이후의 가치를 산정합니다.

$$\text{Terminal Value} = \frac{FCF^n(1+gr)}{WACC-gr} \times \frac{1^n}{(1+WACC)}$$

*FCF: 현금흐름(free cash flow)
*gr: 성장률(growth rate)
*Wacc: 할인율(weighted average cost of capital)
*n: 할인기간

이와 같은 가정으로 추정한 스테이킹된 가상화폐 March의 현금흐름은 다음과 같습니다.

[표 16] 스테이킹된 가상화폐 March의 연도별 추정 현금흐름 및 현재가치

연도	현금흐름($)	성장률	할인율	할인기간	현재가치($)
Baseyear	5,000,000,000				
1년차	7,500,000,000	50%	30%	1	5,769,230,769
2년차	10,875,000,000	45%	30%	2	6,434,911,243
3년차	15,225,000,000	40%	30%	3	6,929,904,415
4년차	20,553,750,000	35%	30%	4	7,196,439,200
5년차	26,719,875,000	30%	30%	5	7,196,439,200
6년차	33,399,843,750	25%	30%	6	6,919,653,077
7년차	40,079,812,500	20%	30%	7	6,387,372,071
8년차	46,091,784,375	15%	30%	8	5,650,367,602
9년차	50,700,962,813	10%	30%	9	4,781,080,278
10년차	53,236,010,953	5%	30%	10	3,861,641,763
TV	54,833,091,282	3%	30%	10	

그리고 이와 같은 추정 현금흐름을 기반으로 March의 단위당 가격을 추정하면 $759라는 결과를 얻어낼 수 있습니다.

[추정 내역]

구분	금액($)	설명
① 추정기간 현재가치 합계	61,127,039,619	1년차~10년차 합계
② 예측기간 이후 가치	14,731,448,208	[TV 현금흐름/(할인율−성장률)] / $(1+$할인율$)^{10}$
③ 스테이킹된 March의 가치	75,858,487,827	①+②
④ 발행수량	100,000,000	잠재적 발행 총 수량
⑤ 단위당 가격	759	③ / ④

위의 분석에서 할인율과 성장률의 가정은 평가자의 주관적인 판단이 많이 반영되는 부분입니다. 그렇기 때문에 할인율과 성장률의 가정이 달라지면 대상자산의 가치가 어떻게 달라지는지 살펴보기 위해 다음과 같이 민감도 분석을 하여 그 평가 범위를 알아볼 수 있다는 것은 대상자산의 가치를 이해하기 위해 필요할 수 있습니다.

[성장률과 할인률에 따른 민감도 분석]

Sensitivity Analysis		성장률		
		20%	30%	40%
영구성장률	1%	1,405	746	472
	3%	1,469	759	476
	5%	1,550	773	479

이와 같이 현금흐름할인법(DCF)은 대상자산으로부터의 현금흐름을 추정할 수 있다면 적용이 가능한 방법입니다. 다만 평가대상자산과 현금흐름에 대한 정의가 명확하여야 하고, 주관적인 판단이 필요한 부분은 가능한 시장에서 일반적으로 받아들여지는 데이터 및 가정으로 뒷받침될 필요가 있습니다. 또한 시장상황의 변동에 따라 가치는 달라질 수 있기 때문에 이러한 평가결과로부터 도출된 값을 절대적인 가치로 이해해서는 안될 것입니다.

참고 11 이더리움의 스테이킹에 따른 보상 구조

Staking rewards
= Newly issued ETH(consensus rewards)
+ Base fees+ Priority fees(execution rewards)

- Newly issued ETH (consensus rewards): 네트워크 보안 유지에 참여하는 것에 대한 보상. 이더리움 네트워크에서 이더(ETH)는 네트워크의 보안을 유지하고, 트랜잭션을 검증하며, 스마트 계약을 실행하는데 필요한 자원으로서 스테이킹 보상을 통해 새롭게 발행. 이더리움이 2022년 9월에 지분 증명(Proof of Stake, PoS) 방식으로 전환한 후, 이더의 발행 방식도 PoS에 맞춰 바뀜. 즉, 검증에 대한 대가, 검증인들이 스테이킹한 이더에 대한 보상으로 새롭게 발행되는 이더가 지급되는 것임. → PoS 방식에서는 일정한 주기로 새로운 블록이 생성되고, 이를 검증하는 검증인들에게 보상이 주어짐. 검증인들은 자신이 스테이킹한 이더를 기준으로 블록 생성과 검증에 참여할 자격을 얻으며, 검증 작업을 완료하면 보상으로 이더를 받음.

- Priority fees (execution rewards): 트랜잭션 실행과 관련된 작업을 수행하는 것에 대한 보상. 기본 수수료 외에 사용자들은 우선 수수료(팁 또는 우선순위 수수료)를 추가로 설정할 수 있음. 이 우선 수수료는 검증인들에게 직접 보상으로 지급되어, 사용자가 자신의 트랜잭션을 더 빨리 처리되도록 유도할 수 있음.

- Base fees: 기본 수수료는 트랜잭션이 포함될 블록에서 소각되는 고정 수수료. 네트워크 혼잡도에 따라 자동으로 조정되며, 이 수수료는 검증인에게 지급되지 않고 영구적으로 소각됨. 기본 수수료는 이더리움의 공급량을 줄이는 효과를 갖고 있음. 네트워크 사용량이 많아지면 소각되는 이더의 양도 늘어나며, 이에 따라 디플레이션 효과가 발생가능.

- 순발행량의 조절: PoS(지분증명)로 전환한 이후 이더리움에서는 검증인들이 블록을 생성하고 검증할 때마다 이더가 새롭게 발행되며, 동시에 수수료 소각 메커니즘이 적용되어 일정 부분의 이더가 소각됨으로써 순발행량이 조절

참고로 2023년 4월 기준 온체인 데이터를 사용한 스테이킹 APR[25]은 다음과 같습니다.

참고 12 **이더리움 스테이킹 APR 예시(2023년 4월 기준)[26]**

총 공급량	120.04 million
스테이킹된 총 ETH	18.1 million
소각된 ETH	2,875.3
Daily priority fees(우선 수수료)	404.8
Daily issuance(발행)	1,790
스테이킹 APR (발행)	3.61%
스테이킹 APR (수수료)	0.82%
스테이킹 APR (발행 + 수수료)	4.43%

[25] APR은 Annual Percentage Rate의 약자로, 연이율 또는 연간 수익률을 의미합니다. 이더리움 스테이킹에서 APR은 검증인들이 1년 동안 스테이킹 보상으로 얻을 수 있는 예상 수익률을 나타냅니다.

[26] Valuation of cryptoassets/CFA Institute, Mustafa Bedawala and Aaron Salot, "Ethereum's Economics and Staking Model," Visa (2023). https://usa.visa.com/solutions/crypto/cryptoeconomics.html

제7장
상대가치접근법

7.1 | 네트워크 관점에서의 평가

디지털자산의 플랫폼을 네트워크 관점에서 평가하는 것도 고려해 볼 수 있습니다. 이 관점에서는 블록체인 플랫폼에서 발행한 고유자산인 가상화폐를 국가의 공식화폐와 같이 플랫폼 네트워크의 공식화폐로 간주하는 것입니다. 이더리움 네트워크에서 발행한 "이더(ETH)"가 좋은 예가 될 수 있습니다.

이 관점에서는 플랫폼이 성장하면 디지털자산의 가치도 함께 높아지는 구조로 바라보는 것입니다. 네트워크 관점에서의 플랫폼의 성장이 의미하는 것은 곧 사용자 수의 증가입니다.

네트워크 관점에서 디지털자산의 평가는 다양한 On-chain data를 사용하여 스마트 컨트랙트 플랫폼들을 비교함으로써 가치평가가 이루어질 수 있습니다.

On-chain data는 네트워크의 수요와 공급, 네트워크에서의 활동성 등을 평가하는데 유용한 지표로서 일일 활성 주소 수, 거래 수수료, 총예치자산(TVL)[27] 등이 포함될 수 있습니다. 네트워크 관점에서의 평가는 이러한 지표등을 활용하여 유사 플랫폼, 네트워크와 비교를 통해 평가하는 것으로 상대가치접근법의 활용이 효과적일 수 있습니다.

다음의 표는 네트워크 관점에서의 평가를 위해 유사한 두 개의 플랫폼을 비교한 예시입니다.

[표 17] 네크워크 관점에서 평가를 위한 두 플랫폼의 온체인 데이터 비교

	A 플랫폼	B 플랫폼
수요 측 지표		
TVL (Total Value Locked)	$300 million	$150 million
수수료 (Fees)	$15 million	$2 million
활성 주소 수 (Active addresses)	80,000	120,000
핵심 개발자 수	80	200
토크노믹스		
최대 공급량	해당 없음	50,000,000,000
유통량	400,000,000	35,000,000,000
현재 인플레이션	5.5%	2.0%
Private token allocation	40%	20%
스테이킹 수익률	6.5%	4.5%
확장성		
평균 거래 수수료	$0.0001	$0.07
Metrics		
시가 총액	$8 billion	$9 billion
Market cap to TVL ratio	26.7×	60×
Market cap to fees ratio	533×	4,500×

---

27 Total value locked

위 예시에서 A플랫폼은 TVL 측면에서 B플랫폼보다 크며, 스테이킹 수익률이 B플랫폼보다 높아 시장참여자들에게 상대적으로 매력적으로 보일 수 있습니다.

그러나 B플랫폼은 핵심 개발자 수가 많아 혁신의 가능성이 A플랫폼보다 높고, 인플레이션율도 A플랫폼에 비해 낮아 기존 자산의 가치 희석 가능성이 낮으며, Private token allocation의 비중이 상대적으로 낮아 탈중앙화 정도가 높다는 측면에서는 A플랫폼에 비해 성장성이 있다고 판단할 수 있습니다.

만약 B플랫폼이 후발주자이고 네트워크 관점에서 평가를 할 때에는 시장에 안착한 유사회사와 위의 예시와 같은 비교를 통해 가치를 평가할 수 있을 것입니다.

[표 18] 상대가치평가를 위한 다양한 비교 지표 예시

비교 지표 예시	설명	지표 활용 예시
Transaction volume	네트워크에서의 암호화폐 거래량	Market cap / Transaction volume
TVL(Total Value Locked)	총 예치 자산. 특정 블록체인 네트워크나 디파이(DeFi) 프로토콜에 예치된 모든 자산의 총 가치	Market cap / TVL
Revenue	전통 금융의 P/S 비율과 유사하게 사용	P/S(Market cap/Annualized revenue)
거래 수수료(Fee)	네트워크 내에서의 연간 거래 수수료	P/F(Market cap/ Annualized fees)
순자산 (net assets, Treasury)	프로토콜이 소유한 순자산으로 DeFi 플랫폼 암호화폐 평가에 사용. 전통적인 자산의 PBR과 유사	Market capitalization/Net Assets
사용자 수, 활성 주소 수	사용되는 블록체인 주소 수, 디지털네트워크 사용자 수	주소수와 가치의 비교 배수 적용, 또는 메트칼프의 법칙 적용 시 활용

비교 지표 예시	설명	지표 활용 예시
Total Addressable Market	TAM은 총유효시장 접근법으로서 기존 산업에서 경쟁할 수 있는 특정 제품 또는 서비스에 사용할 수 있는 시장 기회의 크기	(Value of target market X Level of penetration) / diluted supply[28]

참고 13 온체인과 오프체인

블록체인 데이터를 기록하는 방식은 온체인과 오프체인으로 구분할 수 있습니다. 온체인(On-Chain)이란 블록체인에서 발생하는 모든 거래 내역을 블록체인 위(On)에 기록하는 방식을 뜻합니다. 오프체인(Off-Chain)이란 블록체인 이외의 외부(Off)에 거래 내역을 기록하는 방식을 뜻합니다. 중요 데이터는 블록체인에 기록하고, 신속한 처리가 필요한 데이터는 외부 서버를 통해 처리하는 경우가 있는 것입니다. 온체인 기록은 블록체인 네트워크 참여자라면 누구나 파악할 수 있습니다. 그러나 오프체인 기록은 다른 사용자가 파악하기 어렵습니다. 블록체인 기반하의 네트워크 가치를 메트칼프의 법칙과 같은 사용자 기반의 데이터로 평가하고자 할 경우에는 블록체인 네트워크에서는 알기 어려운 사용자 수보다는 지갑주소의 수치를 기준으로 평가하게 됩니다. 이때 파악하기 어려운 오프체인 기록을 어떻게 반영할 것인지에 대한 고려가 필요할 수 있습니다. 블록체인 네트워크의 가치를 파악할 목적이라면 네트워크 밖에서 이루어지는 거래는 포함하지 않는 것을 고려해 볼 수 있을 것입니다. 그러나 네트워크 안팎에서 거래가 이루어지는 디지털자산의 가치를 파악할 목적이라면 오프체인 거래를 반영하는 것이 필요한지, 그리고 반영한다면 어떤 가정을 통해 반영할 지에 대한 고려가 필요할 수 있습니다.

7.2 | NVT Ratio(Network Value to Transactions Ratio)

전통적인 자산의 평가방법에서 상대가치접근법은 유사회사와 평가대상회사를 비교하는 것을 통해 가치를 추정하는 방법입니다. 이 때 어떤 지표로 비교하는가

---

28 diluted supply는 존재하게 될 특정 암호화 자산의 총량을 의미함

에 따라 평가방법은 다양해집니다. 예를 들어 회사의 순이익을 비교할 수도 있고 (PER), 매출을 비교할 수도 있으며(PSR), 영업현금흐름을 비교할 수도 있고 (EV/EBITDA), 순자산을 비교할 수도 있습니다(PBR). 만약 재무지표의 비교가 적절하지 않은 경우에는 사용자 수나 거래량 등 비재무지표와 회사의 가치의 비율을 비교하는 방식으로 가치추정을 하기도 합니다. 이와 같은 방식은 디지털자산의 평가에도 동일하게 적용할 수 있을 것입니다.

앞서 시장가치접근법(상대가치접근법)을 적용할 때에는 다음의 3가지 핵심질문에 대한 충분한 고민이 필요하다고 하였습니다.

[시장가치접근법의 3가지 핵심 질문]

- ☑ 누구와 비교할 것인가?
- ☑ 무엇을 비교할 것인가?
- ☑ 비교하고자 하는 가치는 무엇인가?

위의 3가지 핵심질문 중 "무엇을 비교할 것인가?"에 따라 다양한 평가방법이 나올 수 있는데, 디지털자산의 핵심적인 가치는 네트워크로부터 나오며, 그 가치는 네트워크의 활동성에 비례한다는 가정하에 네트워크 활동성을 비교 지표로 평가하는 방법이 NVT Ratio(Network Value to Transactions Ratio) 방법입니다[29].

NVT는 디지털자산의 시가총액을 일일 거래량(거래액)으로 나누어 계산합니다.

---

29 이러한 접근방식은 베테랑 가상자산 애널리스트 Willy Woo에 의해 2017년 처음 제안된 것으로 알려지고 있습니다.

[NVT ratio 계산식]

$$\text{NVT Ration} = \frac{\text{Market cap}}{\text{Transaction volume}}$$

NVT Ratio를 이용하여 가상의 네트워크 Mars의 디지털자산 가치를 평가해 보도록 하겠습니다. Mars에서 사용되는 디지털자산을 "March"라고 하고 시장의 신뢰도나 성숙도가 비트코인과 가능한 수준이라고 가정해 봅니다.

[NVT Ratio를 활용한 march의 가치평가]

구분	비트코인	March
Market cap(시가총액, USD)	1,100,000,000,000(①)	125,000,000,000(⑥=⑤×④)
Transaction volume(USD)	44,000,000,000(②)	5,000,000,000 (⑤, march의 daily 거래금액 합계)
NVT Ratio	25배(③=②÷①)	25배 (④, 비교대상회사인 비트코인의 NVT ratio)

비트코인의 NVT Ratio를 통해 가상의 디지털자산 March의 가치를 추정하는 과정은 위의 표에서 ① → ② → ③ → ④ → ⑤ → ⑥의 과정을 거쳐 이루어집니다.

비교 방식으로 가치를 추정할 때에는 비교하는 자산이 평가하려는 자산과 시장의 신뢰도와 성숙도, 성장성, 참여자들에게 가져다주는 가치의 크기 등 여러 가지 측면에서 유사하여야 합니다. 상대가치접근법은 간접적인 평가방법으로 비교대상자산의 선정이 적절하지 않다면 평가대상자산의 가치도 적절하게 추정하기 어려운 구조이기 때문입니다.

⟨그림 10⟩ 비트코인의 NVT Ratio 추이[30]

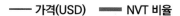

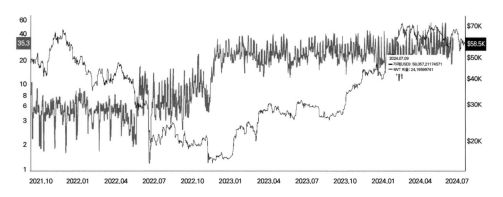

위의 그래프를 보면 비트코인의 NVT Ration는 2023년 이후 15배에서 45배 사이를 유지하고 있다는 것을 볼 수 있습니다.

NVT Ratio는 주식의 경우 PER와 같은 지표와 유사하게 시가의 과대평가, 과소평가의 판단기준으로 사용되기 합니다.

만약 NVT Ratio가 높다면, 시가총액으로 표현되는 네트워크의 가치가 거래량으로 집계되는 온체인에서 전송되는 가치보다 상대적으로 높아졌다는 의미이므로 이는 디지털자산에 대한 사용자 수요가 감소하고 잠재적으로 시가가 과대평가

---

30 Cryptoquant BTC chart 참고, https://cryptoquant.com/ko/asset/btc/chart/network
    -indicator/nvt-ratio?window=DAY&sma=0&ema=0&priceScale=log&metricScale=
    log&chartStyle=line

될 수 있음을 시사한다고 판단하는 방식입니다.

반대로 NVT Ratio가 낮다면, 거래량으로 집계되는 온체인에서 전송된 가치가 시가총액으로 표현되는 네트워크 가치보다 상대적으로 높아졌다는 의미이므로 사용자가 활발하게 디지털네트워크를 활용하고 더 많은 사용자가 유입되어 네트워크의 가치를 높일 수 있어, 잠재적으로 시가가 저평가 되었다고 판단하는 방식입니다.

NVT Ratio 모델은 메트칼프의 법칙이나 지프의 법칙과 마찬가지로 객관적인 데이터를 기반으로 평가가 가능하고, 거래량이라는 네트워크의 활성화 정도를 기준으로 추정하기 때문에 디지털자산의 핵심 가치와 관련된 항목으로 평가가 이루어진다는 장점이 있습니다.

그러나, 비교 가능한 유사한 자산을 찾기가 쉽지 않고, 과거 사용자의 행동 패턴 혹은 시장의 분석결과가 향후에도 그대로 적용될 수 있는지에 대한 가정의 유효성이 충분히 검증되지 않았다는 점은 아직은 평가방법으로서의 한계로 작용할 수 있습니다.

사실 PER도 수십년의 경험과 데이터가 쌓여 주식가치를 평가하는데 그 합리성을 인정받고 있다는 점을 생각해 보면, NVT Ratio도 향후에 그 경험과 데이터가 안정적으로 축적될 경우 디지털자산 평가에 있어서 효과적인 상대가치평가방법이 될 수 있을 것입니다.

7.3 | PER개념의 적용

전통적인 자산의 평가방법에서 상대가치접근법의 대표적인 방법 중 하나가 PER를 적용하는 방법입니다.

PER의 개념은 다음과 같습니다.

```
PER = 주가 / 주당이익
또는
PER = 시가총액 / 당기순이익
그러므로,
시가총액(P × Q) = PER × 당기순이익,
P = PER × 이익 / Q

(*)P = 주당 단가, 화폐당 가치
(*)Q = 발행수량
```

이를 디지털자산 가치평가에 응용하기 위해서는 이익 개념을 정의하여야 합니다.

이는 평가대상을 무엇으로 정의할 것인가의 문제와 유사합니다. 평가대상의 정의에 따라 이익 개념이 달라질 수 있고, 이익 개념이 달라지면 평가결과도 달라질 것이기 때문입니다.

PER 개념을 적용하여 디지털자산을 평가하는 예를 위해 가상의 플랫폼 Mars의 고유화폐인 March를 상상해 보도록 하겠습니다. 그리고 평가대상은 스테이킹된 가상화폐 March로 정의하고, 이익의 개념은 스테이킹을 통해 얻게 되는 수익으로 정의해 보도록 하겠습니다.

그리고 가상화폐 March를 스테이킹함으로 인해서 얻게 되는 이익은 다음과 같다고 가정합니다.

구분	금액($)
① 연환산 거래 수수료	3,000,000,000
② 스테이킹 인센티브	2,000,000,000
③ 스테이킹된 화폐의 연환산 이익 합계(①+②)	5,000,000,000

전통적 자산의 평가시 PER를 통해 가치를 추정할 때에는 일반적으로 유사회사의 PER를 적용합니다. 가상화폐 March와 유사한 가상화폐가 유사한 플랫폼을 통해 거래되고 있다면 해당 가상화폐들의 "시가총액/이익" 배수가 PER 개념으로서 March의 가치를 추정할 때 적용될 수 있을 것입니다. 그러나 디지털자산 중에서는 비교 가능한 자산이 없을 경우가 있습니다. 이런 경우에는 전통적인 자산 중에서 유사한 자산의 PER를 적용하는 것을 고려해볼 수 있습니다.

예를 들어 Mars가 Defi플랫폼으로 탈중앙화된 금융서비스를 제공하는 플랫폼으로 전통적인 자산 중에서는 인터넷뱅킹회사와 유사하다면 인터넷뱅킹회사의 PER를 적용하는 것입니다.

위 예시에서도 March와 유사한 사업을 영위하는 전통적인 회사들이 기존 주식시장에서 형성된 PER를 15배로 가정하였습니다.

이러한 PER 개념의 적용을 통해 March의 단위당 가격을 750달러로 추정할
수 있습니다.

구분	금액($)
① 스테이킹된 화폐의 연환산 이익	5,000,000,000
② Multiple (PER 배수)	15배
③ 스테이킹된 화폐의 총 추정가치 (①+②)	75,000,000,000
④ 발행수량	100,000,000 March
⑤ 단위당 추정 가치 (③+④)	750

이와 같이 상대가치로 평가한 가치와 앞서 설명한 March의 dcf로 평가한 가치
와 비교하는 것과 같이, 적용 가능한 다양한 평가방법으로 평가한 결과를 비교하는
과정을 통해 합리적인 가치에 도달하는 접근방식의 고려가 필요할 수 있습니다.

7.4 │ 메트칼프의 법칙(MetCalfe's Law)과 지프의 법칙(Zipf's law)

네트워크의 구축을 통해 가치를 인정받는 인터넷 비즈니스 영위 기업의 가치를
언급할 때 종종 사용되는 개념이 메트칼프의 법칙입니다. 디지털자산도 디지털네
트워크의 구축을 통해 그 가치가 인정받을 수 있으므로 메트칼프의 법칙을 통해
가치를 평가하는 시도가 가능할 것입니다.

메트칼프의 법칙(Metcalfe's law)은 통신망 사용자에 대한 효용성을 나타내는
망의 가치는 대체로 사용자 수의 제곱에 비례한다는 법칙입니다.

통신 네트워크 구축 비용은 이용자 수에 비례해 증가하지만, 네트워크 가치는 이용자 수의 제곱에 비례해 증가한다는 것으로 네트워크의 효과를 얘기할 때 주로 사용됩니다.

메트칼프의 법칙은 n 노드로 구성된 네트워크에서 가능한 고유한 연결 수는 n^2에 점근적으로 비례하는 삼각형 수 $n(n-1)/2$로 수학적으로 표현될 수 있습니다.

메트칼프 법칙의 적용을 위한 방정식은 다양한 형태로 응용되고 파생되어 사용되고 있으나, 여기서는 n^2 함수를 기본으로 설명하도록 하겠습니다.

예를 들어 네트워크 참여자가 1명이면 연결고리는 0이고 그 네트워크의 가치도 0이지만 참여자 수가 2명이면 연결고리는 1이 되고, 참여자 수가 5명이면 연결고리는 10이 되고, 참여자 수가 12명이면 연결고리는 66으로 증가하는데, 네트워크의 가치는 연결고리의 증가에 따라 증가하므로 점차적으로 네트워크의 가치는 참여자 수의 제곱(n^2)에 비례하여 증가한다는 것입니다.

〈그림 11〉 메트칼프의 법칙(MetCalfe's Law)[31]

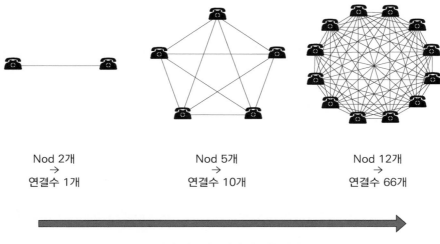

Nod 2개
→
연결수 1개

Nod 5개
→
연결수 10개

Nod 12개
→
연결수 66개

n 노드로 구성된 네트워크에서 가능한 연결 수는
n^2에 점근적으로 비례하는 삼각형 수 $n(n-1)/2$로 증가

메트칼프의 법칙을 통해 가상의 네트워크 Mars의 가치를 평가해 보겠습니다[32].

Mars는 100,000명의 회원으로 구성된 네트워크입니다. 이 네트워크는 최근에 100만 달러의 가치에 거래가 된 적이 있다라고 가정해 보겠습니다. 메트칼프의 법칙을 통해 가치평가를 하기 위해서는 기초시점의 가치가 필요합니다. 왜냐하면 메트칼프의 법칙을 통해 평가하는 가치는 회사의 성장 가치이기 때문입니다.

---

31 Wikipedia 참고
32 Forbes, Facebook Values Itself Based on Metcalfe's Law, But the Market Is Using Zipf's 참고

이러한 상황에서 Mars 네트워크가 회원을 두 배로 늘려 200,000명이 되면, 메트칼프의 법칙에 따르면 그 가치는 n^2에 비례하여 성장하기 때문에 ($200,000^2$/$100,000^2$)배로 성장하여 가치는 4배가 됩니다. 즉 기초시점의 가치가 100만달러였기 때문에 회원이 두 배로 성장한 후의 가치는 400만 달러가 되는 것입니다.

이와 같은 방식과 동일하게 네트워크 회원수를 기반으로 디지털네트워크의 가치를 평가해 볼 수 있을 것입니다.

만약 기초시점의 가치를 확인할 수 없는 경우라면, 유사회사의 가치를 기초로 하여 유사회사와 네트워크 참여자 수의 비교를 통하는 방법으로 가치를 추정해 볼 수 있을 것입니다.

인터넷비즈니스 기업의 가치를 평가할 때 메트칼프의 법칙을 활용한 평가는 사례가 많이 있는데, 그 중 하나로 Facebook(현 Meta)의 가치를 평가한 사례를 간단하게 소개합니다.

[메트칼프의 법칙을 활용한 Facebook 가치평가 예시]

기초 시점 가치	성장 후 가치
월간 활성 사용자: 5천만명	월간 활성 사용자: 9억명
가치: 10억 달러	메트칼프의 법칙을 활용한 가치: 3,250억 달러
	산정 로직: ① 가치 성장 = 9억명^2 / 5천만명^2 = 325배 ② 추정가치 = 10억 달러 × 325 = 3,250억 달러

* 참고: 2024년 메타플랫폼의 월간 사용자 수는 30억명 이상이기 때문에 위의 예시는 현시점의 facebook 가치를 의미하지는 않습니다.

위의 사례에서 만약 기초시점의 가치를 알 수 없는 경우라면 유사회사의 가치와 유사회사의 사용자 수를 위의 표에서 기초 시점으로 두고 평가대상회사를 성장 후 가치로 보아 비교하는 방식으로 추정값을 얻을 수도 있을 것입니다.

메트칼프의 법칙은 네트워크의 가치와 크기 간의 관계를 설명하는 강력한 개념이지만, 현실세계에서 가치가 무한히 n^2에 비례적으로 성장할 수 있는 것인지에 대한 문제 등 다양한 이견이 있는 것도 사실입니다.

비교 지표에 활성 사용자 수가 적절한지에 대한 의문을 갖는 경우도 있습니다. 암호화폐를 대량으로 거래하고 보유한 투자자와 소량거래자들을 동일한 효과로 보고 평가하기 때문입니다. 그러므로 대량이든 소량이든 사용자 수의 증가가 네트워크의 가치를 증가시킨다는 가정으로 접근하여야 할 것입니다.

그리고 때로는 성장의 크기가 메트칼프의 법칙이 아닌 다른 크기로 이루어진다는 주장도 있습니다. 그 중의 하나가 지프의 법칙입니다.

지프의 법칙(Zipf's law)은 기본적으로 메트칼프의 법칙과 유사한 방식으로 가치평가에 활용하는 방법입니다.

지프의 법칙에 따르면 어떠한 **자연어 말뭉치** 표현에 나타나는 단어들을 그 사용 빈도가 높은 순서대로 나열하였을 때, 모든 단어의 사용 빈도는 해당 단어의 순위에 **반비례**한다는 것입니다. 따라서 가장 사용 빈도가 높은 단어는 두 번째 단어보다 빈도가 약 두 배 높으며, 세 번째 단어보다는 빈도가 세 배 높다는 이론인데, 이를 다음의 표를 통해 살펴보겠습니다.

[지프의 법칙 예시][33]

사용빈도 높은 단어 순위	사용빈도
가장 사용 빈도가 높은 단어는 영어 **정관사** "the"	전체 문서에서 7%의 빈도(약 백만 개 남짓의 전체 사용 단어 중 69,971회)를 차지
두 번째로 사용 빈도가 높은 단어는 "of"	약 3.5% 남짓(36,411회)한 빈도를 차지
세 번째로 사용 빈도가 높은 단어는 "and"	약 2.8% (28,852회)의 빈도를 차지
:	:

위의 표는 브라운 대학교 현대 미국 영어 표준 말뭉치의 경우, 가장 사용 빈도가 높은 단어는 영어 **정관사** "the"이며 전체 문서에서 7%의 빈도(약 백만 개 남짓의 전체 사용 단어 중 69,971회)를 차지하고, 두 번째로 사용 빈도가 높은 단어는 "of"로 약 3.5% 남짓(36,411회)한 빈도를 차지하며, 세 번째로 사용 빈도가 높은 단어는 "and"로 약 2.8%(28,852회)의 빈도를 차지하는 것으로 나타났는데, 이 결과는 지프의 법칙과 상당히 유사하다고 볼 수 있습니다.

이를 기업가치평가에 활용하는 방식은 메트칼프의 법칙과 동일합니다. 단 사용자 수의 증가에 따라 증가하는 가치는 n^2에 비례하는 것이 아니라, $n\log(n)$의 배수로 증가한다는 차이점이 있습니다.

앞서 예시로 설명한 Facebook의 가치평가를 이번에는 지프의 법칙을 통해 평가해 보도록 하겠습니다.

---

33 Wikipedia 참고

[지프의 법칙을 활용한 Facebook 가치평가 예시]

기초 시점 가치	성장 후 가치
월간 활성 사용자: 5천만명	월간 활성 사용자: 9억명
가치: 10억 달러	지프의 법칙을 활용한 가치: 210억 달러
	산정 로직: ① 가치 성장 = 9억명 × log(9억) / 5천만명 × log(5천만) = 21배 ② 추정가치 = 10억 달러 × 21 = 210억 달러

* 참고: 2024년 메타플랫폼의 월간 사용자 수는 30억명 이상이기 때문에 위의 예시는 현시점의 facebook 가치를 의미하지는 않습니다.

위 지프의 법칙을 활용한 평가와 앞서 설명한 메트칼프의 법칙을 활용한 평가 결과를 비교해 보면 지프의 법칙을 활용한 평가가 상대적으로 제한적인 결과, 즉 완만한 성장의 결과를 도출하고 있다는 점을 볼 수 있습니다.

이와 관련된 추가적인 연구에 따르면 소셜 네트워크의 "실제 가치"는 메트칼프의 법칙을 활용한 결과와 지프의 법칙을 활용한 결과의 사이에 형성되는 경향이 있다고 보는 견해도 존재합니다.

메트칼프의 법칙과 지프의 법칙은 네트워크의 크기와 가치의 관계를 설명하는 중요한 개념으로서 디지털생태계에서의 네트워크와 연결성의 역할을 이해하는 데 도움을 주는 모델입니다. 어떤 측면에서는 디지털자산의 가치는 네트워크의 가치가 견인하는 것이므로 가치에 본질을 고려한 평가 방법이라고 볼 수도 있습니다.

하지만 현실세계에서 네트워크의 가치는 네트워크 구조, 연결 품질, 프라이버시, 사용자 행동, 성장의 제약 등 다양한 요소와 조건에 영향을 받습니다. 그리고 각각의 네트워크마다 네트워크가 참여자들에게 어떤 가치를 부여하느냐에 따라 디지털네트워크의 가치는 달라질 수 있습니다. 그렇기 때문에 이와 같은 평가방법론을 통해서 얻은 결과값을 절대적인 가치로 여기기 보다는 상대적인 평가의 범위를 파악할 목적으로 활용하는 것이 보다 적합할 수 있을 것입니다.

추가적으로 인터넷 비즈니스 기업의 경우에는 사용자 측정이 용이하지만 블록체인과 같은 탈중앙화된 디지털네트워크에서는 측정하기 어려운 사용자를 기준으로 하기보다는 지갑주소의 수치를 기준으로 평가하는 것이 적절할 수도 있습니다.

제8장
원가접근법

8.1 | 원가접근법

원가접근법은 전통적 자산의 평가방법으로도 사용되는 방법입니다. 원가접근법의 이론적 배경은 모든 재화에는 생산원가가 있으며, 궁극적으로 그 재화의 적정 가격은 재화를 생산하는 원가에 수렴한다는데 있습니다. 어떤 재화의 시장가격이 원가 이상의 가격으로 거래가 되고 있다면 이익을 추구하는 다수의 생산자가 참여하게 되고 이로 인해 공급량이 증가하면 가격이 하락하여 원가수준의 가격이 형성될 것이고, 만약 가격이 원가 이하로 거래가 되면 손실 발생을 감당하지 못하는 생산자들의 이탈로 공급량이 줄어 가격이 상승하여 다시 원가수준으로 회복되는 것을 반복하게 되면 결국 가격은 원가 수준에서 균형을 이루게 될 것이라는 가정입니다.

세계 최초 비트코인 거래소로 알려진 New Liberty Standard에서 2009년 10월 처음으로 제시했던 비트코인과 USD의 교환 비율이 1,309.03BTC = US$1.00였는데 이 비율은 그 당시 비트코인 채굴에 필요한 전기료를 기준으로 계산되었다고 알려지고 있습니다[34].

비트코인의 채굴에는 채굴기, 전기료 등의 비용이 소요되며, 비트코인 반감기[35]로 인해 채굴난이도는 지속적으로 증가하여 채굴비용 또한 지속적으로 증가하게 됩니다.

2024년 8월 비트코인의 가격은 59,000달러 수준에서 거래가 되고 있습니다. 이는 비트코인 채굴기업들의 평균 비용 53,000달러와 차이가 크게 나지 않는 수준입니다.

다음은 2013년부터 2020년까지 비트코인의 채굴에 소용되는 생산단가와 비트코인의 시장가격 추이를 비교한 표입니다. 이 표를 보면 비트코인의 생산단가와 시장가격은 상당히 유사한 추이로 변동하고 있다는 것을 알 수 있습니다.

---

34 디지털자산 밸류에이션에 대한 고찰, Korbit research, 2022.1.26 참고
35 비트코인의 발행 총량은 약 2,100만 비트코인에 수렴하도록 정해져 있는데, 이를 위해 비트코인을 얻기 위한 채굴 문제를 풀면 나오는 비트코인의 양을 약 4년마다 절반씩 줄어들게 설계되어 있는데, 이를 비트코인 채굴 반감기라고 합니다.

〈그림 12〉 비트코인 생산 단가와 비트코인 가격 추이[36]

(2013년 1월 1일~ 2020년 8월 1일)

원가접근법의 가장 큰 장점은 이해가 쉽고 검증이 쉽다는 점입니다. 다른 평가와 달리 평가를 위한 주관적인 가정이 상대적으로 많이 포함되지 않기 때문입니다.

그러나 주식가치평가를 할 때 원가접근법의 단점은 성장단계에 있는 기업을 평가할 때 원가접근법은 기업의 성장성을 충분히 반영하기 어렵다는 점입니다. 이러한 부분은 디지털자산의 가치를 평가할 때에도 고려되어야 할 것입니다. 즉 전통적인 자산이 주식가치를 평가할 때에도 원가접근법의 적용이 적절한 경우와 그렇지 않은 경우가 있는 것처럼 디지털자산을 평가할 경우에도 원가접근법의 적용이 적절한 경우와 그렇지 않은 경우가 있을 것입니다. 이러한 경우의 예로는 성장성에 대한 기대치가 높은 경우 이외에도, 디지털자산의 특성상 비트코인과

---

36 "그레이스케일, 코인메트릭스" 및 "GOPAX, Valuing Bitcoin & Ethereum"

같은 작업증명방식이 아닌 지분증명방식의 자산인 경우에는 채굴과정이 없어 전통적인 개념의 원가가 많이 소요되지 않기 때문에 원가접근법의 적용이 적절하지 않을 수 있다는 점입니다.

물론 원가가 거의 소요되지 않는다는 디지털생태계의 신뢰를 얻지 못할 때 그 가치가 0(zero)에 수렴할 가능성도 높다는 얘기가 될 수도 있지만, 원가가 거의 없다는 것이 반드시 가치가 전혀 없다는 방식으로 설명되기는 어렵기 때문입니다.

또 한 가지 고려되어야 하는 사항은 위의 표에서 비트코인 생산단가 추이와 비트코인 가격 추이가 유사한 방향성으로 변동한다는 것이 둘의 관계에 명확한 인과관계가 있다는 의미는 아니라는 점입니다. 생산단가가 가격에 미치는 영향은 분명히 있겠지만 시장가격은 이와는 독립적으로 혹은 더 다양한 변수들의 영향을 받을 것이기 때문입니다.

이러한 한계에도 불구하고 원가접근법은 비트코인과 같은 디지털자산의 가치를 평가할 때 많은 시장참여자들이 활용하는 방법 중의 하나입니다.

이는 전통적인 자산을 평가할 때 원가접근법이 다른 평가방법의 적용시 평가의 하한 역할을 하는 경우와 유사하다고 볼 수 있습니다.

제9장

기타 접근방법

9.1 | Stock-to-Flow(S2F) 모델

Stock-to Flow(S2F) 모델은 주로 천연자원의 평가에 적용되는 모델입니다. 비트코인과 종종 비교되는 금을 예를 들면 만약 현재까지 채굴된 금(Stock)이 190,000톤이고, 매년 채굴되는 금액 양이 약 3,000톤(Flow)이라고 가정하면 Stock to Flow 비율은 약 63이 됩니다.

[금의 Stock to flow 계산 예시]

구분	계산내역(연간기준)
Stock(채굴된 금의 양)	190,000톤
Flow(매년 채굴되는 금의 양)	3,000톤
Stock to Flow 비율	**63** = 190,000톤/3,000톤

이 비율은 전체 공급량에 비해 어느 정도의 자원이 시장에 매년 공급되는지를

보여주는 것으로 S2F 비율이 높으면 상대적으로 적은 양의 자원이 시장에 공급되고 있다는 의미가 됩니다.

이 모델은 특정자원이 얼마나 풍부한지를 측정하는 방법 중의 하나로 희소성이 있는 자원의 측정에 사용되기 때문에 발행량이 한정되어 있는 비트코인 가치의 추정 방법으로 사용되는 경우가 있습니다.

[비트코인의 Stock to flow 계산 예시]

구분	계산내역(연간기준)
Stock(채굴된 비트코인의 양)	19,691,468 BTC
Flow(매년 채굴되는 비트코인의 양)	300,000 BTC
Stock to Flow 비율	**65** = 19,691,468 BTC/300,000 BTC

다음의 그래프는 비트코인의 S2F 추이와 비트코인의 시장에서의 거래가격 추이를 비교한 그래프입니다.

[표 19] 비트코인 S2F ratio 추이와 비트코인 가격 추이를 비교한 그래프[37]

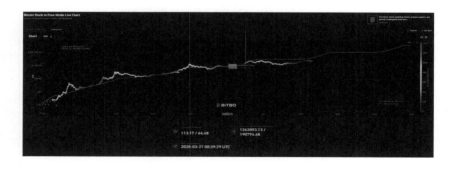

---

37 https://charts.bitbo.io/stock-to-flow/자료 참고

이 그래프를 보면 S2F 추이와 비트코인의 시장에서의 거래가격 추이가 상당히 높은 상관관계를 보였다는 것을 알 수 있습니다.

Stock to flow 모델을 지지하는 시장참여자들은 금과 같은 천연자원과 마찬가지로 비트코인은 희소성이 있고, 이 희소성이 비트코인의 가치 상승을 견인한다는 점을 이 그래프를 통해 알 수 있다고 주장합니다. 그리고, 지금까지의 비트코인 가격추이가 Stock to flow ratio 추이와 유사하였기 때문에 향후 비트코인의 적정 가격을 추정함에 있어서도 이 모델이 적절하다고 얘기합니다.

그러나 이 모델 또한 한계 혹은 적용시 유의해야 할 점이 있다는 것을 명확히 알고 있어야 합니다.

먼저 높은 상관관계가 반드시 높은 인과관계를 의미하지는 않습니다. 과거의 결과값이 유사하다고 하여 원인과 결과의 관계가 아닌 이상 향후에도 동일한 결과값이 나올 것이라고 보장하지는 않는다는 점입니다. 물론 자원의 희소성이 가격의 변동에 영향을 미치는 부분은 있을 것이나, 이것만이 가격을 결정하는 유일한 요인은 아니라는 것입니다. 즉, 어떤 자원, 어떤 자산이 가치를 갖을 때 희소하다는 것만으로 가치를 갖게 되는 것은 아니라는 것입니다.

가격 결정에는 다양한 요인이 영향을 미치는데, S2F는 공급량 이외의 다른 요소를 고려하지 않는다는 점이 한계로 받아들여지고 있습니다. 그 중의 하나가 수요측면입니다. 가격을 결정하는 것은 공급뿐만 아니라 수요도 중요한 영향을 미칩니다. 그러나 S2F 모델은 가격에 영향을 미치는 수요, 즉 시장참여자들의 비트코인에 대한 수요 측면을 전혀 고려하고 있지 않다는 점입니다.

희소성 측면에서도 비트코인의 총 발행수량과 채굴량은 예측가능하다는 점입니다. 비트코인의 총 공급량과 공급 증가량이 이미 프로그램으로 설계되어 있다는 것은 시장참여자들 대부분이 알고 있는 사실입니다. 이를 통해 비트코인의 총 발행량은 2,100만 코인으로 한정되어 있고, 약 4년마다 공급되는 수량이 절반으로 줄어드는 반감기를 고려하여 시장에 공급되는 수량의 예측이 가능합니다.

효율적 시장가설에 따르면 시장에서 충분히 인지하고 있는 이러한 예측가능한 상황은 시장가격에 이미 충분히 반영되어 있다고 볼 수 있기 때문에 S2F ratio가 증가한다는 것만으로 가격이 상승할 것이라고 추정하는 것은 무리가 있다는 견해 또한 존재합니다.

모든 가치평가 방법은 장점과 단점을 모두 가지고 있습니다. 이 장점과 단점을 분명히 이해하고 적절한 모델 선택과 적절한 가정의 적용을 통해 합리적인 가치를 도출하는 것이 가치평가의 과제입니다.

9.2 | 실현 자본법(realized capitalization)

MV/RV(Market value/ realized value) 모델로도 불리는 이 방법은 시장가치와 각각의 디지털자산의 가장 최근 거래가 합산액을 비교하는 방법입니다.

MV는 Market value로 디지털자산의 시가총액을 의미합니다.

RV는 Realized value로 가장 최근 실현원가를 의미합니다. 이는 비트코인과 같은 각각의 디지털자산이 가장 최근에 거래되었을 때의 가격을 원가로 계산하여 합산한 금액을 의미합니다.

예를 들면 다음과 같습니다.

[MV/RV 계산 예시]

구분	20X2.04.01	20X3.05.01	20X4.07.01	현재
각 시점별 시가	$150	$200	$150	$300
총 유통수량	1,000	1,000	1,000	1,000
거래량	400	500	300	
Realized value	$60,000	$100,000	$45,000	–
Market value				$300,000
MV/RV	Market value = $300,000 Realized value = $60,000 + $100,000 + $45,000 = $205,000 MV/RV = $300,000 / $205,000 = **1.46**			

Realized Value는 현재 해당 디지털자산 보유자들의 취득 원가임과 동시에 해당 디지털자산 소유자들 전체의 평균적인 손익분기점이라고 볼 수 있습니다. 그러나 이 비율 자체만으로 해당 디지털자산의 합리적인 가치가 어떻게 되는지 파악하기는 쉽지 않습니다.

이는 디지털자산의 합리적인 가치를 추정하는데 사용되기보다는 시장가격의 고평가 혹은 저평가를 분석하는데 사용되는 기술적 분석 목적으로 보다 적합하다고 볼 수 있습니다.

예를 들어 위의 예시에서 MV/RV=1.46인데, 이 비율이 1보다 하락하였다면 상대적으로 저평가되었다고 판단하는 것입니다.

그러나 이러한 판단도 시장에서 어느 정도 신뢰를 얻고 안정적인 자산에 한하여 가능할 것입니다. 그렇지 않은 자산의 경우 MV/RV가 하락하고 있다는 것은 해당 디지털자산이 시장의 신뢰를 잃어가고 있는 상황일 수도 있기 때문입니다.

9.3 │ NFT의 평가

NFT는 Non-Fungible Token, 즉 대체 불가능한 토큰으로서, 블록체인 기술을 활용해 디지털 콘텐츠에 고유한 값을 부여한 디지털 소유증명을 의미하는 것으로 해당 자산의 소유권 (Ownership), 구매자 정보 등을 기록하고 그것이 원본임을 증명하는 부동산 거래에 있어서 등기부등본과 같은 역할로 활용할 수 있습니다.

NFT는 지식재산 등을 디지털화하여 유동화한 것으로 기존의 유동화 자산과 같은 개념으로 접근하여 가치평가를 할 수 있습니다.

참고 14 Fungible Token과 Non-Fungible Token의 비교

NFT는 크게 '수집형'과 '사용형' 두 가지로 분리할 수 있으며, 목적에 따라 가치가 형성되는 방식과 이유도 각각 달라지게 됩니다.

수집형 NFT는 보유하는 것 자체가 목적인 토큰입니다. 수집형은 예술작품, 유명인사들의 굿즈, 기념 컨텐츠 등을 포함한 희소성 있는 컨텐츠를 주로 담고 있습니다.

이러한 수집형 자산의 가치를 평가하는 것은 해당 수집형 자산이 담고 있는 컨텐츠의 가치를 추정하는 것에서부터 시작합니다. 컨텐츠의 가치를 추정하는 방법은 전통적인 자산의 평가에서 각 자산의 특성에 맞게 평가방법이 결정되는 것과 동일한 논리로 접근합니다. 즉 컨텐츠의 가치를 추정하는 것 자체는 기존 전통적인 자산의 가치를 추정하는 것과 차이가 없습니다.

이렇게 컨텐츠의 가치가 추정되었다면 이제 이를 담고 있는 가상자산인 토큰의 특징에 따른 조정이 필요합니다. 토큰이 소유하고 있는 지분의 크기가 고려되어야 할 것이고, 소멸되지 않고 감가상각되지 않는다는 디지털화된 자산의 특성이 고려되어야 할 것입니다. 물론 복제에 대한 리스크도 따라올 것이며, 동일한 컨텐츠로의 복제는 아니지만 유사한 디지털자산으로 모방될 가능성에 대한 리스크도 고려되어야 합니다. 이러한 요소들은 평가방법에 따라 할인율, 성장률, Multiple 등의 요소로 고려될 것입니다.

사용형 NFT는 게임 아이템 등이 예가 될 수 있습니다. 즉, 어떤 서비스, 어떤 파트너사와 연계됐는가, 또 NFT 사용으로 어떤 혜택이나 이득을 볼 수 있는가에 따라 그 가치가 다르게 책정될 것입니다.

이러한 NFT는 게임 아이템 이외에도 소셜서비스 내에서의 뱃지, 한정판 음원

다운로드 권한, 할인 쿠폰 등이 있을 수 있습니다.

　사용형 NFT의 가치는 연계되어 있는 서비스의 사업 현황이나 유저 규모에 영향을 받을 것입니다. 그러므로 사용형 NFT의 평가는 연계되는 서비스의 가치 혹은 현금흐름을 추정하고, 이로부터 사용형 NFT가 얻게 되는 효용의 크기를 측정하는 방식으로 평가하는 것이 가능할 것입니다. 효용의 크기를 측정하는 방식은 앞서 설명한 수익가치접근법인 DCF나 비교 가능한 유사자산의 평가배수를 적용한 상대가치접근법이 모두 가능할 것입니다.

[표 20] NFT 활용의 예

NFT 예시	내용
디지털 아트	예술작품을 NFT로 만들어 판매. 디지털 아트의 소유권을 명확히 하고, 작품의 희소성을 보장할 수 있음
게임 아이템	게임 내 아이템이나 캐릭터를 NFT로 만들어 거래. 게임플레이어들이 게임 내 자산을 실제 자산처럼 소유하고 거래할 수 있도록 함
가상 부동산	가상 세계에서의 부동산을 NFT로 소유하고 거래. 예를 들어, Decentraland나 The Sandbox 같은 플랫폼에서 가상 토지를 구매할 수 있도록 함
음악 및 미디어	자신의 곡을 NFT로 만들어 판매. 팬들은 이를 구매하여 소유권을 가질 수 있음.
티켓 및 멤버십	이벤트 티켓이나 멤버십을 NFT로 발행하여 위조를 방지하고, 소유권을 명확히 할 수 있음
수집품	디지털 수집품을 NFT로 만들어 거래. 이는 전통적인 수집품 시장을 디지털화한 것

제10장

디지털자산 평가의 한계 및 향후 과제

지금까지 디지털자산 평가를 위한 다양한 방법에 대해 설명드렸습니다. 그러나 아직 다수가 합의하는 가치평가방법이 있다고 보기는 어려우며, 보다 나은 가치평가방법에 대한 연구는 현재진행형입니다. 앞으로 더 많은 데이터가 축적되고 현재 연구 중인 가치평가모델들의 단점이 보완되고 정교해진다면 다수의 시장참여자들이 인정하는 방법론이 등장할 것입니다.

합의된 가치평가방법의 부재는 시장의 혼란을 부추길 수 있습니다. 내재가치를 합의하는데 어려움을 겪고, 이로 인해 적절한 가치평가방법을 찾지 못하게 되면 시장의 불안정성, 혹은 변동성은 더욱 커질 것이고 다수의 시장참여자들이 디지털자산에 대해 충분히 이해하지 못한채로 투자하게 되는 상황이 이어질 것이기 때문입니다.

그러므로 디지털자산 가치평가에 대한 연구가 지속적이고 활발하게 이루어져야 합니다. 이는 비단 전문가의 영역으로 미룰 것도 아닙니다. 시장참여자 본인도 공개된 여러 정보를 활용하여 자신이 직접 디지털자산을 제대로 이해하고 가치를 평가하기 위한 노력을 할 필요도 있습니다. 이러한 경험이 쌓이면 디지털자산에 대한 이해도가 높아져 더 나은 결과를 얻게 될 것입니다.

이런 경험들이 쌓이면 투기적인 요소는 줄어들게 되고, 디지털자산의 실용적인 가치에 중점을 두게 될 것이므로 내재가치에 대한 접근이 훨씬 수월해질 것입니다.

블록체인 기반의 디지털생태계가 사회에 긍정적인 인프라가 될 수 있기를 바라며 이를 위해 현재 디지털자산을 적절하게 평가하는데 있어서의 한계와 이를 극복하기 위한 향후 과제가 무엇인지 간단히 정리해 보았습니다.

1. 시장의 기능이 제대로 작동해야 한다.

시장에서 가치를 제대로 인정받기 위해서는 시장의 기능이 제대로 작동해야 합니다.

가치평가는 많은 부분을 시장의 데이터에 의존합니다. 시장데이터가 충분하거나 적절하지 않다면 이를 기초로 한 가치평가도 적절한 결과로 이어지기 어렵습니다.

시장의 기능이 제대로 작동하지 않는 결과는 지나치게 큰 변동성으로 이어집니다. 그리고 시장의 기능이 제대로 작동하지 않게 되면 가치 있는 자산과 그렇지 못한 자산의 구분이 어려워집니다.

시장의 기능이 제대로 작동하지 않는 것은 디지털자산의 시장 성숙도가 낮기 때문일 수도 있습니다. 이는 시장의 투명성과 신뢰성에 영향을 미치고, 가치평가를 더욱 어렵게 하는 요인 중의 하나가 됩니다.

시장의 성숙은 시장참여자들의 경험이 쌓이고 학습이 이루어지면 자연스럽게 이루어질 수 있습니다. 그 과정에서 사회적 비용을 줄이는 방법은 시장참여자 각자가 디지털자산을 이해하려도 노력을 기울이는 데에서부터 시작될 것입니다.

2. 높은 변동성

디지털자산의 가격 변동성은 매우 큰 편입니다. 시장에서의 수요와 공급, 투자자 심리, 규제 등 다양한 요인에 의해 영향을 받는 시장 가격은 내재가치에 대한 명확한 기준이 있을 경우 그 변동성이 줄어들 수 있습니다.

다른 관점에서 보면 높은 변동성은 디지털자산을 평가하는데 있어서 한계라기보다는 디지털자산 내재가치에 대한 기대의 불확실성에서 오는 결과라고 볼 수도 있습니다.

어떤 관점에서든 높은 가격 변동성은 합리적인 평가를 저해하는 요소가 될 수 있습니다. 디지털자산에 대한 시장의 신뢰가 쌓이고 디지털자산의 시장이 성숙해지면서 내재가치에 대한 합리적 기준점이 수립되는 자산이 등장한다면 이를 기준으로 디지털자산의 가치평가는 더욱 발전할 수 있는 계기가 될 것입니다.

3. 데이터와 경험 부족

주식이나 채권과 같은 전통적인 자산의 가치평가를 위해 사용하는 방법론은 하루아침에 완성된 것이 아닙니다. 주식회사가 설립되고 주식거래가 이루어지기 시작한 17세기 초부터 주식가치 평가를 위한 다양한 논의가 이루어졌고, 그로부터 한참 후인 19세기 초에는 주식시장의 불안정성으로 인해 대공황의 시기를 겪기도 하였습니다.

주식이 거래되고 나서 수백년이 지난 후에도 주식가치평가에 대한 논의는 진행 형이었고, 시장은 대공황을 겪을 정도로 충분히 성숙하지도 못했던 것입니다.

그에 비하면 디지털자산 시장은 축적된 데이터와 경험이 주식 시장에 비해 현 저히 부족하기 때문에 겪는 진통일 수 있습니다.

그러나 디지털시장은 정보교류의 속도와 양이 과거와는 달리 빠르고 풍부합니 다. 이러한 차이가 짧은 역사에도 불구하고 상당한 수준의 연구가 진행되고 있는 배경인 것으로 보입니다. 연구결과는 현실세계에서 입증될 수 있어야 합니다. 현 실세계에서의 입증은 축적된 데이터와 경험을 통해 가능합니다. 거품을 걷어내고 양질의 디지털자산이 많아지면 합리적인 가치평가를 위한 데이터와 경험이 쌓여 갈 것입니다. 이 역시 시장참여자들이 디지털자산에 대한 이해를 바탕으로 양질 의 디지털자산을 찾아나설 때 가능해집니다.

4. 재무정보의 부족

전통적인 자산의 평가는 재무정보에 기초하여 평가합니다.

그러나 많은 디지털자산 프로젝트는 재무정보를 공개하지 않으며, 탈중앙화정 책은 재무정보의 범위와 공개 주체도 모호하게 합니다.

재무정보가 충분히 공개되지 않는 것은 프로젝트의 지속가능성과 수익성 평가 를 어렵게 합니다.

궁극적으로 디지털자산의 내재가치 평가도 재무정보에 기초하여야 할 것입니 다. 시장이 성숙하게 되면 재무정보의 기준도 마련될 것이고 정보공개 주체와 범위도 정해지게 될 것입니다.

재무정보가 공개되고 재무정보 데이터가 쌓여가면 디지털자산의 가치평가를 위한 방법도 좀더 체계적으로 발전해갈 수 있을 것입니다.

5. 기술적 요인

디지털자산의 평가를 어렵게 하는 요인 중의 하나는 기술적 복잡성일 것입니다. 전통적인 시장에서의 제품과 서비스는 가시적이어서 그 시장의 특징을 이해하는 것이 어렵지 않습니다. 그러나 디지털자산은 블록체인 기술을 기반으로 합니다. 우선 블록체인 기술을 이해하고 평가하는 것이 쉽지 않습니다. 또한 각 프로젝트의 기술적 특성과 구현 방식도 다르기 때문에 각각의 차이를 이해하고 비교하여 평가하는 것도 어려운 일입니다.

가치평가를 위해서는 평가대상 자산에 대한 이해가 중요합니다. 그러나 디지털자산의 기본이 되는 기술적 접근의 어려움은 디지털자산의 평가를 어렵게 하는 요인 중의 하나가 됩니다.

이러한 장벽은 디지털자산이 보편화되고 접근성이 개선될 때 가능해집니다. 이 문제 또한 디지털네트워크가 질적·양적으로 확장되어 가면서 해결되어야 할 것입니다.

6. 법규제의 불확실성

디지털자산의 시장은 이제 씨앗이 뿌려진 상태로 아직은 뿌리가 확고하게 자리를 잡고 있는 상황은 아니라고 볼 수 있습니다. 그렇게 때문에 여러 가지 불확실성이 존재하는 시장이며, 그 중의 하나가 규제의 불확실성입니다.

각국의 규제환경이 다르고 규제가 자주 변경되고 있다는 것은 불확실성 요인 중에서도 중요한 부분입니다. 더구나 한 국가의 규제환경도 아직 확립되지 않은 부분이 많다는 것은 디지털자산의 법적 지위와 사용 가능성에 영향을 미치는 커다란 불확실성 요인이 되고 있습니다.

불확실한 요소들이 많고 그 크기가 크면 클수록 가치평가는 어려워집니다.

디지털자산 시장의 불확실한 요소들을 하나하나 걷어내야 가치평가가 가능해지고 시장이 제대로 기능하게 될 것입니다.

7. 자산 특성의 변화 및 다양한 속성을 가진 디지털자산

디지털자산의 특이한 점 중의 하나는 자산의 속성이 변할 수 있다는 점입니다.

비트코인은 금이나 달러와 같은 가치저장 수단이자 화폐 기능으로서 어느 정도 자리잡은 디지털자산으로 볼 수 있습니다.

그러나 이더리움의 경우에는 현시점에서 그 성격을 명확히 규정하기 어려운 점이 있습니다. 아니면 그 자산의 속성이 변하고 있다고 표현할 수도 있을 것입니다. 또는 하나 혹은 그 이상의 속성을 가진 자산으로 기능할 수 있다는 점을 보여주는 디지털자산이라고 표현하는 것도 가능해 보입니다.

이더리움은 결제수단이면서 디지털재화, 그리고 플랫폼의 성격을 갖습니다. 이더리움 생태계에서 고유자산인 이더(ETH)는 화폐의 기능을 합니다. 이더리움은 플랫폼의 기능도 가지고 있습니다. 이더리움은 스마트계약과 탈중앙화된 애플리케이션(DApp)의 기반이 되면서 아이폰의 App 플랫폼과 같은 역할을 합니다. 그리고 이더리움 암호화폐는 네트워크 거래를 수행하거나 스마트계약을 수행할 때 거래 수수료로 지불되고 네트워크의 보안을 유지하고 거래를 처리하는 검증자들에게 보상으로 제공됩니다. 지분증명(PoS)방식에서 이더를 스테이킹하여 네트워크의 보안을 강화하고 보상을 받을 수도 있습니다. 이더리움은 비트코인과 같은 가치 저장 수단과 화폐로서의 기능도 합니다. 부테린을 비롯한 이더리움 개발진과 커뮤니티는 지금도 다양한 시도를 하고 있습니다. 이러한 다양한 시도들로 인해 이더리움의 속성은 변할 수 있습니다. 가치평가를 하고자 하는 대상의 속성이 변하면 가치평가의 접근방법도 달라져야 합니다.

이러한 변화는 시장의 성장과정에서 긍정적인 부분일 것입니다. 그리고 전통적인 자산보다 상대적으로 자산의 속성 변화가 용이하다는 점과 하나의 디지털자산이 다양한 속성을 가지고 있다는 점은 기존의 가치평가 방법론에서 고려하지 못한 새로운 고려요소가 디지털자산의 가치평가 가정에 포함되어야 함을 의미합니다.

8. 합의에 도달하기까지의 시간

수년전 닷컴 열풍이 불었을 때, 거품이다, 수익을 창출할 수 없는 가치 없는 자산들이다, 신기루일 뿐이다라는 얘기들이 있어 왔습니다. 물론 광풍에 올라탄 거품뿐인 자산들도 있었지만 몇몇 회사들은 건실하게 자신들의 철학을 가지고 회사를 키워 나갔습니다. 그리고 어느 정도 거품이 사라지고 살아남은 회사들이 인터넷으로 사람들을 모으고 파이를 키워나갈 때에도 이익을 내지 못하여 여전히 내재가치에 대한 따가운 시선을 오랫동안 받아 왔습니다. 이제는 그들 중 몇몇 회사는 매출과 이익의 놀라운 성장을 이끌어 내어 자본시장의 핵심 기업으로 자리를 잡게 되었고 더 이상 그들 기업에 대한 내재가치 논쟁은 사리지게 되었습니다. 이처럼 가치 기준이 일정 수준에서 합의에 도달하기까지는 많은 시간이 필요했습니다.

디지털자산도 같은 과정을 겪을 것으로 보입니다.

많은 디지털자산들이 생겨나고 있습니다. 우후죽순처럼 생겨난 프로젝트들 중 경쟁력 없는 프로젝트는 도태되고 가치 있는 프로젝트들이 살아남게 될 것입니다. 이들의 옥석을 가리고 가치 있는 자산들이 시장에 생존하여 내재가치를 인정받기까지는 많은 시간들이 걸릴 수 있습니다. 이 과정에서 많은 사회적 비용이 발생할 수도 있습니다.

사회적 비용을 최소화하면서 내재가치에 대한 합의점에 도달하기 위해서는 가치평가에 대한 보다 다양한 연구들이 진행되고 현실세계에서 검증되면서 보편적인 내재가치접근법과 가치평가방법론을 찾아낼 필요가 있습니다.

물론 앞서 설명한 다양한 요인들로 인해 디지털자산의 내재가치에 대한 합의에 도달하기까지는 시간이 필요할 것입니다.

그 시간을 의미있게 보내고 난 후 어느 시점에 사회에 긍정적인 영향을 미치는 블록체인 기반의 디지털네트워크 서비스가 탄생하는 것을 볼 수 있게 되기를 기대합니다.

9. 정보의 불균형 해소

디지털자산의 건전한 시장환경 조성을 위해서는 정보의 불균형 해소가 필요하며, 투자자를 위한 시장이 별도로 존재하는 한 공시 등을 통해 정보를 투명하게 공개하고자 하는 노력이 필요합니다. 상장, 거래 등에 대한 정보가 일부에게만 주어지는 구조적인 문제가 해결되지 않는다면 공정한 가치평가도 어렵게 되며, 이로 이한 시장환경의 불안정성은 계속될 수밖에 없을 것입니다.

10. 한계와 성장 가능성을 동시에 받아들여야 한다.

무조건 배척하거나 무조건 숭배하는 것 모두 경계의 대상입니다. 새로움을 접했을 때는 그것이 무엇인지 이해하고 그것이 어떤 가치가 있을 것인지 알아보려는 노력이 필요합니다.

디지털자산에 대한 관심은 점차 늘어나고 있지만, 아직은 경제적 가치를 충분히 확보하지 못한 단계이므로 많은 논란의 중심에 있습니다. 그러나 디지털자산과 관련된 프로젝트는 지금도 진화를 거듭하고 있는 진행형이며, 블록체인을 기반으로 한 기술은 계속 발전하고 있습니다.

디지털자산 프로젝트들과 블록체인 기술이 어떤 방향으로 발전할 것인지는 시장참여자들의 몫입니다. 아직은 가치 있는 자산으로서 많은 한계를 보이고 있지만, 기술의 발달과 새로운 아이디어들의 등장으로 앞으로 성장할 잠재력이 있다는 점을 동시에 받아들이고 관심을 갖을 때 가상자산, 암호화폐 등으로 불리는 디지털자산은 사회적으로 가치 있는 자산으로 자리잡을 수 있을 것입니다.

가상자산의 회계 및 세무

Part 3

디지털자산의 이해를 위한 회계, 세무, valuation 안내서

제1장
가상자산 회계처리

디지털자산 (가상자산)에 대한 이해

최근까지 국내에는 가상자산의 회계처리에 관한 별도 회계기준이나 지침이 제정되지 않아 가상자산을 취급하는 사업자나 투자자의 회계처리에는 많은 불확실성과 자의성이 있어왔습니다. 이에 2023년 12월 감독기관 등은 한국채택국제회계기준 내 다른 기준서들과 일관성을 유지하면서 이미 발표된 IFRS 해석위원회의 의견을 참조하여 '가상자산 회계처리 감독지침'을 제정 및 발표하였습니다[38]. 본서에는 해당 감독지침의 내용을 기초로 가상자산에 관한 회계처리 방법을 설명하고자 합니다.

상세한 설명에 앞서 감독지침의 주요한 목적과 내용을 살펴보면 다음과 같습니다. 감독지침은 1) 가상자산 발행기업의 토큰 발행을 통한 자의적 수익과 자산 과대계상 행위를 금지하고, 2) 유통량 등 백서에 기재된 주요 내용의 주석 공시를 의무화하며, 3) 가상자산거래소(사업자)가 보유한 고객위탁 가상자산의 재무제표 표시·공시 기준을 제시하고자 제정되었는데, 역으로 그 동안 위와 같은 점에서

---

[38] IFRS IC Agenda Decision, Holdings of cryptocurrencies, IFRS IC Update June 2019.

가상자산 관련 회계처리에 부족함이 있었다는 것을 방증하는 것으로 이해될 수 있습니다. 감독지침의 적용대상은 외부감사 대상기업 전체 대상으로 하되 시행일은 2024년 1월 1일이나 조기 적용을 적극 권고하였습니다[39]. 다만, 실무상 애로점을 해소하기 위해 동 감독지침 최초 적용시 비교표시 전기 재무제표도 소급하여 수정하여야 하는 회계원칙을 적용하지 않고 누적효과를 최초 적용일이 포함되는 연도의 기초 이익잉여금에서 일괄 조정하여 인식하는 수정 소급법도 가능하도록 하였습니다. 따라서 진정한 의미의 비교표시 재무제표는 2025 사업연도 재무제표부터 이용 가능할 것입니다.

또한 동 감독지침에 따라 회계처리 및 공시하여야 하는 가상자산은 '가상자산 이용자 보호에 관한 법률'에 따른 디지털화한 가치나 권리 중 3가지 요건(분산원장 기술을 사용하고, 암호화를 통해 보안이 유지되며, 대체가능할 것)을 충족하는 것과 자본시장법상 토큰증권을 포함하도록 하였으며, 현실적으로 국내 기업이 발행하는 가상자산의 주요 유형이 유틸리티 토큰임을 감안하여 이를 기준으로 지침을 제정하였다고 밝히고 있습니다[40]. 즉, 감독지침을 해석할 때는 기본적으로 사용성이 높은 유틸리티 토큰을 가정하여야 합니다.

> 유틸리티 토큰(Utility Token): 특정 블록체인 기반 플랫폼 또는 어플리케이션의 사용 권한, 재화나 서비스에 접근하거나 이용할 수 있는 권리를 나타내는 토큰 → 국내기업이 발행하는 대부분의 유형

---

39 가상자산 사업자(거래소)가 고객이 위탁한 토큰 회계처리는 24.7.19. 이후를 재무보고일로 하여 공시되는 재무제표(예시, '24년 12월 말 결산법인의 경우 3분기 재무제표)부터 적용
40 NFT는 대체가능할 것이라는 조건을 만족하지 못하므로 감독지침상 가상자산으로 취급하지 않습니다.

> 지불형 토큰(Payment Token): 분산원장 기술을 통해 발행되어 지급 결제 수단, 송금 또는 가치 이전을 위해 사용되며, 보유자가 발행자에게 어떤 권리도 청구(Claim)할 수 없음

> 토큰 증권(Security Token): 분산원장 기술을 활용해 자본시장법상 증권을 디지털화(Digitalization)한 것

감독지침상 회계처리에 관한 구체적인 내용은 아래와 같이 토큰 발행기업, 보유기업, 사업자(거래소)로 구분하여 구성되어 있습니다.

구분	토큰 유형
토큰 발행기업의 회계처리 가. 플랫폼 및 토큰 등 개발 관련 회계처리 나. 판매계약 관련 회계처리 나. 판매계약 이외 배분 관련 회계처리 다. 발행 후 유보(reserved) 토큰 회계처리 라. 토큰 증권(STO) 발행 시 회계처리	유틸리티 토큰, 토큰 증권
토큰 보유기업의 회계처리 가. 토큰 취득시 인식과 최초 측정 나. 후속 측정 및 손상평가 다. 토큰 처분 **가상자산 사업자(거래소)의 회계처리** 가. 고객이 위탁한 토큰 회계처리 나. 사업자가 보유하는 토큰 회계처리 다. 사업자가 토큰 처분시 회계처리	유틸리티 토큰, 지불형 토큰, 토큰 증권 등

감독지침에는 각 회계처리별로 공시할 내용을 자세히 규정하고 있습니다. 추후 감리 등 감독기관의 사후검토시 개별 회계처리보다 그 회계처리에 대한 구체적인

근거 및 주석공시 내용에 대한 완전성이 주된 이슈가 될 수 있으므로 회사와 감사인은 이에 대한 준비가 필요하며, 감독당국이 제시한 '가상자산 주석공시 모범사례' (부록)를 충실히 참조하여 주석을 작성하시기 바랍니다.

물론 동 감독지침은 법적으로 기업회계기준이나 한국채택국제회계기준에 대한 해석이 아니므로 감독지침에 반하여 회계처리한 경우 이를 기업회계기준 위반이라고 단언하기는 어렵습니다. 또한 아직까지 이론적이고 원칙적인 지침을 제시할 뿐이므로 실무에서 발생할 수 있는 복합적이고 불확실한 거래 상황에 대해서는 각 상황별로 해석이나 답변이 필요할 것으로 보입니다.

1.1 | 토큰 발행기업의 회계처리

고전적인 관점에서 기업이 공시하는 재무정보는 투자자 및 채권자 등 해당기업과 직접적으로 재무적인 관계가 있는 이용자가 이용하는 것으로 간주되었습니다. 하지만 토큰 발행기업의 경우에는 직접적인 재무정보의 이용자를 넘어서 토큰을 보유한 일반인까지 이해당사자가 된다는 점에서 잘못된 회계처리나 공시에 대한 민사상, 형사상 위험성이 한층 높아졌다고 볼 수 있습니다. 따라서 동 감독지침의 해석 및 공시요구 사항에 대해서 세심한 주의가 필요합니다.

1. 플랫폼 및 토큰 등 개발 관련 회계처리

발행자가 다양한 형태의 플랫폼 및 토큰을 개발하면서 발생된 개발원가를 비용으로 처리할지 또는 자산화할지 여부에 대해서 감독지침은 개발비용이 무형자산의 정의 및 인식기준을 충족하지 않거나, 관련 개발활동이 무형자산 기준서(K-IFRS 제1038호 또는 일반기업회계기준 제11장)상 개발활동에 해당한다는 명확한 근거를 제시할 수 없다면 발생시 모두 비용으로 회계처리하도록 하였습니다.

이러한 지침을 적용한다면, 토큰 발행기업은 향후 플랫폼을 통한 미래경제적 효익을 창출하는 구체적인 방법을 제시(무형자산의 산출물이나 무형자산 자체를 거래하는 시장이 존재함을 제시할 수 있거나 또는 무형자산을 내부적으로 사용할 것이라면 그 유용성을 제시)할 수 있어야 개발비용을 무형자산 등으로 계상할 수 있으며, 무형자산으로 계상한 이후 회계기간에는 추가적인 손상여부를 지속적으로 검토하여야 합니다.

〈K-IFRS 제1038호 문단 57〉
다음 사항을 모두 제시할 수 있는 경우에만 개발활동(또는 내부 프로젝트의 개발단계)에서 발생한 무형자산을 인식
① 무형자산을 사용하거나 판매하기 위해 그 자산을 완성할 수 있는 기술적 실현가능성
② 무형자산을 완성하여 사용하거나 판매하려는 기업의 의도
③ 무형자산을 사용하거나 판매할 수 있는 기업의 능력
④ 무형자산이 미래경제적 효익을 창출하는 방법. 그 중에서도 특히 무형자산의 산출물이나 무형자산 자체를 거래하는 시장이 존재함을 제시할 수 있거나 또는 무형자산을 내부적으로 사용할 것이라면 그 유용성을 제시할 수 있음
⑤ 무형자산의 개발을 완료하고 그것을 판매하거나 사용하는데 필요한 기술적, 재정적 자원 등의 입수가능성
⑥ 개발과정에서 발생한 무형자산 관련 지출을 신뢰성 있게 측정할 수 있는 기업의 능력

실무상 쟁점은 발행기업이 미래경제적 효익을 창출하는 방법을 구체적으로 제시할 수 있는지 또 이에 대해서 외부감사인이 어떻게 검증할 수 있는지가 될 것으로 보입니다. 특히 급변하는 토큰 생태계 및 관련 시장을 고려할 때, 외부감사인이 비록 어느 정도 전문성을 가지고 있다고 하더라도 미래경제적 효익의 유무를 판단하기에는 상당한 어려움이 예상됩니다. 결국 불확실한 상황에서 보수적인 입장을 취하려는 감사인과 발행기업 간 이해관계가 충돌할 여지가 큽니다.

2. 판매계약 관련 회계처리

토큰 발행기업이 TPA(Token Purchase Agreement), ICO(Initial Coin Offering) 등 약정에 따라 현금이나 다른 가상자산을 수취하고 토큰을 구매자에게 전송하는 경우 수익인식 방법에 대해서 만약 토큰을 구매하는 자가 플랫폼의 (잠재)고객이라면 판매계약에 따른 수익인식 기준을 적용하도록 하였습니다. 따라서 발행기업은 토큰을 전송하고 대가를 수령한 시점이 아니라 수행의무 이행시점에 관련 대가를 합리적인 방법에 의해 수익으로 인식하여야 합니다. 따라서 수행의무를 식별하고 그 성격과 범위를 고려하여 수익인식 시기를 판단하여야 하며, 수행의무를 완료하기 전 발행기업이 수령한 대가는 계약부채로 인식하는 것이 원칙으로 제시되었습니다.

이와 관련하여 감독지침은 수행의무가 언제 완료되는지 다음과 같이 단계적으로 예시하였습니다.

《(참고) 수행의무 예시의 판단 지표》
(예시1) 가상자산의 이전
- 토큰이 플랫폼과 완전히 별개이고 프로젝트의 론칭 및 플랫폼의 성공에 대해 발행자가 부담하는 의무 등이 전혀 없다면 예외적으로 이전 만으로 수행의무가 이행된 것으로 볼 수 있을 것임(예: 비트코인 등 지불형코인)
- 다만, 일반적으로 다음 조건 중 하나 이상에 해당한다면, 가상자산을 이전하는 것 자체가 수행의무는 아님
  ① 발행자가 구축 또는 운영(구축 또는 운영에 참여 포함)하는 플랫폼에서 가상자산을 사용할 수 있는 경우
  ② 백서 또는 발행 관련 약정이 프로젝트의 론칭 또는 생태계의 성공적인 안착을 보장
  ③ 발행자는 백서에 프로젝트의 기술적인 구현방식과 방향성을 제시하고 이를 보증
  ④ 블록체인 네트워크상 발행자가 부담하는 수행의무가 존재하는 경우 및 가상자산 이전이 이러한 수행의무와 구별되어 자체적으로 효익을 얻을 수 없는 경우
  ⑤ 토큰은 발행자의 네트워크를 통해 구현된 여러 플랫폼에서 결제수단으로 사용될 수 있고, 발행자가 그 결제의 대상이 되는 재화나 서비스의 제공자임

(예시2) 플랫폼의 구현
- 플랫폼의 구현이 수행의무인 경우 일반적으로 다음과 같은 특성을 보유
  ① 백서 등을 통해 플랫폼을 실현(에 대한 정당한 기대를 제공하거나)하기로 약속
  ② 가상자산 프로젝트에서 발행자의 수행의무는 토큰 구매자 모두에게 효익이 있는 플랫폼을 구축하고 생태계를 활성화하는 것임
  ※ 다만, 플랫폼이 언제 활성화되었는지는 회사 판단 사항임

(예시3) 재화나 용역을 토큰 보유자에게 제공
- 재화나 용역의 제공이 수행의무인 경우 일반적으로 다음과 같은 특성을 보유
  ① 백서 등을 통해 플랫폼의 실현과 발행자가 재화나 용역을 이전(이전한다는 정당한 기대를 제공하거나)하기로 약속
  ② 참여자들에게 모두 효익이 있는 플랫폼 생태계의 활성화와 재화와 서비스를 공급하는데 발행자가 관여
  ③ 구현된 플랫폼에서 토큰으로 구매할 수 있는 재화나 서비스를 발행자가 공급

위 예시에 따르면 백서에서 구현하고자 하는 플랫폼의 속성을 이해하는 것이 상당히 중요한 회계 감사의 절차로 이해될 수 있습니다. 다만, 외부환경 변동에 따라 백서 내용 중 일부가 변경되거나 플랫폼 구현 및 운영 계획이 지체되는 상황에 대한 지침이 없다는 점이 아쉽습니다.

3. 판매계약 이외 배분 관련 회계처리

토큰 발행기업이 플랫폼 및 토큰 개발과정에서 기여한 참여자들에게 보상하기 위해서 또는 토큰의 활성화를 위해 판매계약 이외의 약정에 따라 토큰을 배분하는 경우에는 거래상대방과의 거래 성격에 따라 달리 회계처리하여야 합니다.

예를 들어 사내 개발팀원에게 토큰을 지급하는 경우라면 근로를 제공받는 기간에 토큰을 지급할 의무를 부채로 인식하고 급여 등으로 회계처리한 후 토큰 지급을 통해 해당 부채를 소멸시키는 것이며, 외부 용역 제공자에게 용역대가로 토큰

을 지급한 경우라면 개발 용역을 제공받는 기간에 토큰을 지급할 의무를 부채로 인식하고 관련 원가(또는 고정자산)로 회계처리하여야 합니다. 물론 토큰 지급 시점에 발행기업의 수행의무가 완료되지 않았다면 앞서 살펴본 수익인식기준을 적용하여 토큰을 지급할 부채가 수행의무를 완료할 계약부채로 전환됩니다.

급여나 지급수수료 등 계정과목이 정해졌다면, 다음 단계로 금액을 확정하여야 합니다. 그런데 토큰의 개발이 아직 완료되지 않아 지급한 또는 지급하기로 약속한 토큰의 가치를 객관적·합리적으로 측정할 수 없다면 개발기간 동안 개발팀원이나 외부 용역 제공자에게 지급하기로 한 토큰은 어떻게 측정하여야 하는지 확실하지 않습니다. 외부용역에 대한 대가라면 다음 장에서 살펴볼 토큰 보유기업의 회계처리 중 용역을 제공하고 토큰을 수령한 경우와 대비하여 토큰의 공정가치를 합리적으로 측정할 수 없으므로 용역의 개별 구매가격 또는 제공받은 자산의 공정가치로 측정할 수 있습니다. 아마도 세금계산서 발행 문제가 있으므로 당사자 간 합의한 공급가액은 확인할 수 있을 것으로 보입니다. 하지만, 급여나 상여 등 근로를 제공받은 경우 해당 근로 용역의 개별적인 가격 마저도 측정하기 어렵다는 애로점이 있습니다[41].

토큰 발행기업은 토큰 사용 활성화를 위해서 특정 조건을 만족하는 자에게 무상으로 토큰을 발행하기도 합니다. 이러한 경우 발행자가 무상배포(airdrop)한 토큰은 배포 시점에 회계처리하지 않고 수행의무를 이행하는 시점에 수익에 반영하도록 하고 있으며, 감독지침은 이해를 돕기 위해 아래와 같은 예시를 제공하고 있습니다. 결국 대가 없는 무상배포는 발행기업이 인식할 수익의 총액에는 영향

---

41 참고로 스톡옵션 등 기업의 주식을 이용하여 종업원 보상시 장부가치 및 공정가치로 측정하여 비용을 인식하도록 하고 있습니다.

을 주지 않는 것으로 이해될 수 있습니다.

> (예) 회사가 고객에게 토큰을 최초 발행(80단위)하면서 100원을 받고, 이후 각 고객에게 토큰 20단위를 무상으로 배포한 다음, 회사가 재화나 용역을 제공한 대가로 고객으로부터 토큰 40단위를 수령하는 경우, 100원의 40%(40단위/100단위)만큼 수익을 인식

뒤에서도 살펴보겠으나 무상배포된 토큰의 수령자는 수령한 토큰을 기본적으로 영(0)으로 인식합니다. 다만, 수령할 당시 플랫폼 내에서 재화나 용역 이용대가로 자유롭게 사용할 수 있고 토큰의 공정가치를 합리적으로 측정할 수 있다면 공정가치로 인식하여야 하는데 이때 발행자와 수령자 간에 회계처리에 차이가 발생하게 됩니다.

위 예시와 달리 기존 토큰과 다른 종류의 토큰을 무상배포하는 경우가 발생할 수 있습니다. 만약 발행자가 제3자로부터 수령하였거나 구입한 토큰을 마케팅 목적으로 무상배포할 경우에는 무상배포라 하더라도 회계처리가 수반될 수밖에 없을 것으로 보입니다.

4. 발행 후 유보된(reserved) 토큰 회계처리

발행기업이 발행한 토큰 중 정해진 수량을 외부에 배분하고 남은 잔여 토큰(유보토큰)을 보유하고 있는 경우, 발행기업은 해당 유보토큰을 자산으로 인식할 수 없습니다. 즉 유보토큰에 대한 회계처리는 필요하지 않습니다. 다만, 유보토큰은 이미 발행되어 유통되는 토큰의 공정가치에 직·간접적으로 영향을 미칠 수 있으므로 유보토큰의 수량 및 배분계획 등의 정보를 공시하도록 하였습니다.

5. 토큰 증권(STO) 발행 시 회계처리

토큰 증권(Security Token)은 분산원장 기술을 활용해 자본시장법상 증권을 디지털화한 것으로 정의되며 자본시장법의 규제를 받습니다. 따라서 자본시장법상 증권이 아닌 것을 기반으로 하는 토큰은 합법적으로 발행된 토큰 증권이 아니므로 유의하여야 합니다.

자본시장법상 증권은 총 6가지로 한정되는데, 지분증권, 채무증권, 수익증권, 파생결합증권, 투자계약증권, 증권예탁증권입니다[42]. 문제는 투자계약증권의 정의가 명확하게 확립되어 있지 않다는 점에 있는데, 투자계약증권의 증권성 여부는 투자목적물이 아니라 투자계약서상 권리·의무에 따라 판단하여야 한다는 것이 감독당국의 해석입니다.

토큰 증권을 기업이 발행한 경우, 토큰 증권은 회계기준상 금융부채인지 자본인지 문제가 되는데 감독지침은 이를 K-IFRS 제1032호 '금융상품'에 설명된 판단기준에 따라 토큰 증권이 부채인지 자본인지를 결정하도록 하고 있습니다. 즉, 토큰 증권의 발행 근거가 되는 증권 또는 투자계약상 권리·의무 관계를 고려하여 분석하여야 하는데, 통상적으로 발행기업이 다음 중 하나의 계약상 의무를 부담한다면, 금융부채로 분류될 가능성이 큽니다.

① 거래상대방에게 현금 등 금융자산을 인도하기로 한 계약상 의무
② 잠재적으로 불리한 조건으로 거래상대방과 금융자산이나 금융부채를 교환하기로 한 계약상 의무

---

42 2022년 4월 음악 저작권 투자 플랫폼 '뮤직카우' 상품을 금융당국이 투자계약증권으로 판단하였습니다.

물론 토큰 증권이 부채나 자본 성격이 있는 금융상품의 범주에 해당하지 않는다면 앞서 설명한 감독지침을 따라서 고객에 대한 수행의무를 식별하여 수익으로 인식하여야 합니다.

1.2 | 토큰 보유기업의 회계처리

토큰 보유기업의 회계처리는 IFRS 해석위원회의 의견을 적극적으로 반영하여 감독지침을 마련한 것으로 보입니다.

1. 토큰 취득시 인식과 최초 측정

토큰 발행기업이 개발하고 운영하는 플랫폼과 연계하여 사업을 하는 기업은 해당 토큰을 취득하고 보유하는 경우가 발생하는데, 감독지침을 이를 취득 목적을 고려하여 재고자산, 무형자산 또는 금융상품 등으로 분류하도록 하였습니다. 이러한 분류체계는 기존 K-IFRS 질의회신 및 국제기준에 부합하는 것으로 이해되는데, 물론 예외적으로 일반기업회계기준을 적용하는 기업의 경우 경영진의 판단에 따라 회계정책을 개발하고 회계정보를 작성할 수 있으며, 토큰의 특성을 나타낼 수 있는 계정과목명을 정하여 재무제표에 표시할 수 있습니다.

취득 목적을 고려하여 기표할 계정과목을 정하였다면 다음으로는 얼마로 측정하여야 하는지 측정의 문제가 발생합니다. 물론 대가를 지급하고 유상으로 취득한 경우는 그 취득가액으로 쉽게 측정할 수 있지만 발행 초기에 있는 토큰을 유상으로 취득하는 상황은 많지 않으므로 취득 방식과 경로를 감안하여 아래와 같이 측정하여야 합니다.

[표 21] 토큰의 종류별 회계처리 개요

취득 목적	계정분류	토큰 유형
통상적 영업과정에서 판매 목적	재고자산	유틸리티 토큰, 지불형 토큰
판매 목적 외	무형자산, 기타자산*	
투자 목적	금융상품	토큰 증권

* 일반기업회계기준을 적용하는 회사는 무형자산이 아닌, 기타자산으로만 분류 가능

▶ (유상취득) 토큰을 유상취득(예: ICO, TPA, 거래소를 통한 제3자 취득)하는
　경우

구입가격(매입가격)에 토큰 취득을 위해 직접 관련된 원가를 가산하여 최초 취
득금액을 산정합니다. 하지만, 현재 내국인이 아닌 법인 또는 외국인은 국내에
등록된 가상자산거래소의 이용이 불가능하므로 국내 등록 거래소를 통해 토큰을
구입하는 경우는 극히 예외적으로 생각됩니다.

C coinone 고객센터　홈　문의 남기기　문의 진행상황　공지사항　거래소

Q. 법인 또는 외국인으로 가입하여 코인원을 이용할 수 있나요?

법인 또는 외국인(국내비거주 포함) 회원께서는 신규 회원가입 진행은 불가능하며, 기존 가입자여도
실명 확인 입출금 계좌(카카오뱅크) 인증이 불가하기 때문에 거래를 포함한 코인원 서비스 이용에 제한이 있습니다.

---

bithumb　거래소　자산　입출금　시장동향　상품·서비스˚　고객지원

자주 찾는 가이드

FAQ. 이동 지원금 프로그램

이용안내

FAQ. 출금 수수료 보상 제도

FAQ. 가입/탈퇴

Q. 법인은 회원가입이 가능한가요?

■ Q. 법인은 회원가입이 가능한가요?

현재 법인은 회원가입 정책 재정비 및 가입 절차 개선을 위해 회원가입이 중단되었습니다.

❯ (플랫폼 운영, 채굴을 통한 취득) 플랫폼 운영이나 채굴을 통해 토큰을 취득하
   는 경우

관련 발생 비용(서버 임차료, 전기요금, 전산가동비 등)이 토큰 취득과 직접
관련된 원가라면 이를 토큰 취득 금액으로 인식합니다.

❯ (용역제공대가 또는 기타 교환에 따른 취득) 토큰을 플랫폼 개발 또는 운영에
   기여(용역 제공)한 대가 또는 기타 비화폐성자산과의 교환에 의해 취득한 경우

토큰의 공정가치를 합리적으로 측정할 수 있는 경우에는 토큰의 공정가치로
인식하되 토큰의 공정가치를 합리적으로 측정할 수 없는 경우에는 용역의 개별
판매가격 또는 제공한 자산의 공정가치로 측정합니다.

❯ (무상 수령) 마케팅 목적으로 발행자가 토큰을 무상배포(airdrop) 하는 경우

무상배포된 토큰을 수령할 당시 플랫폼 내에서 재화나 용역 이용대가로 자유롭
게 사용할 수 있고 토큰의 공정가치를 합리적으로 측정할 수 있다면 공정가치로
인식하고 이외에는 최초 수령시 영(0)으로 인식합니다. 예를 들어, 대규모 무상배
포로 배포 전 형성된 해당 토큰의 공정가치에 영향을 줄 수 있는 경우는 토큰의
합리적인 공정가치가 형성되지 않은 것으로 보아야 하고, 발행자가 수행의무 이
행 전에 제3자를 통해 우회적으로 무상배포하는 경우는 (비정상적인 거래로 간주
되므로) 영(0)으로 인식하여야 합니다.

❯ (토큰 증권 취득) 금융자산인 토큰 증권을 취득한 경우

최초 인식시점에 공정가치로 측정하며, 당기손익-공정가치 측정 금융자산이
아닌 경우에 취득과 직접 관련된 거래원가를 공정가치에 가감합니다.

2. 후속 측정 및 손상평가

앞서 설명한 다양한 경위를 통해 토큰을 취득하고 사업연도 말 현재 계속 보유하고 있는 상황이라면 해당 토큰의 기말 재무상태표 가액을 산정하기 위해 후속 측정 및 손상평가가 필요합니다. 감독지침은 취득한 토큰의 계정과목 분류에 따라 달리 회계처리하도록 하고 있습니다.

▶ 재고자산으로 분류한 경우

취득원가와 순실현가능가치 중 낮은 금액으로 측정한다는 것이 원칙입니다. 다만 예외적으로 중개기업이 가상자산을 단기간 내에 매도하여 가격변동이익이나 중개이익을 얻을 목적으로 취득한 경우에는 일반상품(commodity)으로 취급하여 순공정가치로 측정하고 가치 변동분을 당기손익으로 인식합니다.

▶ 무형자산으로 분류한 경우

원가모형이나 재평가모형(K-IFRS 적용시)을 선택할 수 있습니다. 이때 재평가 모형은 활성시장이 존재할 경우만 적용가능하며, 활성시장이 없어서 재평가할수 없는 경우 손상이 발생하였는지 검토하고 만약 손상이 발생하였다면 원가에서 손상차손누계액을 차감한 금액으로 표시합니다.

여기서 활성시장이라 함은 지속적으로 가격결정 정보를 제공하기에 충분할 정도의 빈도와 규모로 자산이나 부채를 거래하는 시장을 의미합니다. 따라서 거래소에서 거래가 되는 가상자산은 활성시장이 존재할 수 있으나, 거래소에 상장되었다는 사실만으로 활성시장의 요건을 충족하는 것은 아니므로 활성시장의 정의를 충족하는지 종합적인 검토가 필요하다고 볼 수 있습니다. 또한 특정 유형의 토큰에 재평가모형을 적용하였다면, 같은 유형의 토큰도 그에 대한 활성시장이 없는 경우를 제외하고는 일관되게 재평가모형을 적용해야 하며, 원가보다 상승한 변동분은 기타포괄손익으로 인식하고 원가보다 하락한 변동분은 당기손익으로 인식합니다.

▶ 기타자산으로 분류한 경우

일반기업회계기준을 적용한 기업이 토큰 등을 기타자산으로 인식하는 경우에는 활성시장이 존재하여 공정가치로 측정할 수 있는 토큰은 공정가치로 측정하고 평가손익은 당기손익에 반영할 수 있습니다.

▶ 금융자산으로 분류한 경우

토큰증권을 취득하여 금융자산으로 분류하였다면, 토큰 증권의 성질을 고려하여 '금융상품 또는 금융자산·금융부채' 기준서를 적용합니다. 즉, 상각후원가, 기타포괄손익-공정가치, 당기손익-공정가치 중 하나로 측정하게 됩니다.

결국 활성시장이 존재하여 공정가치를 쉽게 확인할 수 있다면 후속측정에 큰 무리는 없겠으나, 만약 활성시장이 없다고 판단되는 경우 손상여부가 재무제표 작성에 쟁점이 될 수 있습니다. 따라서 토큰 보유기업이 토큰의 가치를 충분히 인정받기 위해서는 손상여부에 대한 사전검토를 통해 손상에 대한 이슈들을 파악하고 대비하여야 할 것입니다.

재평가모형을 적용할 경우 활성시장 존재 여부와 더불어 공정가치의 판단이 문제될 수 있는데, 최근 회계감리지적사례와 같이 정상거래 여부를 판단에 혼선이 있을 수 있으므로 각별히 주의하여 재평가모형을 적용하여야 합니다.

FSS/2409-12 비상장주식 공정가치 평가 오류

【회사지적사항】
■ 쟁점 분야: 공정가치
■ 관련 기준: 기업회계기준서 제1113호(공정가치 측정)
■ 결정일 : 2024년
■ 회계결산일: 2021.1.1.~2021.12.31.

[회사의 회계처리]
◦ A사(이하 '회사')는 ×1~×3년 중 미국 소재 스타트업 기업인 B사(이하 '해외법인')의 주식을 취득하고 공시가격 등 관측가능한 투입변수를 찾지 못하여 수준3의 공정가치 평가방법인 이익접근법에 따라 공정가치를 주당 $3로 산정하여 ×5년 중 재무제표에 반영하였다.
◦ 이후 ×5년 말 전후 국내외 벤처펀드가 자금을 투자하는 과정에서, 실제 주당 $20의 가격으로 증자 및 주식 매매가 진행되었다.
◦ 그러나 회사와 감사인은 ×5년 말 전후 해외법인 주식 거래는 ① 어느 시장에도 공시되는 가격이 아니고, ② 거래 당사자가 해외법인의 특수관계자인 대주주 등으로 제한되는 등 활성시장의 거래로 볼 수 없다는 판단에 따라, 거래 가격인 주당 $20를 공정가치로 이용할 수 없다고 보고 ×5년 말 재무제표상 B사 주식을 계속 주당 $3로 평가하였다.

[회계기준 위반 지적 내용]
◦ 회사는 B사 주식 평가시 최근 거래가격인 주당 $20가 아니라 이익접근법에 따라 산정한 주당 $3로 평가하여 자산 및 자기자본을 과소계상하였다.

【감사인지적사항】
[지적 근거 및 판단 내용]
① 기업회계기준서 제1113호(공정가치 측정)에 문단9에 따르면 공정가치는 정상거래에서 자산을 매도할 때 받거나 부채를 이전할 때 지급하게 될 가격이며, '투자대상이 비상장 주식인 경우의 공정가치 평가 가이드라인' 문단4에 따르면 초기기업에 대한 새로운 투자자를 포함하는 정상적인 자금조달 거래는 일반적으로 공정가치 측정에 사용된 투입변수에 대한 시장참여자의 가정을 뒷받침하는 신뢰성 있는 증거로 볼 수 있다.
② 금융감독원은 ×5년 말 전후로 국내외 벤처펀드가 B사에 자금을 투자한 거래는 창업초기 기업에 대한 추가 자금조달 거래에 해당하는 관측 가능한 거래로서 공정가치 측정의 근거가 될 수 있는 정상거래가 아니라고 단정하기 어려우므로, B사 주식을 주당 $20로 평가하는 것이 타당하다고 판단하였다.

3. 토큰 처분

토큰 보유자가 토큰을 매각할 때, 토큰 매각 행위가 주된 영업활동에 해당하는지 고려하여 판단하며, 주된 영업활동에서 발생한 손익이라면 영업손익으로 분류하고, 그 외에는 모두 영업외손익으로 분류합니다.

토큰의 종류별 영업손익 표시 사례

취득 목적	계정분류	처분시 손익	토큰 종류
통상적 영업과정의 판매 목적	재고자산	영업손익(매출 등)	유틸리티 토큰, 지불형 토큰 등
판매 목적 외	무형자산, 기타자산	영업손익 또는 영업외손익	유틸리티 토큰, 지불형 토큰 등
투자 목적	금융상품	영업손익 또는 영업외손익	토큰 증권

감독지침은 토큰 등을 통상적 영업과정에서 판매 외 목적으로 취득했다면, 정관상 사업목적, 금액의 중요성과 구체적인 조건과 사실을 종합적으로 고려하여 판단하도록 하고 있습니다. 구체적으로 ① 식별된 영업활동을 사업목적으로 정관에서 규정하고 있는지, ② 실질적으로 정관상의 사업목적에 부합되게 영업활동을 영위하였는지, ③ 식별된 영업활동으로부터의 수익이 회사 전체 수익금액에서 차지하는 비중이 중요한지를 고려하되, 비록 특정 거래가 1회성 사건이라는 사실만으로 '주된 영업활동이 아니다'라고 단정할 수는 없다고 하였습니다.

1.3 | 가상자산 사업자(거래소)의 회계처리

1. 고객이 위탁한 토큰 회계처리

현재 가상자산 사업자(거래소)는 거래에 있어서 다양한 역할을 담당하고 있는

데 유가증권시장에서 증권회사, 증권거래소 그리고 예탁결제원이 수행하는 역할을 종합적으로 수행한다고 볼 수 있습니다. 즉, 고객에게 정보와 각종 서비스를 제공하고 주문을 접수하는 플랫폼, 실제 매매가 체결되고 결제되는 거래소, 거래 대상인 가상자산을 수탁하여 보관하는 보관자(지갑)의 역할까지 하나의 거래소가 담당하고 있는 실정입니다. 이렇게 다양한 역할이 집중되어 수행되므로 수반되는 리스크 또한 집중되는데, 대표적으로 거래소가 파산한다거나 해킹당하는 경우가 있습니다.

고객이 위탁한 토큰의 회계처리에서 가장 쟁점은 위탁한 토큰을 사업자의 재무제표에 자산·부채로 인식하는지 여부입니다. 통상 이를 on-book과 off-book으로 구분합니다. 여기서 자산·부채를 동시에 인식한다는 의미는 자산에 대한 손상(해킹)이 발생한 경우 부채가 경감되지 않아 결국 거래소에 피해가 귀속된다는 개념으로 이해할 수 있습니다. 현재 국내 가상자산거래소는 고객 위탁 가상자산을 재무상태표에 인식하지 않고 있으나, 미국 SEC의 경우 가상자산거래소가 수탁 받은 가상자산에 대한 직접적인 통제권을 가지고 있다고 보고 자산과 부채로 인식하여 공시하도록 하고 있다. 아래는 코인베이스의 2023년 말 대차대조표인데, 전체 자산의 93%가 고객 위탁 가상자산(safeguarding customer crypto assets)입니다.

Assets	(In thousands)	Liabilities and Stockholders' Equity	(In thousands)
Current assets:		Current liabilities:	
Cash and cash equivalents	$ 5,139,351	Customer custodial cash liabilities	$ 4,570,845
Restricted cash	22,992	**Safeguarding customer crypto liabilities**	192,583,060
Customer custodial funds	4,570,845	Accounts payable	39,294
Safeguarding customer crypto assets	192,583,060	Accrued expenses and other current liabilities	447,050
USDC	576,028	Crypto asset borrowings	62,980
Accounts and loans receivable, net of allowance	361,715	Lease liabilities, current	10,902
Income tax receivable	63,726	Total current liabilities	197,714,131
Prepaid expenses and other current assets	148,814		
Total current assets	203,466,531	Lease liabilities, non-current	3,821
		Long-term debt	2,979,957
Crypto assets held	449,925	Other non-current liabilities	3,395
Deferred tax assets	1,272,233	Total liabilities	200,701,304
Lease right-of-use assets	12,737		
Property and equipment, net	192,550	Stockholders' equity:	2
Goodwill	1,139,670	Additional paid-in capital	4,491,571
Intangible assets, net	86,422	Accumulated other comprehensive loss	-30,270
Other non-current assets	362,885	Retained earnings	1,820,346
		Total stockholders' equity	6,281,649
Total assets	$ 206,982,953	Total liabilities and stockholders' equity	$ 206,982,953

구체적으로 감독지침은 고객 위탁 토큰 범위를 매매를 위해 예탁하는 경우 뿐만 아니라 스테이킹 등 서비스 이용을 위해 예치하는 경우도 포함하는 등 포괄적으로 해석하고 있으며, 고객 또는 사업자 중 해당 토큰에 대한 통제를 누가 하는지 판단하여 사업자의 자산·부채 인식 여부를 결정하도록 하고 있습니다.

참고 15 경제적 자원의 통제에 대한 판단

경제적 자원의 통제(Control of an economic resource): 경제적 자원의 사용을 지시하고 그로부터 유입될 수 있는 경제적 효익을 얻을 수 있는 현재의 능력으로 일반적으로 법적 권리를 행사할 수 있는 능력에서 비롯되며, 아래 사항에 따라 달라질 수 있음

❶ 사업자와 위탁 고객 간 사적 계약

㉠ 계약상 약정에 따라 토큰의 권리, 이자 또는 법적 소유권을 사업자에게 이전하는지

㉡ 계약에 따라 사업자가 위탁 고객의 동의나 통지 없이 사업자의 목적을 위해 예치된 토큰을 판매, 이전, 대출, 저당 또는 담보로 제공 가능한지

㉢ 계약에 따라 위탁 고객이 언제든 예치된 토큰을 다른 거래소나 지갑으로 이체, 인출 가능한지

㉣ 위탁 고객과 사업자의 권리와 의무에 영향을 미치는 별도 계약이 존재하는지

㉤ 위탁 고객이 토큰과 관련된 모든 경제적 효익을 받을 때, 사업자에 의해 제약이 발생하는지

㉥ 하드포크가 발생할 경우 누가 혜택을 받는지

(사례) 사업자에게 위탁 토큰을 자율적으로 사용할 수 있는 명시적 또는 암묵적 권리가 있을 경우 → 사업자에게 사용권리가 있다면 사업자 자산에 해당하여 토큰자산 및 이용자에 대한 부채 인식 필요

❷ 사업자를 감독하는 법률 및 규정

㉠ 사업자와 위탁 고객에 적용되는 법률에서 토큰의 소유자를 명시하는지

㉡ 사업자가 파산, 청산 또는 해산될 경우 위탁 고객의 법률상 권리가 존재하는지(사업자의 채권자로부터 보호, 파산재단 등에 포함되지 않는지 여부)

㉢ 법률상 위탁 고객이 언제든 예치된 토큰을 인출할 수 있는 능력이 있는지, 만약 그렇지 않다면 법률상 예치된 토큰을 받을 권리가 있는지

(사례) 사업자에게 해킹 등, 사고 발생 시 고객이 위탁 토큰에 대한 법적 재산권을 주장할 수 없다면 이용자의 자산으로 보기 곤란

❸ 사업자의 고객 위탁 토큰에 대한 관리·보관 수준

㉠ 제3자의 운영상 침해, 사이버 보안 공격, 도난 또는 사기로 인해 개인키를 분실하여 예치된 토큰을 회수할 수 없는 경우, 누가 손실위험을 부담하는지

㉡ 고객 위탁 토큰이 별도로 보관되는지 다른 고객 위탁 토큰과 혼합되어 보관하는지

㉢ 고객 위탁 토큰의 블록체인 주소가 추적 가능한지 (이용자의 가상자산 전자지갑주소를 추적 가능하다면 분리하여 관리되고 있을 가능성이 높음을 시사)

ⓔ 위탁 토큰을 제3의 보관업자가 보관하는지, 제3자가 위탁 고객을 대신하여 보유한 토큰의 거래를 기록하는지
ⓜ 거래소가 위탁 고객의 암호자산을 핫월렛 또는 콜드월렛에 보관하는지(만일 토큰을 콜드월렛에 보유하거나 핫월렛에 보관하더라도 해킹 위험 등에 대하여 충분한 보호 장치(예를 들어, 보험 가입 또는 준비금 적립 등)를 마련한다면 분리하여 관리되고 있을 가능성이 높음을 시사)

사업자의 파산·해킹 등의 상황 발생 시 위탁 고객의 재산권 보호 수준을 고려하여 사업자가 고객 위탁 토큰 자산 및 관련 부채를 인식하는지 여부를 판단할 필요가 있으며, 만약 사업자 자산·부채로 계상하는 경우에는 관련 평가손익은 상쇄하여 계상하고 주석에 관련 내용을 공시하여야 합니다.

고객이 위탁한 토큰을 사업자의 재무제표에 자산·부채로 인식하게 된다면, 해당 사업자의 자산 및 부채가 급격히 증가하게 되며 회계처리뿐만 아니라 자산 규모에 따른 기업 분류(대규모기업집단, 대기업, 중견기업, 중소기업 등)에 변동이 발생할 수 있습니다. 예를 들어 중소기업 기준을 초과할 경우 중소기업에 대한 혜택이 종료되는 사업상 불이익이 발생할 수 있습니다.

2. 사업자가 직접 보유하는 토큰 회계처리

사업자는 가상자산의 보유목적을 정보이용자에게 올바르게 제공할 수 있도록 토큰 보유 목적(사업 목적) 및 영업 행태에 맞게 다음과 같이 회계처리 및 공시하여야 합니다. 감독지침상 예시는 다음과 같으며, 기본적인 개념은 앞서 살펴본 토큰 보유기업의 회계처리와 유사합니다.

목적	회계처리
(일반) 관련 규제 등의 사유로 인해 매도·중개하지 못하고 보유하는 경우	무형자산으로 분류한 후, 원가모형 또는 재평가모형(K-IFRS 적용시)을 회계정책으로 선택하여 후속 회계처리
(매도 또는 중개 목적) 중개기업인 사업자가 일반상품(Commodity)인 가상자산을 취득한 경우	재고자산(일반기업회계기준 적용시 기타자산 가능)으로 분류 후, 순공정가치로 후속측정하고 가치 변동분은 당기손익으로 인식
(영업에 사용) 통상적인 영업과정에서 판매를 위해 보유하거나, 용역제공에 사용될 원재료나 소모품인 경우	재고자산으로 분류 min(① 취득원가, ② 순실현가능가치)로 후속 측정

조금 더 실무적인 사업자의 회계처리는 2018년 회계처리에 관한 질의회신에서 찾을 수 있습니다.

[2018-G-KQA006] 가상통화 회계처리

Ⅰ. 현황
회사는 회원 간 가상통화 매매를 중개하고 가상통화를 수수료로 수취하고 있음

Ⅱ. 질의요약
(질의 1) 가상통화를 금융상품, 재고자산, 무형자산 등 자산 관련 기준서 중 어느 기준서를 적용하여 회계처리 하는 것이 타당한지?
(질의 2) 질의 1에 따른 기준서 적용 시, 결산시점에 가상통화를 공정가치로 평가할 수 있는지?
(질의 3) 회원의 가상통화를 회사(가상통화 거래소)의 자산으로 인식하여야 하는지?

Ⅲ. 회신요약
가상통화(가상화폐 또는 암호화폐 등으로도 불림, 이하 '가상통화')에 대하여 구체적으로 적용할 수 있는 일반기업회계기준은 없음. 따라서 일반기업회계기준 제5장 문단 5.4~5.6을 적용하여 경영진은 판단에 따라 회계정책을 개발하고 회계정보를 작성할 수 있음

가상통화에 대한 회계정책을 개발하는 경우에 회사는 다음 내용을 참고할 수 있음
- 가상통화가 자산의 정의와 인식기준을 충족한다면, 취득 시점에 가상통화에 대하여 제공한 대가의 공정가치로 측정하여 자산으로 인식함. 그리고 가상통화의 특성을 나타낼 수 있는 계정과목명을 정하여 재무제표에 표시할 수 있음
- 자산으로 인식된 가상통화는 거래되는 항목이 동질적이고, 일반적으로 거래의사가 있는 구매자들과 판매자들을 언제든지 찾을 수 있으며, 가격이 공개되어 이용가능한 시장이 있는 경우, 매 보고기간 말에 그러한 시장에서 공개되어 이용가능한 가격으로 평가하고 평가손익을 당기손익에 반영할 수 있음
- 그러한 시장이 없는 가상통화의 경우, 매 보고기간 말에 취득원가로 평가하고, 회수가능액(처분예상가격)이 취득원가보다 낮은 경우에는 차액을 손실로 인식할 수 있음
- 가상통화 거래 중개를 주된 영업활동으로 하는 회사는 회원이 위탁한 가상통화가 자산의 정의와 인식기준을 충족하는지를 검토하여 해당 가상통화를 자산으로 인식해야 하는지 판단함
- 또한 회사는 일반기업회계기준 제2장 문단 2.82에 따라 가상통화와 관련되는 재무제표 작성기준 및 유의적인 거래와 회계사건의 회계처리에 적용한 회계정책을 공시하고, 가상통화 종류별 수량 및 금액(회사가 보관하는 회원의 가상통화를 별도로 구분), 후속기간의 가상통화 공정가치 하락 등 재무상태표, 손익계산서, 현금흐름표, 자본변동표의 본문에 표시되지 않더라도 재무제표를 이해하는데 필요한 추가 정보를 주석에 공시함

3. 사업자가 토큰 처분시 회계처리

사업자가 보유 토큰을 처분하는 경우 관련 회계처리 및 공시사항은 일반적인 「토큰 보유기업」의 토큰 처분 시 안내사항을 준용하여 처리합니다.

제2장

가상자산 세무처리

디지털자산 (가상자산)에 대한 이해

가상자산에 대해 회계처리를 고민하는 기업들은 가상자산 생태계와 직·간접적으로 관련된 사업을 수행하는 기업들로 보이며, 아직까지 상당히 제한적인 숫자일 것으로 추정됩니다. 이에 반해 가상자산을 보유하거나 거래하는 모든 법인과 개인은 세금 문제에서 자유로울 수 없습니다.

비록 세법이 아직 충분히 정비되지 않은 것이 사실이지만, 현행 세법조문을 살펴보면 가상자산에서 발생한 이익에 대한 과세당국의 과세 의지는 분명히 나타나고 있음을 알 수 있습니다. 즉, 가상자산 거래를 통한 소득에는 법인세와 소득세를 부과하고, 이러한 부과 원칙은 외국법인과 비거주자에게도 동일하게 적용된다는 것입니다. 또한 가상자산은 재산적 가치가 있는 자산으로서 상속세와 증여세 과세 대상이 됩니다.

이러함에도 불구하고 가상자산은 등록된 거래소를 벗어나 개인이 개설한 비수탁형 지갑에 보내지는 순간부터는 그 익명성으로 인해 거의 추적이 불가능하고 해외금융계좌 신고대상으로 자발적으로 신고하기 전까지는 그 실태 파악도 지극히 어렵습니다[43].

국세청은 과세를 위한 정보를 취합하기 위해 국내 가상자산거래소는 의무적으로 고객의 상세 거래 내역 등을 국세청에 제출하도록 하고 있으며, 거주자에게 해외에 예치된 가상자산을 해외금융계좌 신고에 포함하여 매년 신고하도록 하고 있습니다.

아래는 "가상자산"이라는 키워드로 세법 조항을 검색한 것으로 각 세법에서 규정하는 주요한 의무사항을 확인할 수 있습니다.

주요세법	법 조항 (시행령, 시행규칙 등 제외)	요약
법인세법	제92조【국내원천소득 금액의 계산】 제93조【외국법인의 국내원천소득】 제98조【외국법인에 대한 원천징수 또는 징수의 특례】 제120조의 4【가상자산 거래 내역 등의 제출】	(내국법인은 순자산 증가설에 따라 당연 과세) 외국법인 과세 및 거래소에 대한 정보 제출 의무 부과
소득세법[44]	제21조【기타소득】 제37조【기타소득의 필요경비 계산】 제64조의 3【분리과세기타소득에 대한 세액 계산의 특례】 제119조【비거주자의 국내원천소득】 제126조【비거주자 분리과세 시 과세표준과 세액의 계산 등】 제156조【비거주자의 국내원천소득에 대한 원천징수의 특례】 제164조의 4【가상자산 거래 내역 등의 제출】	거주자 기타소득 과세, 비거주자 과세 및 거래소에 대한 정보 제출 의무 부과

---

43 메타마스크, 트러스트 월렛, 레저와 같은 비수탁형 지갑은 보통 신분 증명을 요구하지 않습니다. 이에 반해 등록된 거래소에 수탁형 지갑을 생성하는 경우 신분 증명이 필요합니다.

주요세법	법 조항 (시행령, 시행규칙 등 제외)	요약
부가가치세법	없음	가상자산 자체는 부가가치세 대상 아님
상속세 및 증여세법	제60조【평가의 원칙 등】 제65조【그 밖의 조건부 권리 등의 평가】	상속 및 증여재산에 포함
국제조세조정에 관한 법률	제52조【정의】	해외금융계좌 신고 대상

이하에서는 '가상자산 회계처리'에서 설명한 순서와 구분에 따라 발행업체, 보유업체(투자자) 및 거래소 등이 직면할 수 있는 세무상 쟁점 및 처리 방법을 법 규정과 유권해석 등을 근거로 설명하겠습니다.

2.1 | 가상자산 발행업체에 대한 과세

현재 국내업체가 주로 발행하는 가상자산은 특정 생태계를 기반으로 서비스에 사용될 수 있는 유틸리티 코인이나 유틸리티 토큰의 형태로 볼 수 있습니다.

블록체인 기술 관련 생태계를 개발하고 관리하는 업체는 ICO이라는 절차를 통해서 가상자산을 최초로 시장에 공급하고 개발 및 운영자금을 조달하게 되는데, 이는 주식의 최초 상장인 IPO(Initial Public Offering)와 유사한 측면이 있습니다. 즉, 주식 대신 가상자산을 일반인이나 투자자에게 배포하고 반대급부로 현금이나 플랫폼의 기축가상자산을 공급받는 것으로 이해하면 쉽습니다.

---

44 2024년 말 소득세법 부칙 개정을 통해서 과세 **시행시기가 2027년 1월 1일 이후로 변경되었습니다.**

하지만 ICO는 투자자를 보호하기 위해서 2017년부터 국내에서는 금지되었으며, 이에 따라 가상자산 발행업체는 가상자산을 발행하기 위한 재단을 해외에 설립하여 그곳에서 ICO를 진행하되, 국내에 있는 발행업체는 해외설립 재단에 개발용역 등을 제공하는 형태로 사업을 영위하는 것이 일반적입니다.

통상적으로 ICO에 참여하기 위해서 투자자는 이더(ETH), 비트코인과 같은 기축 가상화폐를 지급하고 토큰을 수령하는데, 이렇게 모아진 가상화폐는 해외 재단에서 국내 발행업자에게 개발 관련 용역비 명목으로 지급되거나, 재단에 또는 국내 발행업자에게 이전된 후 유보되거나, 일부는 개발에 기여한 관련 업체나 관계자들에게 지급되기도 합니다.

1. ICO를 통해 유입되는 가상자산

ICO와 관련된 유권해석은 2023년 기획재정부 법인세제과에서 해석한 사례가 유일한데, ICO를 통해 가상자산이 발행된 경우 그 발행된 때 세무상 수입으로 인식하도록 하였습니다. 국내 ICO가 금지된 상황에서 이러한 유권해석이 배포된 것이 조금 아이러니하기도 합니다.

기획재정부 법인세제과-0543, 2023.3.6.
[제목] : 가상자산공개(ICO)하는 유틸리티 토큰의 경우 발행(판매)하는 때에 손익인식함
【질의】
(사실관계)
◦ 내국법인이 블록체인 및 가상자산 기반의 플랫폼 등에서 사용할 수 있는 유틸리티 토큰을 불특정 다수인(투자자)에게 제공한 대가로 가상자산을 수취한 경우

(질의1) 수익인식 시기를 언제로 볼 것인지 여부
◦ 제1안 내국법인이 투자자에게 토큰 양도 시 수익인식
◦ 제2안 투자자가 토큰 사용 시 수익인식

(질의2) 판매대가로 수취한 가상자산의 가치평가 방법(2022.1.1. 전)
◦ 제1안 평가기준일 현재 거래소의 최종 시세가액
◦ 제2안 평가기준일 전·이후 각 1개월 동안의 해당 거래소의 시세가액 평균액

【회신】
귀 (질의1) 및 (질의2)의 경우 모두 제1안이 타당함.

【관련법령】
◦ 법인세법 제40조【손익의 귀속시기】

그런데 상기 유권해석은 원칙을 제시한 것일 뿐 실무상 적용에 있어서는, 1) 토큰 발행법인이 투자자에게 토큰 판매시 즉시 수익으로 인식하도록 하여 앞서 살펴본 감독지침상 회계처리(수익인식기준)와 차이가 발생할 수 있으며, 2) 수취한 기축가상자산 이더(ETH) 등이 여러 거래소들에서 서로 다른 가격으로 거래될 경우 어느 거래소의 가격을 기준으로 측정하여야 하는지, 3) 24시간 거래가 가능한 상황에서 최종 시세가액을 어떻게 확인하여야 하는지 애로점이 있을 수 있습니다.

추가로 해당 유권해석은 유틸리티 토큰의 발행 대가로 가상자산을 내국법인이 수취한 것을 가정하여 질문하였으므로, 가상자산이 해외 재단에 귀속되는 경우에도 그대로 적용할 수 있는지 확실하지 않으며, 또한 해당 질의는 ICO시점에 플랫폼 등에서 즉시 사용할 수 있는 유틸리티 토큰을 가정하고 있는 것으로 보이는 점도 실제 적용에 유의해야 합니다[45].

---

45 통상 해외 재단이라고 부르지만 실제로 비영리법인이 아닌 해외영리법인인 경우도 있을 수 있습니다.

1) 해외 재단에 유입되는 가상자산

현재 국내에서 ICO가 금지되어 있어 블록체인 기술 관련 생태계를 개발하고 관리하는 역할은 국내에 등록된 법인이 수행하고 ICO는 해외 재단을 통해 이루어지는 것이 일반적이므로, 소위 '실질적 관리장소'라는 세법상 개념을 적용하여 위 유권해석을 확대 적용할 수 있는지 문제가 될 수 있습니다. 즉, 해외 재단을 내국법인의 일부로 간주하여 과세권을 확대하는 것입니다.

법인세법은 내국법인을 '본점, 주사무소 또는 사업의 실질적인 관리장소가 국내에 있는 법인'으로 정의하고, 외국법인을 '본점 또는 주사무소가 외국에 있는 단체(사업의 실질적인 관리장소가 국내에 있지 아니한 경우만 해당한다)'로 정의하고 있습니다(법인세법 제2조 제1호). 즉, 법인세법은 법인의 등록지 뿐만 아니라 사업의 실질적인 관리장소가 국내에 있는지 국외에 있는지도 고려하여 내국법인과 외국법인을 구분하고 있는 것입니다.

> 제2조【정의】(2018. 12. 24. 조번개정)
> 이 법에서 사용하는 용어의 뜻은 다음과 같다. (2010. 12. 30. 개정)
> 1. "내국법인"이란 본점, 주사무소 또는 사업의 실질적 관리장소가 국내에 있는 법인을 말한다.
> 3. "외국법인"이란 본점 또는 주사무소가 외국에 있는 단체(사업의 실질적 관리장소가 국내에 있지 아니하는 경우만 해당한다)로서 대통령령으로 정하는 기준에 해당하는 법인을 말한다.

실질적 관리장소(place of effective management)라는 개념은 국가간 과세권을 배분하는 조세조약에서 기원한 개념으로 법인의 거주지국을 결정함에 있어 중요하고 실질적인 사업 활동이 수행되는 장소를 고려하여야 한다는 것입니다. 이에 대해서 법원은 다음과 같이 관련 법리를 해석하고 있습니다(서울고등법원 2020누39268, 2021.8.25.).

"내국법인과 외국법인을 구분하는 기준의 하나인 '실질적 관리장소'란 법인의 사업수행에 필요한 중요한 관리 및 상업적 결정이 실제로 이루어지는 장소를 뜻하고, 법인의 사업수행에 필요한 중요한 관리 및 상업적 결정이란 법인의 장기적인 경영전략, 기본 정책, 기업재무와 투자, 주요 재산의 관리·처분, 핵심적인 소득창출 활동 등을 결정하고 관리하는 것을 말한다. 법인의 실질적 관리장소가 어디인지는 이사회 또는 그에 상당하는 의사결정기관의 회의가 통상 개최되는 장소, 최고경영자 및 다른 중요 임원들이 통상 업무를 수행하는 장소, 고위 관리자의 일상적 관리가 수행되는 장소, 회계서류가 일상적으로 기록·보관되는 장소 등의 제반 사정을 종합적으로 고려하여 구체적 사안에 따라 개별적으로 판단하여야 한다(〈대법원 2021. 2. 25. 선고, 2017두237 판결 ; 대법원 2016. 1. 14. 선고, 2014두8896 판결〉 참조).

〈대법원 2021. 2. 25. 선고, 2017두237 판결〉은 위 법리를 판시한 다음, 그 원심(〈서울고등법원 2017. 2. 7. 선고, 2014누3381 판결〉)이 위 법리에 따른 제반사정에다가 외국법인의 설립 경위와 조세회피의도 등 설립목적을 추가적인 고려요소로 감안하더라도 '실질적 관리장소'를 국내로 판단한 것은 정당하다고 보았다. 위 판결은 '실질적 관리장소'를 판단하는 기준으로 조세회피의도 등 설립목적을 추가적인 고려요소로 볼 수 있다는 태도로 보이고, 대법원이 위와 같이 원심 판단을 정당하게 보았음을 근거로 '실질적 관리장소' 해당 여부를 조세회피목적 유무에 따라서만 판단한 것으로 보기는 어렵다."

위와 같은 법리를 적용한다면 비록 가상자산 발행업체가 조세회피 의도가 없이 국내에서 ICO가 금지된 상황을 우회하여 사업을 진행하기 위한 수단으로 해외에 재단을 설립하여 ICO를 진행할 수밖에 없었던 사정이 있더라도, 해당 재단을 내국법인으로 의제한 뒤 ICO를 통해 수령한 가상자산 전액에 대해 즉시 법인세를 과세할 가능성을 배제할 수 없습니다.

특히 최근 국세청이 발표한 보도자료에 따르면 가상자산 발행업체와 국세청 간 이견은 더욱 심해질 것으로 예상됩니다.

국세청 보도자료 (2024년 7월 2일)
국적세탁, 가상자산은닉, 해외원정진료 소득탈루 국세청 추적 피하려는 역외탈세 백태
– 지능적인 수법으로 국부를 유출한 역외탈세 혐의자 41명 세무조사 착수 –

[사례 3]
해외 용역대가를 가상자산으로 받으면서 페이퍼컴퍼니 명의로 수취하고, 해당 가상자산 처분
수익은 사주가 편취

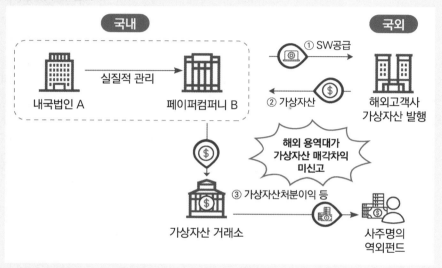

- 주요 탈루혐의
  ◦ (해외 용역대가 미신고) 소프트웨어 개발업을 영위하는 내국법인 A는 해외 고객사(가상자산 발행사 등)에게 소프트웨어를 제공하고,
    – 관련 대금을 법정통화가 아닌 비트코인 등 가상자산으로 받으면서 자신이 아닌 해외 페이퍼컴퍼니 B 명의로 수취하여 소득 미신고
  ◦ (가상자산 매각차익 미신고) A는 B를 통해 해당 가상자산을 매각하여 거액의 매각차익이 발생하였음에도 관련 수익을 미신고
    – 또한, 가상자산 매각차익 중 일부는 가공비용 계상 등의 방법으로 사주 명의로 개설된 조세회피처 펀드 계좌에 유출

- 향후 조사방향
  ◦ 해외용역 대가 및 가상자산 매각차익 미신고액 ○○○억 원에 대하여 법인세 과세하고, 역외펀드 유출 자금에 대해서도 사주에게 소득세 부과

납세자 입장에서 위와 같은 위험요소를 관리하는 방안은 1) 해외 재단의 실질적 관리장소가 해외에 있음을 입증하거나 (해외 재단과 단절) 또는 2) 단절이 불가능하다면 수령한 가상자산이 즉시 과세되지 않을 수 있도록 논리적인 방어를 준비하여야 할 것입니다.

2) 해외 재단을 통해 발행업체로 유입되는 가상자산

국내 규제환경으로 인하여 해외 재단을 통해 발행된 가상자산의 대가 또는 발행된 후 해외 재단에 유보된 가상자산은 통상 국내 발행업체가 해외 재단에 용역대가를 청구하는 방식으로 발행업체로 유입됩니다. 예를 들어 해외 재단이 A코인총 1,000개를 발행하여 이중 800개를 일반인에게 판매하고 비트코인 100개를 수령하여 보유하고 있는 경우, 해외 재단은 A코인 200개와 비트코인 100개를 내국법인에 용역이나 소프트웨어 개발 대가로 지급할 수 있습니다.

내국법인 입장에서 해외 재단에 용역이나 소프트웨어 등을 공급하고 그 대가로 가상자산을 수령하는 것인데, 이 경우 부가가치세 신고 방식에 관해 복합적인 문제가 발생할 수 있습니다.

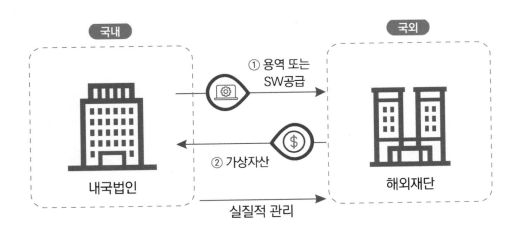

외견상으로 이러한 거래는 실질적인 발행업체인 내국법인이 용역이나 소프트웨어를 해외 재단에 수출하는 거래로 볼 수 있습니다. 여기서 수출하는 거래란 용역이 국내에서 수행되거나 재화가 국내에서 제작되는 것을 가정하고 있습니다.

과세당국은 유사한 해석사례에서 용역에 대해서는 외화로 결제되지 않으므로 부가가치세법상 대금지급요건을 만족하지 못하는 것으로 결론짓고 이를 근거로 영세율이 적용 불가능하다는 견해를 표명하였으며, 재화인 소프트웨어를 공급하는 경우에는 재화의 수출에 해당하여 영세율 대상에 해당할 수 있다고 판단하였습니다.

사전-2019-법령해석부가-0037, 2019.4.2
사업자가 국내에서 국내사업장이 없는 외국법인에게 가상화폐 거래 관련 블록체인기반 투자시스템을 개발하여 공급하고 그 대가로 가상화폐를 받는 경우로서 해당 시스템개발 및 공급이 "컴퓨터 프로그래밍, 시스템 통합 및 관리업"에 해당하는 경우에는 용역의 공급으로서 「부가가치세법 시행령」 제33조 제2항 제1호에 따른 대금지급요건을 충족하지 아니하여 같은 법 제24조 제1항제3호에 따른 영세율 대상에 해당하지 아니하는 것이나, 해당 시스템개발 및 공급이 "소프트웨어 개발 및 공급업"에 해당하는 경우에는 재화의 수출로서 같은 법 제21조에 따른 영세율 대상에 해당하는 것임.
다만, 해당 시스템개발 및 공급이 "컴퓨터 프로그래밍, 시스템 통합 및 관리업(J620)"에 해당하는지 아니면 "소프트웨어 개발 및 공급업(J582)"에 해당하는지 여부는 통계청장이 고시한 한국표준산업분류에 의하는 것임.

그런데 만약 해외 재단이 수령한 비트코인 100개를 매각하여 달러로 현금화한 후 용역 대가로 발행업체에 지급하고, 당장 현금화가 어려운 A코인 200개는 소프트웨어 대가로 지급한다면 발행업체는 두 가지 거래 모두 영세율로 처리할 수 있을까요? 또는 용역의 제공이 실질적으로 해외에서 이루어진 것이라면 영세율

적용이 가능할 수 있을까요? 현행 부가가치세법 체계에서 위와 같이 거래 구조를 계획한다면 영세율 처리가 가능할 수 있습니다.

그런데 위와 같이 단순한 외견상 구조를 넘어 가상자산 발행업체와 해외 재단 간 거래가 코인을 발행법인으로 이전하기 위한 형식적인 거래임을 감안한다면, 이러한 거래가 본질적으로 부가가치를 창출하는 거래인가라는 질문이 있습니다. 즉 앞서 살펴본 바와 같이 '실질적인 관리장소'라는 개념을 사용한다면 해외 재단 은 실질적인 사업 수행이 없는 가상자산의 발행과 등록만을 위한 것으로 간주될 수 있습니다. 결국 이러한 거래는 하나의 경제적 실체간 내부거래이며 용역 제공 을 통해 추가적인 부가가치 창출이 없으므로 과세대상 거래가 아니라는 주장도 가능합니다.

2. 법인세법상 과세시기 및 과세소득의 결정

ICO를 담당한 해외 재단을 내국법인으로 의제하여 법인세를 과세할 수 있다 면, 그 다음 단계로 매년 법인세법상 과세소득을 어떻게 산정하여야 하는지 결정 하여야 합니다. 이에 대해 '익금과 손금의 귀속사업연도는 그 익금과 손금이 확정 된 날이 속하는 사업연도로 한다'라는 원칙적인 세법 규정이 널리 인용되고 있는 데 이를 소위 '권리의무확정주의'라 합니다(법인세법 제40조). 구체적으로 시행 령 등에서는 재화의 경우에는 '인도일', 용역의 경우에는 '그 제공을 완료한 날'을 규정하고 있습니다.

앞서 본 기획재정부의 유권해석은 유틸리티 토큰을 판매할 수 있는 재화로 보 고 발행(판매)하는 때에 손익을 인식하도록 하였고, 이러한 해석을 그대로 적용한 다면 해외 재단은 발행한 유틸리티 토큰의 대가로 수령한 가상화폐 전액을 즉시 당기 과세소득에 포함하여 법인세를 신고하여야 합니다.

하지만 권리의무확정주의의 법리를 고려할 때 이러한 유권해석이 타당한지 제고되어야 할 것으로 생각됩니다[46]. 즉, 어떠한 대가를 받을 수 있는 권리가 발생하기 위해서는 먼저 공급하는 자가 재화 및 용역을 완성하여 이를 인도하여야 하는 의무를 이행할 정도가 되어야 하는데, 유틸리티 토큰은 특정 생태계를 기반으로 서비스에 사용될 수 있는 증표로서 기능을 할 뿐, 그 자체로 생태계를 개발·운영해야 하는 해외 재단이나 내국법인의 의무인 서비스 제공이 완료되었음을 의미하지 않는 경우가 많습니다. 따라서 의무를 이행하기 전에 수령한 대금에 대한 완전한 권리가 형성될 수 없다는 계약법적, 회계적, 경제적인 상식에 비추어 위 유권해석의 결론을 모든 사례에 일률적으로 적용하기는 어려울 것입니다.

또한 게임머니에 관한 유권해석에서는 게임머니가 사용된 시점에 수익을 인식하고 법인세를 납부하도록 하였습니다. 만약 유틸리티 토큰이 판매된 사업연도에 수익을 일시에 인식하도록 한다면 이는 게임머니 사례와 비교하여 납세자에게 상당히 불리한 결과를 초래하는 것입니다.

---

[46] 대법원 1984. 3. 13. 선고, 83누720 판결, 대법원 2003. 12. 26. 선고, 2001두7176 판결 등 권리확정주의는 소득의 원인이 되는 권리의 확정시기와 소득의 실현시기와 사이에 시간적 간격이 있을 때 과세상 소득이 실현된 때가 아닌 권리가 발생된 때를 기준으로 하여 그 때 소득이 있는 것으로 보고 당해 연도의 소득을 산정하는 방식으로서 실질적으로는 불확실한 소득에 대하여 장래 그것이 실현될 것을 전제로 하여 미리 과세하는 것을 허용한 것으로, 납세자의 자의에 의하여 과세연도의 소득이 좌우되는 것을 방지하고자 하는데 그 의의가 있는 것이며, 이와 같은 과세대상 소득이 발생하였다고 하기 위하여 소득이 현실적으로 실현되었을 것까지는 필요 없다고 하더라도 소득이 발생할 권리가 그 실현의 가능성에 있어 상당히 높은 정도로 성숙, 확정되어야 하고, 따라서 그 권리가 이런 정도에 이르지 아니하고 단지 성립한 것에 불과한 단계로서는 소득의 발생이 있다고 할 수 없으며, 여기서 소득이 발생할 권리가 성숙, 확정되었는지 여부는 일률적으로 말할 수 없고 개개의 구체적인 권리의 성질과 내용 및 법률상·사실상의 여러 사항을 종합적으로 고려하여 결정하여야 한다.

서면-2015-법인-1902, 2016.3.24.
【질의】
(사실관계)
◦ 질의법인은 온라인게임 제공회사로 '15.8월부터 자체 플랫폼 구축을 통해 이용자에게 직접 부분무료 게임서비스를 제공하고 있으며,
  – 게임서비스는 무상으로 제공하는 반면, 게임아이템은 게임머니를 통하여 유상으로 제공하고 있음.
◦ 이용자는 웹사이트에서 신용카드 등 결제를 통하여 게임머니를 충전한 후 이를 게임 진행 중에 아이템 구매를 위하여 사용할 수 있으며,
  – 미사용 게임머니는 환불허용정책에 따라 이용자의 요청시 10%의 환불수수료(1만원 미만의 경우 1천원)를 공제한 후 환불하고 있음.
(질의내용)
◦ 온라인게임 제공법인이 게임아이템을 구매하기 위한 게임머니를 이용자에게 판매하는 경우 손익귀속시기

【회신】
귀 질의의 경우 기존 회신사례(서면법령해석-138, 2015.2.6.)를 참고하기 바람.

◆ 서면법령해석과-138, 2015.2.6.
인터넷 및 모바일 게임용역을 제공하는 내국법인이 자체 플랫폼을 개발하여 자사에서 개발한 게임과 타사에서 개발한 게임을 제공하기 위해 게임이용자에게 해당 게임을 이용하는데 필요한 게임머니를 판매하거나 경품당첨자에게 게임머니를 무상으로 지급하는 경우, 손익귀속시기는 이용자가 그 게임머니를 사용한 날이 속하는 사업연도로 하는 것임.

그렇다면 유틸리티 토큰이나 기타 가상자산의 경우 어떻게 수익인식 시기 및 금액을 결정해야 하는지 질문할 수 있습니다. 아쉽게도 현재 이와 관련하여 명확한 가이드라인은 없다고 볼 수 있습니다. 물론 납세자는 기업회계기준 또는 관행에 따라야 한다는 주장을 할 수 있겠지만, 가상자산과 관련된 회계처리감독지침이 2023년 12월에야 제정된 점 그리고 회계처리감독지침의 해석과 적용은 외부

감사인의 독립적인 의사결정이라는 점을 고려할 때 과세관청은 '계속하여 적용된 회계기준이나 관행'이 아직까지 정립되지 않았다는 이유로 납세자의 회계 및 세무처리를 배척할 가능성이 높아 실무상 유의하여야 합니다.

결국 가상자산 발행자는 비지니스 모델의 심층 분석을 포함한 합리적이고 설득력 있는 수익인식기준을 마련하고 이를 문서화하여 추후 세무당국의 요청에 대비하는 것이 필요하지 않을까 생각됩니다.

3. 발행업체가 임직원 보상 용도로 사용하는 가상자산

가상자산 발행업체의 임직원 등은 벤처기업과 유사하게 회사의 성장에 기여한 데 따른 성과보상의 일종으로 가상자산을 지급받는 경우가 있는데, 가상자산 발행업체는 이때 가상자산을 추가로 발행하거나 또는 사내에 유보된 가상자산 등을 종업원에게 지급하게 됩니다.

단순해 보이는 거래이지만 조금 난해한 세무상 문제를 야기할 수 있습니다. 가장 먼저 세법상 공제되는 비용으로 인정받을 수 있는지 여부입니다. 현행 법인세법은 주식매수선택권(소위 스톡옵션) 행사에 따라 주식을 시가보다 낮게 발행하는 경우 그 주식의 실제 행사가액과 시가의 차액을 손금으로 인정하는 조건을 상당히 엄격하게 규정하고 있습니다(법인세법 시행령 제19조 제19호 및 제19호의 2).

이러한 법 제정의 배경에는 신주발행형 주식매수선택권인 경우 부여한 법인 입장에서 주식매수선택권의 행사가액만큼 자본이 증가할 뿐 순자산이 감소되지 않으므로 주식의 시가와 행사가격의 차액은 손금, 즉 비용에 해당하지 않는다는 판례에 기인하고 있습니다(서울고등법원-2019-누-31589, 2019.11.6., 대법원

-2019-두-60813, 2020.3.26., 부산고등법원(울산) 2022누10616, 2023.5.25. 참고).

이해를 돕기 위해 간단한 예를 들면, 임직원이 시가 20,000원인 주식을 주식매수선택권(행사가격 10,000원)을 행사하여 취득하는 상황에서 법원은 순자산 증가설에 입각하여 부여법인은 임직원이 법인에 납입한 10,000원 만큼만 자본과 현금이 증가하게 되므로 비용으로 처리할 금액은 없다고 본 것입니다. 법인세법에서 비용이 발생하지 않은 상황임에도 불구하고 임직원은 시가와 행사가액의 차액인 10,000원을 근로소득으로 신고하고 소득세를 납부하여야 합니다(소득세법 시행령 제38조 제1항 제17호).

위 판례를 취지를 그대로 적용할 때, 가상자산 발행법인이 가상자산을 임직원 보상 용도로 지급하더라도 순자산 증가나 감소가 없는 거래로 취급되어 수익과 비용은 인정되지 않을 수 있습니다. 반면, 임직원 입장에서는 지급받은 가상자산의 시가에 해당하는 근로소득이 발생한 것으로 가상자산 발행법인은 원천징수의무를 이행하여야 합니다[47].

> 근로를 제공함으로써 받는 임금·상여·수당과 유사한 성질의 급여로서, 종업원이 받는 공로금·위로금·개업축하금 기타 이와 유사한 성질의 급여는 근로소득의 범위에 포함되는데, 지급형태나 명칭을 불문하고 성질상 근로의 제공과 대가관계에 있는 일체의 경제적 이익이 근로소득에 포함될 뿐만 아니라, 직접적인 근로의 대가 외에도 근로를 전제로 그와 밀접히 관련되어 근로조건의 내용을 이루고 있는 급여도 근로소득에 포함된다(대법원 2007.10.25., 선고 2007두1941).

---

[47] 시가 여부에 대한 논의로 확대를 방지하기 위하여 활성시장이 존재하여 그 시가를 확인할 수 있다는 것을 전제로 합니다.

설사 법인세법상 지급하는 가상자산의 시가에 해당하는 금액을 '인건비' 또는 '그 밖의 손비로서 그 법인에 귀속될 금액'으로 보아 세법상 비용으로 인정하더라도 세법상 비용으로 처리가능한 시점은 법인세법상 지급의무가 확정된 때라는 점 그리고 손금 인정금액은 지급의무 확정시점의 시가라는 점에서 약정에 따른 근로제공기간 동안 매년 비용으로 처리하는 일반적인 회계원칙과 차이가 있을 수 있다는 점도 주의하여야 합니다(법인세법 시행령 제19조 제3호 및 제24호).

법인세법 시행령 제19조 【손비의 범위】
3. 인건비[내국법인이 발행주식총수 또는 출자지분의 100분의 100을 직접 또는 간접 출자한 해외현지법인에 파견된 임원 또는 직원의 인건비로서 「소득세법」 제127조 제1항에 따라 근로소득세가 원천징수된 인건비(해당 내국법인이 지급한 인건비가 해당 내국법인 및 해외출자법인이 지급한 인건비 합계의 100분의 50 미만인 경우로 한정한다)를 포함한다]
24. 그 밖의 손비로서 그 법인에 귀속되었거나 귀속될 금액

이 역시 주식매수선택권의 일반적인 회계처리와 세무조정의 차이에서 기인한 것인데, 현행 회계처리기준에서 신주발행형 주식매수선택권은 부여일을 기준으로 공정가치를 측정하고, 그 후 공정가치가 변동되더라도 재측정하지 않습니다. 이에 따라 회계상 계상한 주식보상비용의 누적액은 법인세법상 비용으로 처리할 수 있는 금액과 차이가 발생하는데, 법인세법은 적격 주식매수선택권의 행사시점의 주식 시가와 행사가격의 차이를 비용으로 인정하고 있기 때문입니다.

앞선 예를 조금 더 응용하여 이를 설명하면 다음과 같습니다.

부여일의 주식 시가	12,000원
행사가격	10,000원
행사조건	2년간 근무
부여일의 주식매수선택권 가치	3,000원

행사일의 주식 시가	20,000원

[회계처리] 부여일의 주식매수선택권의 공정가치인 3,000원을 기준으로 2년간 비용을 안분하여 회계처리하여야 하므로 부여법인은 매년 1,500원을 주식보상비용으로 회계처리 합니다. 이때 상대 계정과목은 자본조정(주식매수선택권)으로 처리합니다.
임직원이 주식매수선택권을 행사하는 시점에 부여법인은 행사가격 10,000원과 누적된 주식매수선택권 3,000원(자본조정)을 차변으로, 자본금의 증가 13,000원을 대변으로 회계처리 합니다. 결국 행사일의 주식 시가 20,000원과 전혀 무관하게 회계처리가 종료됩니다.

[세무조정]
근무 기간 중 - 부여법인은 주식보상비용을 손금불산입(기타)으로 처리
행사 시점 - 행사 시점에 행사가격과 시가의 차액인 10,000원을 손금산입(기타) 처리

4. 발행업체가 서비스 개발자에게 지급한 가상자산

가상자산 발행업체가 서비스 개발자에게 용역 서비스에 대한 대가를 가상자산으로 지급하는 것은 그 자체로 유상거래가 성립되었고 단지 지급수단으로 가상자산이 사용된 것이므로 가상자산의 시가를 사용하여 세무상 처리를 하는 것이 부가가치세법 및 법인세법에 따른 원칙적인 방법으로 볼 수 있습니다. 이는 서비스 개발자가 제공한 용역의 시가와 가상자산의 시가가 일치한다는 일반적인 가정에 따른 것입니다.

부가가치세법 제29조 【과세표준】
① 재화 또는 용역의 공급에 대한 부가가치세의 과세표준은 해당 과세기간에 공급한 재화 또는 용역의 공급가액을 합한 금액으로 한다.
③ 제1항의 공급가액은 다음 각 호의 가액을 말한다. 이 경우 대금, 요금, 수수료, 그 밖에 어떤 명목이든 상관없이 재화 또는 용역을 공급받는 자로부터 받는 금전적 가치 있는 모든 것을 포함하되, 부가가치세는 포함하지 아니한다.

1. 금전으로 대가를 받는 경우: 그 대가. 다만, 그 대가를 외국통화나 그 밖의 외국환으로 받은 경우에는 대통령령으로 정한 바에 따라 환산한 가액
2. 금전 외의 대가를 받는 경우: 자기가 공급한 재화 또는 용역의 시가

법인세법 시행령 제72조【자산의 취득가액 등】
② 법 제41조 제1항 및 제2항에 따른 자산의 취득가액은 다음 각 호의 금액으로 한다.
8. 그 밖의 방법으로 취득한 자산: 취득당시의 시가

만약 이러한 일반적 가정이 성립하지 않고, 서비스 개발자가 해당 가상자산 발행업체 이외의 자에게 유사한 용역을 공급하고 수령한 대가와 가상자산의 시가에 차이가 있다면 비록 제3자와 거래라고 할지라도 과세당국의 소명요구가 있을 수 있으니 유의하여야 합니다. 실무상으로는 가상자산 발행업체가 현금으로 결제할 수 있는 여력이 있다면 현금으로 결제하여 과세당국과 불필요한 접촉을 피하는 것이 최선으로 보입니다.

2.2 | 가상자산 투자자에 대한 과세

1. 개인투자자의 소득세 신고 의무

법인세법은 순자산이 증가되는 모든 거래를 포괄적 익금으로 보고 과세하므로 특별히 과세대상을 하나 하나 규정할 필요가 없는 반면, 소득세법은 과세대상이 되는 소득을 법에 정확히 규정하여야 합니다. 그 기원을 정확히 찾기는 어렵지만, 법인은 모든 거래를 장부에 기록하고 매년 손익계산서를 작성하므로 투명성이 보장된 반면, 개인들은 그렇지 않기 때문에 법률에 과세되는 수입의 종류를 자세히 규정할 필요가 있었다고 보여 집니다.

가상자산을 채굴하거나 투자한 개인에 대한 과세 여부는 가상자산을 양도·대여함으로써 발생하는 소득을 기타소득으로 과세하도록 2020년 소득세법이 개정되면서 과세의 기초를 마련하였습니다. 하지만 과세여건 마련 및 금융투자소득과 형평성을 고려하여 시행시기가 수차례 유예되었고, 현행 소득세법에서는 그 시행시기를 2027년 1월 1일 이후 양도·대여하는 분부터 과세하도록 하고 있습니다.

소득세법 제21조 【기타소득】 제1항 제27호
「가상자산 이용자 보호 등에 관한 법률」 제2조 제1호에 따른 가상자산(이하 "가상자산"이라 한다)을 양도하거나 대여함으로써 발생하는 소득(이하 "가상자산소득"이라 한다)

가상자산 이용자 보호 등에 관한 법률 제2조 【정의】
이 법에서 사용하는 용어의 뜻은 다음과 같다.
1. "가상자산"이란 경제적 가치를 지닌 것으로서 전자적으로 거래 또는 이전될 수 있는 전자적 증표(그에 관한 일체의 권리를 포함한다)를 말한다. 다만, 다음 각 목의 어느 하나에 해당하는 것은 제외한다.
　가. 화폐·재화·용역 등으로 교환될 수 없는 전자적 증표 또는 그 증표에 관한 정보로서 발행인이 사용처와 그 용도를 제한한 것
　나. 「게임산업진흥에 관한 법률」 제32조 제1항 제7호에 따른 게임물의 이용을 통하여 획득한 유·무형의 결과물
　다. 「전자금융거래법」 제2조 제14호에 따른 선불전자지급수단 및 같은 조 제15호에 따른 전자화폐
　라. 「주식·사채 등의 전자등록에 관한 법률」 제2조 제4호에 따른 전자등록주식등
　마. 「전자어음의 발행 및 유통에 관한 법률」 제2조 제2호에 따른 전자어음
　바. 「상법」 제862조에 따른 전자선하증권
　사. 「한국은행법」에 따른 한국은행(이하 "한국은행"이라 한다)이 발행하는 전자적 형태의 화폐 및 그와 관련된 서비스
　아. 거래의 형태와 특성을 고려하여 대통령령으로 정하는 것

1) 과세대상 가상자산

소득세법상 과세대상이 되는 가상자산은 가상자산 이용자 보호 등에 관한 법률의 가상자산 정의를 차용하고 있는데, 가상자산을 '경제적 가치를 지닌 것으로서 전자적으로 거래 또는 이전될 수 있는 전자적 증표'로 포괄적으로 규정하되 일부 경제적 가치를 가진 디지털자산을 예시적으로 제외하고 있습니다. 개인 납세자 입장에서 이는 향후 새로운 형태로 개발되는 가상자산이 과세대상에 포섭될 수 있다는 점에 주의할 필요가 있습니다[48].

가상자산을 양도·대여하여 발생하는 소득의 계산방식은 2020년 소득세법 개정 당시 기획재정부가 발표한 개정세법 해설에서 일목 요연하게 설명되고 있습니다. 일견 해외주식 양도차익 과세방식과 상당히 유사한 점을 발견할 수 있습니다.

(과세대상) 가상자산을 양도·대여함으로써 발생하는 소득
- (소득구분) 기타소득
- (소득금액의 계산방법) 1 - 2
  1 총수입금액: 양도(매매, 교환)·대여의 대가
  2 필요경비: 실제 취득가액 등*
  * 부대비용(거래 수수료, 세무 관련 비용 등) 포함
  – 취득가액 평가방법 : 선입선출법*
   *「법인세법」에서도 동일하게 규정
  – 법 시행 전 보유한 가상자산의 의제취득가액 : Max(법 시행일 전일의 시가*, 실제 취득가액 등)
   * 구체적인 기준은 시행령에서 규정
- (과세방법) 분리과세(원천징수하지 않음)
  ◦ (세율) 20%

---

48 NFT나 토큰 증권은 일반적으로 가상자산의 정의를 만족하지 못하는 것으로 해석됩니다. 하지만 해당 계약의 성격에 따라 과세여부가 달리 결정될 수 있는 여지가 있으므로 유의하셔야 합니다.

- (손익통산) 과세기간 내 손익통산 허용
- (과세최저한) 과세기간별 소득금액 250만 원 이하
- (신고·납부) 연 1회 신고·납부(5.1.~5.31.)

2) 소득의 계산

거래소득은 양도금액에서 취득을 위해서 소요된 원가를 공제하는 방식으로 계산되며 이때 원가는 매입금액과 부대비용(거래 수수료, 세무 관련 비용 등)을 포함합니다.

소득세법 제21조 【기타소득】
③ 기타소득금액은 해당 과세기간의 총수입금액에서 이에 사용된 필요경비를 공제한 금액으로 한다.

소득세법 제37조 【기타소득의 필요경비 계산】
① 기타소득금액을 계산할 때 필요경비에 산입할 금액은 다음 각 호에 따른다.
3. 제21조 제1항 제27호의 가상자산소득에 대해서는 그 양도되는 가상자산의 실제 취득가액과 취득·양도 또는 대여를 위하여 소요된 부대비용을 필요경비로 한다.
② 다음 각 호의 경우 외에는 해당 과세기간의 총수입금액에 대응하는 비용으로서 일반적으로 용인되는 통상적인 것의 합계액을 필요경비에 산입한다.
1. 제1항이 적용되는 경우
2. 광업권의 양도대가로 받는 금품의 필요경비 계산 등 대통령령으로 정하는 경우
⑤ 제1항 제3호의 필요경비를 계산할 때 2027년 1월 1일 전에 이미 보유하고 있던 가상자산의 취득가액은 2026년 12월 31일 당시의 시가와 그 가상자산의 취득가액 중에서 큰 금액으로 한다.
⑥ 제1항 제3호에도 불구하고 대통령령으로 정하는 사유로 2027년 1월 1일 이후 취득하는 가상자산의 실제취득가액을 확인하기 곤란한 경우에는 해당 가상자산과 같은 종류의 가상자산 전체의 양도에 따른 필요경비를 그 가상자산 전체의 총양도가액에 100분의 50 이하의 범위에서 대통령령으로 정하는 비율을 곱한 금액으로 할 수 있다. 이 경우 부대비용은 필요경비에 산입하지 아니한다.

다른 기타소득과 달리 가상자산거래소득은 소득세법 제37조 및 소득세법 시행령 제88조에서 다시 한번 자세히 규정하고 있습니다. 그런데 소득세법 제37조 제2항을 보면 마치 '일반적으로 용인되는 통상적인 것의 합계액을 필요경비에 산입한다'는 규정의 예외로 가상자산거래소득의 필요경비를 규정한 것으로 오인할 소지가 있습니다. 하지만 이는 2027년 1월 1일 이전에 취득한 가상자산에 대하여 의제취득가액을 적용하기 위한 것으로 해석되어야 하는 것이지 가상자산거래와 관련된 부대비용을 최소한으로 제한하는 것으로 확대 해석되지 말아야 할 것입니다.

가상자산거래소득을 계산하는 방법은 소득세법 시행령 제88조에서는 자세하게 규정하고 있습니다[49].

소득세법 시행령 제88조 【가상자산에 대한 기타소득금액의 계산 등】
① 법 제37조에 따라 법 제21조 제1항 제27호에 따른 가상자산(이하 "가상자산"이라 한다)을 양도함으로써 발생하는 소득에 대한 기타소득금액을 산출하는 경우에는 「특정 금융거래정보의 보고 및 이용 등에 관한 법률 시행령」 제10조의 10 제2호 나목의 가상자산주소별로 다음 각 호의 구분에 따른 평가방법을 적용하여 계산한다.
1. 「특정 금융거래정보의 보고 및 이용 등에 관한 법률」 제7조에 따라 신고가 수리된 가상자산사업자(이하 "신고수리가상자산사업자"라 한다)를 통해 거래되는 가상자산의 경우: 제92조 제2항 제5호의 이동평균법
2. 제1호 외의 경우: 제92조 제2항 제2호의 선입선출법
② 법 제37조 제5항에 따른 "2026년 12월 31일 당시의 시가"는 다음 각 호의 구분에 따른 금액으로 한다.
1. 신고수리가상자산사업자 중 국세청장이 고시하는 사업자(이하 "시가고시가상자산사업자"

---

49 2024년 말 소득세법 개정에 따른 시행령 개정 내용은 본서에 반영되지 못하였습니다. 하지만 2027년까지 과세가 유보되었으므로 추후 구체적인 내용을 보완하겠습니다.

라 한다)가 취급하는 가상자산의 경우: 각 시가고시가상자산사업자의 사업장에서 2027년 1월 1일 0시 현재 가상자산별로 공시한 가상자산 가격의 평균

2. 제1호 외의 경우: 시가고시가상자산사업자 외의 신고수리가상자산사업자(이에 준하는 사업자를 포함한다)의 사업장에서 2027년 1월 1일 0시 현재 가상자산별로 공시한 가상자산 가격

③ 가상자산 간의 교환(이하 이 항에서 "교환거래"라 한다)으로 발생하는 소득에 대한 기타소득금액을 산출하는 경우에는 다음 각 호의 구분에 따른 기축가상자산(교환거래를 할 때 교환가치의 기준이 되는 가상자산을 말한다. 이하 이 항에서 같다)의 가액에 교환거래의 대상인 가상자산과 기축가상자산 간의 교환비율을 적용하여 계산한다.

1. 시가고시가상자산사업자를 통해 거래되는 기축가상자산의 경우: 교환거래 시점과 동일한 시점에 기축가상자산이 금전으로 교환된 가액

2. 「외국환거래법」에 따른 외국통화에 연동되는 기축가상자산의 경우: 교환거래일 현재 같은 법 제5조 제1항에 따른 기준환율 또는 재정환율에 따라 환산한 가액

④ 제1항부터 제3항까지에서 규정한 사항 외에 가상자산에 대한 기타소득금액의 계산에 필요한 사항은 국세청장이 정하여 고시한다.

먼저 가상자산거래소득은 특금법 시행령 제10조의 10 제2호 나목의 가상자산주소별로 각각 계산하는 것이 원칙입니다. 가상자산주소가 가상자산이 보관될 수 있는 고유한 식별번호라는 개념에서 해당 식별번호를 통해서 거래되는 모든 거래를 통산하므로 당연히 과세기간 계좌 내에서 발생한 모든 이익과 손실은 서로 통산하는 것으로 해석되며, 가상자산주소별로 각각 집계된 이익과 손실도 특정 과세연도 내에서 통산하여 계산합니다. 다만 특정연도의 손실이 다음연도로 이월되지 않는 아쉬운 점도 있습니다.

수차례에 걸쳐 취득한 가상자산을 양도할 경우 취득가액 계산방법에 대해서는 신고 수리된 가상자산 사업자를 통하여 가상자산을 거래한 경우에는 이동평균법을 적용하고 그 외 형태로 가상자산을 거래한 경우에는 선입선출법을 적용하여

양도가액과 취득가액을 계산합니다(소득세법 시행령 제88조 제2항). 이동평균법이 통상적인 주식거래시 증권사 시스템에서 매매차익을 계산하는 방식으로 현재 가상자산거래소에서도 이와 동일한 매매차익 계산 방식을 사용하므로 국내거래소를 이용하는 납세의무자는 특별히 취득가액 계산 및 거래소득 계산에 어려움은 없을 것으로 예상됩니다. 하지만, 해외거래소를 사용하고 해당 해외거래소가 특금법에 따라 신고 수리되지 않은 경우, 특정연도 거래 내역을 모두 선입선출법으로 재구성하여 거래손익을 계산하여 신고하여야 합니다. 거래 건수가 많지 않은 투자자의 경우 선입선출법 재계산에 큰 무리가 없겠으나 전문적인 투자자는 양도차익 계산이 거의 불가능할 수 있다는 애로점이 예상되므로 추후 소득세법에서 개선이 요구됩니다.

소득세법은 기본적으로 가상자산의 양도·대여가 원화로 이루어진 것을 가정합니다. 하지만 비트코인이나 이더리움 등을 사용하여 가상자산을 거래하는 경우가 많다는 점을 고려하여 거래금액(양도금액)을 산정하는 방식에 대해서도 설명하고 있습니다(소득세법 시행령 제88조 제3항). 법에서는 비트코인 등을 기축가상자산이라고 칭하고 있는데, 그 거래가액에 교환비율을 적용하여 양도가액이나 취득가액을 계산하도록 규정하고 있습니다.

3) 환율 적용

해외주식의 양도소득에 필연적으로 부수되는 환차익과 환차손에 대해 소득세법은 그 취득가액과 양도가액을 산정함에 있어 기준환율 또는 재정환율을 적용하도록 하여 그 환차손익이 양도차익 계산시 자연스럽게 반영되도록 하고 있습니다.

소득세법 시행령 제178조의 5 【국외자산 양도차익의 외화환산】
 ① 법 제118조의 4 제2항의 규정에 의하여 양도차익을 계산함에 있어서는 <u>양도가액 및 필요경비를 수령하거나 지출한 날 현재 「외국환거래법」에 의한 기준환율 또는 재정환율에 의하여 계산한다.</u>

위 규정이 기타소득 계산에도 그대로 적용될 수 있는지 여부는 불명확하여 보완이 필요할 것으로 보이나 기축가상자산과 교환시 양도차익 계산에서 '교환거래일 현재 같은 법 제5조 제1항에 따른 기준환율 또는 재정환율에 따라 환산한 가액'을 사용하도록 한 것에서 과세관청의 의도는 거래 관련 환차손익은 기타소득에 포함되는 것으로 유추할 수 있다(소득세법 시행령 제88조 제3항). 만약 그렇지 않다면 국내거래소와 해외거래소의 이용에 따른 과세불평등이 심각해질 것입니다. 아래 예시에는 환율 변동분이 어떻게 거래손익에 포함되는지 보여주고 있습니다.

〈예시〉
국내거래소 시세

일자	코인가격 (달러)	환율 (원/달러)	국내거래소 프리미엄	국내거래소 시세
1월 1일	5,000	1,000	5%	5,250,000
2월 1일	4,800	1,000	5%	5,040,000
9월 1일	4,900	950	5%	4,887,750
12월 30일	5,000	1,050	5%	5,512,500

(국내거래소 이용)
거래 내역

일자	거래 내역	계좌 잔액	
		코인	현금
1월 1일	1,000만원 국내거래소에 입금	–	10,000,000
2월 1일	코인 1개 구입	1	4,960,000
9월 1일	코인 1개 구입	2	72,250
12월 30일	코인 2개 매도	–	11,097,250

거래손익

	단가	수량	금액
총수입금액	5,512,500	2	11,025,000
필요경비	4,963,875	2	9,927,750
기타소득			1,097,250

(해외거래소 이용)
거래 내역

일자	거래 내역	계좌 잔액	
		코인	현금(달러)
1월 1일	1,000만원 해외거래소에 입금	–	10,000
2월 1일	코인 1개 구입	1	5,200
9월 1일	코인 1개 구입	2	300
12월 30일	코인 2개 매도	–	10,300

거래손익 (방법1: 환차익 포함)

	단가	수량	환율	금액(원화)
총수입금액	5,000	2	1,050	10,500,000
필요경비	4,850	2	–	9,455,000
기타소득(원화)				1,045,000

필요경비 9,455,000 = 4,800 × 1,000 + 4,900 × 950

거래손익 (방법2: 환차익 제외)

	단가	수량	금액
	단가	수량	금액(달러)
총수입금액	5,000	2	10,000
필요경비	4,850	2	9,700
기타소득(외화)			300
환율			1,050
기타소득(원화)			315,000

4) 의제취득가액

앞서 언급한 바와 같이 개인에 대한 기타소득은 2027년 1월 1일 이후 양도·대여하는 분부터 과세하도록 하고 있습니다. 따라서 그 이전 이미 시세가 상승하여 잠재된 소득이 있다면 이를 제외하는 것이 가능하도록 법이 마련되었습니다. 즉, 2027년 1월 1일 이전에 취득한 가상자산에 대하여 당초 취득한 가액을 기준으로 양도차익을 계산할 경우 2027년 1월 1일 이전에 발생한 차익이 과세되는 결과가 초래되므로 이를 방지하고자 하는 것입니다.

잠재된 차익의 과세를 방지하기 위해 소득세법은 의제취득가액이라는 개념을 도입하였는데, 국세청장이 고시한 가상자산 사업자가 취급하는 가상자산의 경우 해당 사업자가 2027년 1월 1일 0시 현재 공시한 가격의 평균액을, 그 외 가상자산은 가상자산 사업자 및 그에 준하는 사업자가 공시하는 2027년 1월 1일 0시 현재 가상자산 가격을 취득가액으로 의제하되, 가상자산의 당초 취득가액이 이보다 더 큰 경우 당초 취득가액을 인정하는 것입니다. 물론 이때 가액은 환율이 고려된 원화로 환산하여 비교하여야 할 것인데, 만약 원화로 가격이 공시되지 않는 거래소를 이용할 경우 2026년 12월 31일 기준환율과 2027년 1월 1일 기준환율 중 어떤 환율을 이용하여야 하는지 아직 명확하지 않습니다.

흥미로운 점은 잠재된 손실이 있는 경우 이는 소멸되지 않고 2027년 1월 1일 이후 손익 계산시 반영된다는 점입니다. 따라서 투자자는 현재 미실현 손실이 발생한 계좌(주소)에 특정가상자산의 평균취득단가를 낮추기 위해서 추가로 매수하는 행위(소위 물타기)가 향후 세금을 불필요하게 증가시킬 수 있다는 점에 유의하여야 합니다. 즉 계좌(주소)별로 이익 계좌와 손실 계좌를 구분 관리할 경우 이익은 과세되지 않고 손실은 추후 공제가 가능한 구조입니다. 지갑들을 관리할 필요가 있습니다.

5) 세액 계산

개인 투자자는 양도가액에서 취득원가 및 부대비용 등 필요경비를 차감하여 계산된 가상자산거래소득에 기본공제 250만원을 공제한 뒤 20%의 세율을 적용하여 소득세액을 계산합니다. 물론 지방소득세가 별도로 2% 추가되므로 실제로는 22%의 세율로 과세됩니다.

일반적인 기타소득의 경우 300만원을 초과하는 경우 다른 소득과 합산되어 종합소득세가 과세되는 반면 가상자산 양도·대여에서 발생한 기타소득은 금액의 크기에 상관없이 종합소득으로 합산되지 않는 장점이 있습니다. 다만 종합소득세 확정신고와 마찬가지로 매년 5월 1일부터 5월 31일까지 기간 동안 직전연도에 발생한 소득을 기반으로 소득세를 신고·납부해야 합니다.

아마도 현재 개인이 투자 대상으로 고려하는 가상자산이 주로 해외에서 개발된 가상자산이므로 최대한 해외주식 양도차익에 대한 과세에 준하여 과세하기 위하여 위와 같은 과세방식을 채택한 것으로 보입니다.

2. 가상자산을 보유한 법인에 대한 과세

일반적으로 법인이 사업과 관련하여 가상자산을 보유하는 경우는 흔한 경우는 아니겠으나, 내국법인에 대해 포괄주의 과세방식이 적용되므로 선입선출법을 적용하여 계산된 매매 손익은 전액 법인세 과세대상이 됩니다.

법인세법은 가상자산에 대해 선입선출법만 적용하도록 하고 있습니다(법인세법 제42조, 동법 시행령 제73조 제6호 및 제77조). 물론 법조문 자체는 평가라는 용어를 사용하고 있으나 엄밀히 이는 장부가액 계산 시 필요한 자산 흐름에 대한 가정이라고 할 수 있으며, 이렇게 하나의 기준을 강제적으로 적용하는 이유는 손익 조정 방지와 납세자 간 과세형평성을 도모하고자 하는 것입니다.

각 호의 어느 하나에 해당하는 경우에는 그러하지 아니하다.
2. 재고자산(在庫資産) 등 대통령령으로 정하는 자산과 부채의 평가

법인세법 시행령 제73조【평가대상 자산 및 부채의 범위】
법 제42조 제1항 제2호에서 "재고자산(在庫資産) 등 대통령령으로 정하는 자산과 부채"란 다음 각 호의 것을 말한다.
6. 「특정 금융거래정보의 보고 및 이용 등에 관한 법률」 제2조 제3호에 따른 가상자산(이하 "가상자산"이라 한다)

법인세법 시행령 제77조【가상자산의 평가】
가상자산은 선입선출법에 따라 평가해야 한다.

법인은 위 규정에 따라 가상자산 취득 및 양도시 선입선출법을 적용하여 장부가액 및 처분시 취득가액을 계산하여야 합니다. 하지만 앞서 소득세법에서도 설명하였듯이 가상자산거래소를 이용하여 매매가 이루어지고 해당 거래소가 이동평균법으로 취득가액 및 손익을 산정한다면, 회사는 선입선출법을 적용하기 위해서 복잡한 재계산이 필요할 수 있다는 점에 유념하여야 합니다. 참고로 법인세법 시행령 제75조에서 유가증권은 개별법, 총평균법, 이동평균법 중 납세자가 선택하여 신고한 방법에 따르도록 하고 있다는 점을 감안한다면, 가상자산에 대한 평가방식도 좀 더 유연한 접근이 필요할 수 있습니다.

3. 매매 이외의 방식으로 가상자산을 취득한 경우 과세문제

가상자산을 취득하는 방법에는 채굴, 매매, 스테이킹, 에어드롭, 하드포크 등이 다양한 형태가 있을 수 있습니다. 일반적인 매매 차익의 과세방법에 대해서는 앞서 살펴본 바와 같으므로 이하에서는 매매 이외의 방식으로 취득한 경우 과세

문제에 대해서 살펴보고자 합니다. 다만, 현재까지 구체적 규정과 유권해석이 충분하지 않으므로 향후 과세당국의 입장이 변경되거나 새롭게 발표될 경우 그에 따라야 합니다.

1) 채굴

채굴이란 블록에 담긴 암호를 해독하고 검증해 새로운 블록을 인정받게 하는 절차에 참여하여 암호를 풀고 그 보상으로 가상자산을 획득하는 것을 말합니다. 블록체인 생태계를 유지하기 위한 이러한 보상방식은 차츰 고성능의 장비를 지닌 대형 채굴자들이 채굴에 뛰어들면서 사업화 되었습니다.

채굴을 통해 가상자산을 수취하는 것은 농산물을 수확하는 것과 유사하게 그 자체로 소득이 실현되었다고 보기는 어렵기 때문에 바로 소득세가 부과되지는 않을 것으로 보이지만 추후 이렇게 취득한 가상자산을 양도·대여한 경우 발생하는 소득은 개인의 경우 기타소득으로 법인의 경우 각 사업연도소득으로 과세됩니다[50].

그러나 실무적으로는 다음과 같은 쟁점에 대해서도 좀 더 명확한 가이드라인이 필요할 것으로 생각됩니다.

○ 가상자산의 취득가액

거래소를 통해 매매한 경우 취득가액은 쉽게 증명할 수 있으나, 개인이나 법인이 직접 채굴한 경우 발생한 원가를 취합하는 것은 쉽지 않습니다. 기획재정부는

---

50 과세당국이 채굴 시 전기료 등을 기타소득의 부대비용으로 예시하고 있다는 점 역시 채굴 완료 시점이 아닌 양도시점에 과세가 된다는 견해를 뒷받침한다고 볼 수 있습니다.

2021년 비거주자·외국법인에 대한 기타소득 과세 규정을 신설하면서 개정세법 해설자료에 필요경비로 '가상자산 채굴 시 전기료 등'으로 예시적으로 표현하고 있을 뿐이며, 소득세법도 '가상자산의 실제 취득가액과 취득·양도 또는 대여를 위하여 소요된 부대비용을 필요경비'로 정하고 있을 뿐입니다(소득세법 제37조 제1항).

결국 개인이 직접 가상자산을 채굴한 경우 채굴과 관련된 직접 및 간접 경비 증빙을 모두 취합하여 추후 과세당국에 합리적으로 설명하여야 필요경비로 인정 받을 수 있을 것이며, 법인의 경우에도 원가 계산을 통해 채굴에 소요된 원가만 산정하여 취득가액으로 계상하여야 할 것입니다. 물론 2024년 12월 세법 개정을 통해서 취득가액의 확인이 불가능한 경우 양도가액의 일정 비율을 공제가능하도록 법이 개정되었습니다(소득세법 제37조 제6항).

○ 기타소득인가 사업소득인가

가상자산 채굴은 거래소를 통한 매수·매도와 달리 일정 기간 지속적인 노력이 필요합니다. 따라서 일시적이고 우발적 성격인 기타소득으로 과세하는 것이 타당한가라는 의문이 들 수 있다. 물론 매매의 경우에도 전문적인 시스템을 갖추고 알고리즘을 이용하여 거래할 수 있다는 측면에서 위와 동일한 문제에 직면할 수 있습니다.

먼저 소득세법에서는 사업소득 개념을 '영리를 목적으로 자기의 계산과 책임하에 계속·반복적으로 행하는 활동을 통하여 얻는 소득'으로 규정하고 있습니다. 즉, 어떤 개인이 계속·반복적인 활동으로 소득을 얻는 경우에는 해당 소득은 기타소득이 아닌 사업소득으로 과세될 수 있는 것입니다. 사업소득과 기타소득의 구분이 가장 중요한 이유는 적용되는 세율에 차이가 있기 때문입니다. 즉, 사업소득은 종합소득으로 최소 6.6%에서 최대 49.5% 세율이 적용될 수 있는 반면, 가상자산 기타소득은 22% 세율만 적용됩니다. 또한 개인의 상황에 따라 소득의 계속성과 반복성은 의료보험료의 부과대상이 되는 소득을 구분하는 기준이 되기도 합니다.

제19조 【사업소득】
① 사업소득은 해당 과세기간에 발생한 다음 각 호의 소득으로 한다. 다만, 제21조 제1항 제8호의 2에 따른 기타소득으로 원천징수하거나 과세표준확정신고를 한 경우에는 그러하지 아니하다.
21. 제1호부터 제20호까지의 규정에 따른 소득과 유사한 소득으로서 영리를 목적으로 자기의 계산과 책임 하에 계속적·반복적으로 행하는 활동을 통하여 얻는 소득
② 사업소득금액은 해당 과세기간의 총수입금액에서 이에 사용된 필요경비를 공제한 금액으로 하며, 필요경비가 총수입금액을 초과하는 경우 그 초과하는 금액을 "결손금"이라 한다.

소득세법 집행기준은 사업소득과 기타소득의 구분에 대한 개념을 제시하고 구체적인 예시를 포함하고 있어 유용합니다(소득세법 집행기준 21-0-10). 어떠한 소득이 사업소득에 해당하는지 아니면 기타소득에 해당하는지는 그 소득이 발생한 납세의무자의 활동내용, 기간, 횟수, 태양 그 밖에 활동 전후의 모든 사정을 고려하여 그것이 수익을 목적으로 하는지, 계속·반복성이 있는지 등을 사회통념에 따라 판단하여야 한다는 것입니다.

소득세법 집행기준 21-0-10 【사업소득과 기타소득의 구분】

구분	사업소득	기타소득
개념	• 개인이 영리를 목적으로 자기의 계산과 책임 하에 계속적·반복적으로 행하는 활동을 통해 얻는 소득	• 이자·배당·사업·근로·연금·퇴직·양도소득 외에 「소득세법」 제21조에서 열거하는 소득
판단기준	• 독립성 : 다른 사업자에게 종속·고용되지 아니하고 자기책임과 계산 하에 사업을 경영하는 것 • 계속·반복성 : 동종의 활동을 계속적·반복적으로 행하는 것 • 영리목적성 : 사업을 경제적 이익을 얻기 위한 의도를 가지고 행하는 것	• 사업 활동으로 볼 수 있을 정도의 계속성·반복성 없이 일시적·우발적으로 발생하는 소득

〈사례〉

유형	사업소득	기타소득
연구용역비	교수 등이 연구주체가 되어 연구계약을 체결하고 직접 대가로 수령하는 연구비	교수 등이 근로제공과 관계없이 대학으로부터 받는 연구비
문예창작소득	문필·미술·음악 등 예술을 전문으로 하는 사람이 창작활동을 하고 얻는 소득	신인발굴을 위한 문예창작 현상모집에 응하고 받는 상금
경영자문소득	변호사·회계사 등 전문직사업자가 독립적인 지위에서 사업목적으로 자문용역을 제공하고 얻는 소득	전문직 사업자가 아닌 자가 고용관계 없이 일시적으로 용역을 제공하고 얻는 소득

위 집행기준을 보면 자칫 채굴이나 전문적인 가상자산 매매로 인한 소득이 사업소득으로 간주될 여지가 많은 것으로 해석될 수 있습니다.

그러나, 나열된 사례들이 주로 인적용역에 기반한 소득인 점에 주목할 필요가 있습니다. 통상 인적용역은 동시에 두개 이상의 장소에서 행해지기는 어렵지만, 전산시스템을 이용한 영리활동은 반드시 개인의 직접적인 개입이 필요하지 않을 수 있기 때문입니다.

이와 유사한 판례로 계속·반복적으로 개인이 상장주식 매매행위를 하여 벌어들인 소득을 소득세법상 사업소득이 아닌 양도소득으로 판단한 사례가 있습니다(대법원 2012두21956, 2013.12.12). 동 사건에서 대법원과 고등법원은 원심판결을 인정하였으므로, 원심인 지방법원에서 과세관청의 의견과 달리 사업소득이 아닌 것으로 판단한 이유를 인용하면 다음과 같습니다(대구고등법원 2012누0790, 2012.9.7., 대구지방법원2011구합1353, 2012.3.7., 조심 2010구2673, 2011.4.26.).

(1) 주식양도로 인한 소득은 자본이득에 해당하고, 구 소득세법은 모든 주식의 양도소득을 양도소득세의 과세대상으로 하고 있는 것이 아니라 대주주가 주식을 양도하는 경우와 같이 특정한 경우에 한하여 양도소득세의 과세대상으로 하고 있다.

(2) 구 증권거래법상 유가증권의 매매업을 영위할 수 있는 자는 금융감독위원회의 허가를 받은 주식회사여야 하는데, 원고는 주식회사가 아니고 유가증권매매업을 위한 사업자등록을 하지도 않았으므로 일반 개인투자자와 구별되지 아니한다.

(3) 개인투자자는 다른 사업을 함과 동시에 직접 컴퓨터프로그램을 통하여 계속적, 반복적으로 주식매매행위를 쉽게 할 수 있으므로 계속성, 반복성만으로는 주식매매의 사업성을 인정하기 어렵다.

(4) 원고와 손AA 사이의 약정에 의하면, 원고는 자금을 조달하고 손AA의 의견에 따라 자신의 주식투자계좌를 이용하여 주식매매를 하였는데, 이러한 거래방식은 개인투자자가 증권투자 자문회사를 이용하여 주식매매를 하는 것과 동일하다.

(5) 통상 사업소득은 자산과 근로가 결합하여 소득을 창출하는 반면, 양도소득은 일정 시간 보유로 가치가 증가하여 소득이 발생하는데, 원고의 근로가 주식매매행위에 기여한 바가 적으므로 원고의 소득은 주식보유로 가치가 증가한 경우에 해당한다.

(6) 원고의 주식매매는 주식매매업자로서 확장, 발전 또는 지속 가능한 성장을 추구하기 위한 행위라기보다 단순한 매매차익을 얻기 위한 활동으로 보인다.

기타소득과 사업소득의 구분은 과세소득 계산 방식 및 세율 이외에 가상자산 양도·대여에 따른 소득이 기타소득으로 간주되어 2027년 1월 1일 이후부터 소득세법상 과세대상에 포함된다는 점에서 현시점에서 과세여부를 판단하는 기준이 될 수 있습니다. 다행히 현재 과세당국이 적극적으로 가상자산 관련 기타소득을 사업소득으로 간주하여 세금을 부과한 사례는 발견되지 않고, 비과세되는 소득은 과세관청이 다른 종류의 소득으로도 간주한다고 하여도 과세할 수 없다는 판례도 있으므로 2027년 이전에 발생한 가상자산 기타소득을 과세관청이 과세할 근거는 미약해 보입니다.

○ 다른 국가의 과세 방법

채굴로 획득하는 가상자산에 관해 국가별로 다르게 과세하고 있습니다[51]. OCED 보고서에 따르면 많은 국가들은 채굴로 취득한 가상자산을 채굴자가 채굴한 시점(extraction)에 과세하고 있으나 무시할 수 없는 수의 다른 국가들은 채굴된 가상자산을 교환(exchange) 또는 판매한(disposal) 시점에 과세하고 있다고 합니다[52].

국가	과세방법
미국	개인이 가상화폐를 채굴하여 취득한 경우 취득시점의 가상화폐 공정시장가치(fair market value)를 경상소득으로 보아 10%~37%의 세율로 종합과세한다. 사업적으로 가상화폐를 채굴하여 취득한 경우에는 사업소득으로 보아 종합과세하고, 채굴 수입이 400달러 이상이면 자영업소득(self-employment income)에도 해당하여 자영업세(self-employment tax)로 사회보장세 12.4%와 의료보장세 2.9%를 부과한다.

[51] 주요국의 가상자산 소득과세 제도 현황과 시사점, 국회입법조사처 | 2022. 5. 12. 제249호

[52] Taxing Virtual Currencies: An Overview of Tax Treatments and Emerging Tax Policy Issues, OECD 2022

국가	과세방법
영국	개인이 암호자산을 채굴하여 취득한 경우 취득시점의 암호자산 가치를 기타소득으로 보아 20%~45%의 세율로 종합과세하고, 만약 상거래(trade)로 채굴하여 취득한 암호자산은 그 가치에 상당하는 금액을 사업소득으로 보아 종합과세한다.
독일	통상적인 활동으로 암호자산을 채굴하여 얻은 소득은 기타소득에 해당하는데 그 소득이 256유로 이상인 경우에만 과세하며, 상업적인 활동으로 얻은 암호자산 관련 소득은 사업소득에 해당한다.
일본	개인이 암호자산을 채굴하여 취득한 경우에는 취득시점의 암호자산 시가에서 채굴을 위해 지출한 필요경비를 차감한 금액을 잡소득으로 보아 종합소득세를 과세한다. 물론 채굴을 사업상 수행하여 취득한 암호자산은 사업소득으로 본다.
호주	채굴을 사업으로 수행하였는지 여부에 따라 채굴된 암호화폐에 대한 과세방식을 달리 정하고 있는데, 즉 개인이 비사업적으로 채굴하여 취득한 암호화폐는 취득시점에 과세하지 아니하고 이를 처분할 때 그 소득에 대하여 자본이득세를 과세하고, 사업활동으로 채굴하여 취득한 암호화폐는 취득시점의 시가에서 채굴을 위해 지출한 필요경비를 차감한 금액에 대하여 과세한다.

○ 부가가치세 환급

가상자산의 채굴에는 컴퓨터 장비 구입 및 임대, 사업장 임대, 전기료 등이 필요한데, 이러한 비용에 포함된 부가가치세를 환급받을 수 있는지 여부가 상당기간 세무상 쟁점이 되었으나 결론적으로 환급이 불가능한 것으로 결론 내려졌습니다.

부가가치세는 사업자가 창출하는 부가가치에 대해서 과세하는 소비세의 일종입니다. 따라서 특정 사업자가 그 다음 단계에서 소비가 가능한 재화 및 용역, 즉 부가가치를 창출하지 않았다거나 부가가치세가 부과되지 않는 재화 및 용역이 생산되었다면 부가가치세가 과세되지 않습니다. 이렇게 부가가치를 창출하지 못하는 사업자는 부가가치세법의 구조상 최종소비자와 같은 입장이 되며, 해당 사업자가 구입한 재화 및 용역에 대해서 부담한 부가가치세는 환급되지 않습니다.

만약 여기에서 환급이 이루어진다면 현행 부가가치세법 체계(전단계세액공제방식)에서 아무도 부가가치세를 부담하지 않게 되는 것입니다.

결국 채굴이라는 행위가 새로운 부가가치를 창출하는 행위가 아니거나 또는 채굴된 가상자산이 부가가치세가 과세되는 재화가 아니라면 채굴하는 과정에서 소요되는 각종 비용에 포함된 부가가치세는 환급되지 않습니다.

부가가치세법상 과세되는 '재화'의 정의에 앞서, 가상자산 채굴이 부가가치를 창출하였는가에 대해서 다양한 의견이 있을 수 있으나, 적어도 부가가치라는 것이 소비 또는 경제적 효용의 직접적인 대상이 되어야 한다는 측면에서 보면 채굴을 통한 가상자산 취득은 실질적으로 경제적인 부가가치를 증가시키는 것은 아닌 것으로 보입니다.

재화의 정의에 대해서 부가가치세법은 재산가치가 있는 물건 및 권리로서 상품, 제품 등 모든 유체물과 전기, 가스, 열 등 관리할 수 있는 자연력, 그리고 특허권 등 재산적 가치가 있는 권리로 정의하고 있으며, 과세거래인 재화의 공급은 계약상 또는 법률상의 모든 원인에 따라 재화를 인도하거나 양도하는 것으로 정의하고 있다. 상품, 제품, 가스, 특허권 등은 모두 실질적으로 사용되거나 소비될 수 있는 한정적인 자원이라는 의미를 내포하고 있으므로 단지 사용가치가 없고 오직 교환가치만 가지고 있으면서 다른 재화의 교환 편의에만 사용되는 것은 부가가치세 부과대상인 재화가 될 수 없습니다.

따라서 주로 교환가치만 가지고 있다고 여겨지는 가상자산의 생산 및 공급은 화폐, 유가증권이나 상품권의 판매와 유사하다고 할 것이므로, 부가가치세법상 과세대상인 '재화의 공급'으로 보기는 어렵습니다.

정책당국 및 법원도 가상자산의 공급이 부가가치세 과세대상인 재화의 공급에 해당하지 않는다고 해석하고 있습니다(기획재정부 부가가치세과-145, 2021.3.2., 기준-2018-법령해석부가-0116, 2021.3.8., 조심 2019서2749, 2019.12.31., 서울행정법원 2020.5.29. 선고 2019구합72977, 수원지방법원2021구합71183, 2022.9.22. 등). 또한 최근에는 이를 화폐, 유가증권 및 상품권과 함께 과세대상이 아닌 것으로 부가가치세법 기본통칙에 규정하였습니다.

부가가치세법 기본통칙 4-0…3【유가증권 등】
수표·어음 등의 화폐대용증권, 유가증권 및 상품권, 가상자산은 과세대상이 아니다. (2024. 3. 15. 개정)

2) 에어드랍

에어드랍(Airdrop)이란 가상자산과 관련한 대표적인 생태계 조성 또는 마케팅 행위 중 하나로서, 가상자산 발행사 또는 거래소에서 특정 가상자산을 보유한 사람에게 신규 가상자산을 일정 조건 하에 무상으로 지급하는 것을 말합니다. 대표적인 예로 가상자산거래소에서 하는 이벤트의 일환으로 특정 가상자산 거래를 많이 한 투자자들에게 해당 가상자산을 무료로 제공하는 방식을 들 수 있습니다. 또한 거래소 밖에서도 다양한 가상자산들이 자신들의 생태계로 이용자들을 끌어들이기 위해 미션을 주고 이를 완료했을시 소량의 가상자산을 지급하기도 합니다. 일반적으로 에어드랍은 해당 가상자산의 가격에 영향을 미치며, 이를 통해 보유자들의 거래를 유도하고 거래소의 인지도를 높이는 효과가 있다고 알려져 있습니다.

채굴이 일방적인 행위에 따른 가상자산의 취득이라면, 에어드랍은 가상자산을 지급하는 거래소 또는 발행사와 이를 무상으로 수령하는 가상자산 보유자, 쌍방이 개입되는 행위이므로 각 당사자 입장에서 세무상 취급을 검토하여야 하는데, 현재 발표된 유권해석은 수령하는 보유자 일방에 대해서만 답변하여 아쉬움이 있습니다(기준-2021-법무재산-0167, 2022.8.2. 기획재정부 재산세제과-814, 2022.7.25.).

기준-2021-법무재산-0167, 2022.8.2.

(사실관계)

◦ 가상자산 마켓에는 일반적인 매매 거래분 아니라, 회사 및 가상자산 발행기관(이하 "재단")이 특정 서비스를 이용하거나 특정 요건을 만족하는 회원에게 가상자산을 무상으로 지급하는 거래(이하 "쟁점거래")가 존재하며, 관련 구체적인 내용은 아래와 같음.

구분	스테이킹[1]	하드포크[2]	에어드랍[3]
지급주체	발행재단 혹은 서비스제공자	발행재단	발행재단
지급대상	서비스 이용 회원	특정시점에 특정 가상자산을 보유하는 회원	특정시점에 특정 가상자산을 보유하는 회원 또는 특정 요건을 만족하는 회원
지급 가상자산	동종 또는 이종 가상자산	이종 가상자산	동종 또는 이종 가상자산
지급수량	사전에 정해진 지급비율	기존 가상자산×지급비율	사전에 정해진 지급비율
지급사유	가상자산 동결에 대한 대가	기존 블록체인의 분리 등	제휴, 마케팅 또는 이벤트

(1) "스테이킹"은 회원이 회사의 스테이킹 서비스를 이용하여 암호화화폐 지갑에 특정 가상자산을 동결하는 거래를 말함. 동결된 가상자산은 지분증명 방식(PoS)[53] 블록체인 네트워크의 보안과 운영을 지원하며, 회원은 이에 대한 대가로 회사를 통해 재단으로부터 동결된 가상자산을 기초로 사전에 정해진 지급 비율을 곱하여 계산된 보상을 지급받음.

(2) "하드포크"는 기존의 블록체인에서 새로운 블록체인이 분리되어 새로운 가상자산이 생성되는 경우, 특정 시점에 기존 가상자산을 보유한 회원에게 새로운 가상자산을 무상으로 지급하는 거래를 말하며, 하드포크는 재단 또는 기존 블록체인 참여자들의 의사결정에 따라 수행 여부가 결정되며, 회원은 하드포크의 결과로 기존 가상자산 보유 수량에 지급비율을

곱하여 계산된 수량을 새로운 가상자산으로 무상 지급 받음.

(3) "에어드랍"은 특정 시점에 특정 가상자산을 보유한 회원에게 동종 또는 이종의 가상자산을 사전에 정해진 지급 비율에 따라 무상지급하는 거래를 말하며 에어드랍은 재단이 제휴 또는 마케팅 수단으로 지급하고 있음.

◦ (질의) 「특정 금융거래정보의 보고 및 이용 등에 관한 법률」 제2조에서 '경제적 가치를 지닌 것'으로 정의하고 있는 가상자산을 무상으로 이전하는 경우
 – 특정가상자산을 보유한 회원에게 동종 또는 이종의 가상자산을 무상지급하는 거래가 「상속세 및 증여세법」에 따른 증여세 과세대상에 해당하는지 여부

◦ (답변) 귀 과세기준자문의 경우, 기획재정부의 유권해석(재재산-814, 2022.7.25.)을 참조하기 바람.

기획재정부 재산세제과-814(2022.7.25.)
「특정 금융거래정보의 보고 및 이용 등에 관한 법률」 제2호 제3호에 따른 가상자산을 타인에게 무상으로 이전하는 행위는 「상증세법」 제2조 제6호에 따른 증여에 해당되어 동 가상자산을 무상으로 이전받은 타인에게 증여세가 과세되나, 특정 가상자산 거래가 증여세 과세대상인지 여부는 대가성 여부·실질적인 재산 및 이익의 이전 여부 등과 관련한 거래상황 등을 고려하여 사실판단할 사항임.

상기 유권해석에 따라 증여세가 과세될 수 있다는 당국의 입장을 전제로 납세 의무를 살펴보면, 에어드랍으로 가상자산을 수령하는 보유자는 상증세법에 따라 건당 50만원 또는 10년 합산 1,000만원을 초과하는 에어드랍을 수령하였다면 증여세를 납부할 의무가 발생하며, 증여세는 그 적용시기가 별도로 정해진 것이 아니므로 2027년 1월 1일 이전이라도 과세될 수 있습니다.

---

53 지분증명 방식(Proof-of-stake, PoS)이란, 연산능력에 따라 블록 생성자가 결정되는 작업증명 방식(PoW)의 문제점을 해결하기 위해 고안된 합의 알고리즘으로서, 가상자산을 보유한 지분율에 비례하여 의사결정 권한을 주는 방식이므로, 많은 지분(가상자산)을 보유한 블록체인 내 참여자가 더 높은 확률로 블록을 생성할 권한을 가지는 구조를 띠고 있음.

상증세법 제55조 【증여세의 과세표준 및 과세최저한】
  ② 과세표준이 50만원 미만이면 증여세를 부과하지 아니한다. (2010. 1. 1. 개정)

상증세법 제47조 【증여세 과세가액】 (2010. 1. 1. 제목개정)
  ② 해당 증여일 전 10년 이내에 동일인(증여자가 직계존속인 경우에는 그 직계존속의 배우자를 포함한다)으로부터 받은 증여재산가액을 합친 금액이 1천만원 이상인 경우에는 그 가액을 증여세 과세가액에 가산한다. 다만, 합산배제증여재산의 경우에는 그러하지 아니하다. (2010. 1. 1. 개정)

○ 50만원의 판단기준

일반적 개념으로는 에어드랍이 있는 날의 해당 가상자산의 시가에 수량을 곱하여 50만원을 초과하는지 판단하는 것으로 이해할 수 있으나, 세법은 가상자산에 대해서 특별히 평가방법을 규정하고 있으니 유의해야 합니다. 이를 통상 상증세법에 따른 보충적인 평가방법이 적용된다고 표현하나, 가상자산의 경우 당일 시세보다 우선하므로 우선적인 평가방법이라는 표현이 더 적절해 보입니다.

상증세법은 국세청장이 고시한 가상자산 사업자(업비트, 빗썸, 코빗, 코인원)의 사업장에서 거래된 가상자산의 경우 평가기준일(상속개시일 또는 증여일) 전후 1개월간 일평균 가격의 평균액으로 그 밖의 가상자산의 경우 거래일의 일평균 가액이나 종료시각에 공표된 시세가액 등의 합리적으로 인정되는 가격으로 평가하도록 규정하고 있습니다. 따라서 이론적으로는 동일한 종류의 가상자산을 국내 거래소와 해외거래소에 동시 가지고 있는 상황에서 에어드랍을 통해서 가상자산을 수령한다면 양 시장에서 게시된 가격을 구별하여 에어드랍으로 수령한 가상자산을 평가하여야 합니다.

국세청장이 고시한 가상자산 사업자는 국내사업자이므로 원화로 표시된 평균

가격을 합산하여 평균액을 산정하겠지만, 해외 거래소에 상장된 것이라면 매일 평균가격과 환율을 적용하여 일별로 원화 환산가격을 계산 후 합리적으로 인정되는 가격을 산정하여야 할 것입니다. 참고로 국세청은 홈택스에서 '가상자산 일평균가격'을 조회할 수 있도록 준비하고 있습니다.

또한 위와 같은 경우 증여자와 수증자가 동일하다면 국내거래소와 해외거래소의 에어드랍 금액을 합산하여 50만원 기준을 판단하여야 할 것이며, 상증세법에 따라 평가된 가상가산의 가액은 증여재산 가액으로 산정됨은 물론 추후 양도시 필요경비로 공제되는 취득원가가 되므로 그 기록을 보관하여야 합니다.

상증세법 제60조 【평가의 원칙 등】
① 이 법에 따라 상속세나 증여세가 부과되는 재산의 가액은 상속개시일 또는 증여일(이하 "평가기준일"이라 한다) 현재의 시가(時價)에 따른다. 이 경우 다음 각 호의 경우에 대해서는 각각 다음 각 호의 구분에 따른 금액을 시가로 본다.
2. 「가상자산 이용자 보호 등에 관한 법률」 제2조 제1호에 따른 가상자산의 경우: 제65조 제2항에 규정된 평가방법으로 평가한 가액 (2023. 7. 18. 개정 ; 가상자산 이용자 보호 등에 관한 법률 부칙)

상증세법 제65조 【그 밖의 조건부 권리 등의 평가】
② 「가상자산 이용자 보호 등에 관한 법률」 제2조 제1호에 따른 가상자산은 해당 자산의 거래규모 및 거래방식 등을 고려하여 대통령령으로 정하는 방법으로 평가한다. (2023. 7. 18. 개정 ; 가상자산 이용자 보호 등에 관한 법률 부칙)

상증세법 시행령 제60조 【조건부 권리 등의 평가】
② 법 제65조 제2항에 따른 가상자산(「특정 금융거래정보의 보고 및 이용 등에 관한 법률」 제2조 제3호의 가상자산을 말한다. 이하 이 항에서 같다)의 가액은 다음 각 호의 구분에 따라 평가한 가액으로 한다. (2021. 2. 17. 신설)
1. 「특정 금융거래정보의 보고 및 이용 등에 관한 법률」 제7조에 따라 신고가 수리된 가상자

산사업자(이하 이 항에서 "가상자산사업자"라 한다) 중 국세청장이 고시하는 가상자산사
업자의 사업장에서 거래되는 가상자산: 평가기준일 전·이후 각 1개월 동안에 해당 가상자
산사업자가 공시하는 일평균가액의 평균액 (2021. 2. 17. 신설)

2. 그 밖의 가상자산: 제1호에 해당하는 가상자산사업자 외의 가상자산사업자 및 이에 준하는
사업자의 사업장에서 공시하는 거래일의 일평균가액 또는 종료시각에 공시된 시세가액 등
합리적으로 인정되는 가액 (2021. 2. 17. 신설)

에어드랍이 제세공과금 본인 부담으로 광고하는 소위 경품행사와 같다고 생각
할 수도 있으나, 소득세법 제21조(기타소득)에서 '복권, 경품권, 그 밖의 추첨권에
당첨되어 받는 금품'으로 한정하고 있으므로 추첨이라는 확률 개입이 없는 경우
기타소득에 해당하지 않습니다. 결국 에어드랍은 소득세법으로는 과세할 수 없는
소위 열거되지 않는 소득에 해당하는 것입니다. 기획재정부도 이러한 점을 고려
하여 증여세가 과세되는 것으로 회신한 것으로 보이는데, 참고로 다른 국가에서
도 에어드랍이나 하드포크를 통해 수령하는 가상자산을 과세하는 방법에 대해서
다양한 방식을 채택하고 있습니다[54].

국가	과세방법
미국	국세청 통칙(Revenue Ruling) 2019-24에 따르면, 하드포크를 통해 가상화폐를 취득한 경우 취득시점의 가상화폐 공정시장가치를 경상소득으로 보아 종합과세하고, 에어드랍으로 취득한 경우도 마찬가지이다. 만약 하드포크가 이뤄졌으나 새로운 가상화폐를 취득하지 못한 경우에는 과세대상에 해당하지 않는다.
영국	하드포크를 통해 암호자산을 취득한 경우에는 취득시점에 과세하지 아니하고 향후 이를 양도할 때 자본이득세를 과세하고, 에어드랍으로 취득한 경우도 마찬가지이다.
독일	암호자산의 하드포크와 에어드랍과 관련한 과세방안은 현재까지 공식적으로 발표되지 않았다.

[54] 주요국의 가상자산 소득과세 제도 현황과 시사점, 국회입법조사처 | 2022. 5. 12. | 제249호

국가	과세방법
일본	하드포크로 새로운 암호자산을 취득한 경우 취득시에는 과세하지 아니하고 향후 이를 양도하면 양도로 발생한 소득(취득가액은 0으로 본다)을 잡소득으로 보아 과세하는데, 이는 하드포크 시점에 새로 취득한 암호자산의 거래 시세가 존재하지 않아 가치를 지닌 것으로 보지 않기 때문이다. 에어드랍으로 취득한 암호자산 역시 취득시 그 암호자산의 시가가 존재하면 취득한 때 과세하고, 시가가 존재하지 않으면 이를 양도할 때 과세하는 것으로 보인다.

에어드랍을 통해 가상자산을 지급하는 거래소나 발행사는 마케팅 활동의 일환이었다는 것이 소명된다면 적절한 비용으로 처리가 가능할 것으로 보입니다. 물론 광고선전비이냐 접대비이냐는 해묵은 쟁점이 제기될 가능성은 있으나 에어드랍의 목적이 거래상대방과 관계를 원활하게 하기 위한 것이 아님이 분명하므로 접대비로 취급될 가능성은 낮아 보입니다.

다만, 법인세법에 따라 광고선전 목적으로 기증한 물품의 구입비용은 광고선전비로 처리할 수 있는데, 이때 특정인에게 기증한 물품(개당 3만원 이하의 물품은 제외)의 가액은 연간 5만원 이내의 금액으로 제한되므로 유의하여야 합니다(법인세법 제19조 제18호). 만약 세무당국이 한도 초과액을 기부금으로 의제한다면, 납세자 입장에서는 지출 목적과 지출 양태 이외에 해당 법조문의 문리해석상 가상자산이 물품인가? 가상자산 보유자를 특정인으로 볼 수 있는가? 등으로 반박할 수 있을 것입니다.

3) 하드포크

앞서 유권해석의 질의자는 스테이킹, 하드포코, 에어드랍을 모두 나열하여 질의하였으나, 애석하게 기획재정부의 답변은 이를 구분하지 않고 단순히 증여로 볼 수 있으나 사실판단 사항이라는 답변이었습니다. 이에 따르면 기존의 블록체인에서 새로운 블록체인이 분리되어 새로운 가상자산이 생성되고 이를 기존 가상자산을 보유한 회원에게 무상으로 지급하는 거래인 하드포크 역시 증여시점에 증여세가 과세될 수 있습니다.

다만 하드포크는 하나의 가상자산이 두 개의 가상자산으로 나누어진 것이므로, 일종의 지분 분할로 세무상 과세의 계기로 삼을 수 있는지 의문이 있다는 견해도 있습니다. 즉, 기존에 보유한 가상자산의 가치하락과 함께 새로운 가상자산을 수령한 것이라면 하드포크를 통해 추가로 얻은 경제적인 이득은 없다는 것입니다.

○ 하드포크 과세 시점

하드포크를 과세소득으로 규정한 미국에서 과세 시점에 대한 흥미로운 해석이 발표된 바가 있어 주요 부분을 요약하여 소개하고자 합니다[55]. 참고로 영문 번역은 Chat-GPT를 이용한 후 필자가 일부 수정하였으니 양해바랍니다.

[사실관계]
상황 1
A는 2017년 8월 1일 오전 9시 16분(EDT) 기준으로 1개의 비트코인을 보유하고 있던 중입니다. 하드포크 이후, A는 1개의 비트코인을 계속 보유하는 동시에 1개의 비트코인 캐시를 보유하게 되었습니다. 이 시점에 A는 비트코인과 비트코인 캐시를 처분할 수 있습니다.

상황 2
B는 암호화폐 거래소인 CEX의 고객으로, CEX는 지갑 서비스를 제공합니다. 2017년 8월 1일

---

55 Office of Chief Counsel Internal Revenue Service / Memorandum, Number: 202114020, Release Date: 4/9/2021

오전 9시 16분(EDT) 기준으로, B는 CEX의 호스팅 지갑에 보관된 1개의 비트코인을 소유하고 있었습니다. CEX는 100개의 비트코인을 보유하고 있던 분산 원장 주소의 개인 키를 단독으로 관리하고 있었으며, CEX의 내부 원장에 따르면 이 100개의 비트코인 중 1개가 B의 소유였습니다. 하드포크 이후, CEX의 분산 원장 주소는 100개의 비트코인을 계속 보유하면서 100개의 비트코인 캐시도 보유하게 되었습니다. 그러나 CEX는 비트코인 캐시의 보안성과 장기적인 안정성에 대해 확신이 없었고, 하드포크 당시 비트코인 캐시를 즉시 지원하지 않기로 결정했습니다. 그 결과, B는 하드포크 당시 CEX 계정을 통해 비트코인 캐시를 판매, 전송, 이전 또는 교환할 수 없었습니다. 2018년 1월 1일 오후 1시(EDT) 기준으로 CEX는 비트코인 캐시 지원을 시작하여, B가 자신의 계정에서 비트코인 캐시를 구매, 판매, 전송, 수령, 이전 또는 교환할 수 있게 되었습니다.

[과세 방법]
상황 1
A는 하드포크 시점에 1개의 비트코인 캐시를 받았고, 이를 판매, 교환 또는 이전할 수 있는 능력을 보유함으로써 해당 비트코인 캐시를 지배하고 있었습니다. A는 2017년 8월 1일 오전 9시 16분(EDT) 기준으로 비트코인 캐시의 공정 시장 가치를 일반 소득으로 포함해야 합니다. A는 암호화폐 거래소나 데이터 서비스에서 발표한 가격을 사용하는 등 합리적인 방법으로 비트코인 캐시의 공정 시장 가치를 결정할 수 있습니다.

상황 2
B는 하드포크 당시 비트코인 캐시에 대한 지배권을 가지고 있지 않았으므로, 그 시점에는 소득을 발생시키지 않았습니다. 2018년 1월 1일 오후 1시(EDT) 기준으로 CEX가 비트코인 캐시를 지원하기 시작하면서, B는 처음으로 자신의 1개의 비트코인 캐시를 판매, 이전 또는 교환할 수 있는 능력을 가지게 되었습니다.
B는 2018년 1월 1일 오후 1시(EDT) 기준으로 비트코인 캐시의 공정 시장 가치를 2018년도 일반소득으로 포함해야 합니다. B는 CEX의 가격 데이터를 참조하여 공정 시장 가치를 결정할 수 있으며, CEX에 그러한 정보가 없을 경우 다른 합리적인 방법을 사용할 수 있습니다.

4) 스테이킹 또는 디파이

스테이킹(Staking)이란 자신이 보유한 가상자산을 블록체인 네트워크에 일정

기간 동안 예치하고, 그 대가로 보상을 받는 것을 말하는데, 국내 거래소 업비트의 경우 2024년 4월 기준 예치 가상자산 규모가 약 3조 원을 넘어섰다는 기사가 있었습니다. 3조 원에 연간 평균 5%의 보상을 가정한다고 하면 약 600여 억원의 스테이킹 보상이 매년 발생하고 있는 것입니다.

스테이킹에 따른 보상은 POS(Proof of Stake)방식으로 노드 운영에 참여한 것에 대한 대가입니다. 하지만 수령자 입장에서는 가상자산을 일정 기간 거래소 등에 예치하고 받은 소득으로 위에서 언급한 유권해석에 따라 증여재산인지 아니면 이를 가상자산을 대여하고 받은 기타소득으로 보아야 하는지 혼동이 있을 수 있습니다. 하지만 에어드랍이나 하드포크와 달리 스테이킹은 보유자가 일정 기간 가상자산에 대한 권리를 행사할 수 없고 가격변동에 따른 기회이익을 포기한 점을 고려한다면 무상증여보다는 권리 및 기회를 포기한 것에 대한 대가로 기타소득으로 규정하는 것이 조금 더 적절해 보입니다. 만약 기타소득이라면 2027년 1월 1일 이전까지 스테이킹으로 거주자가 얻는 소득은 과세되지 않을 수 있습니다[56].

참고로 미국 국세청의 발표자료에 따르면 스테이킹으로 수령한 가상자산을 지배하고 통제할 수 있는 시점에서 종합소득에 포함하여 신고하도록 하고 있다.

FACTS
Transactions in M, a cryptocurrency, are validated by a proof-of-stake consensus mechanism. On Date 1, Taxpayer A, a cash-method taxpayer, owns 300 units of M. A stakes 200 of the units of M and validates a new block of transactions on the

---

[56] 개인적인 견해로는 가상자산의 에어드랍, 하드포크, 스테이킹 등에서 발생하는 소득을 일괄적으로 소득세법에 따른 기타소득으로 과세하는 것이 납세 편의성을 높일 것으로 생각됩니다.

M blockchain, receiving 2 units of M as validation rewards. Pursuant to the M protocol, during a brief period ending on Date 2, A lacks the ability to sell, exchange, or otherwise dispose of any interest in the 2 units of M in any manner. The following day, on Date 3, A has the ability to sell, exchange, or otherwise dispose of the 2 units of M.2

ANALYSIS
The 2 units of M represent A's reward for staking units and validating transactions on the M blockchain. On Date 3, A has an accession to wealth as A gains dominion and control through A's ability, as of this date, to sell, exchange, or otherwise dispose of the 2 units of M received as validation rewards. <u>Accordingly, the fair market value of the 2 units of M, as of the date and time A gains dominion and control over the 2 units of M, is included in A's gross income for the taxable year that includes Date 3.</u>

출처: https://www.irs.gov/irb/2023-33_IRB#REV-RUL-2023-14

스테이킹과 채굴은 모두 노드 운영에 참여하고 대가로서 가상자산을 받는 것으로 볼 수 있으므로 두 가지 소득 간에 과세형평성이 요구된다는 주장도 있습니다. 참고로 미국은 에어드랍, 하드포크, 스테이킹, 채굴을 모두 지배하고 통제가능한 시점에 종합소득으로 과세하고 있습니다. 하지만 또 다른 몇몇 나라들은 스테이킹은 가상자산의 보유자가 그 가상자산을 활용하여 취득한 파생된 소득인 반면 채굴은 컴퓨터 장비를 가동하여 취득한 새로운 소득이라는 점에서 달리 취급하고 있습니다.

스테이킹과 비슷한 유형의 소득을 소득세법에서 찾을 수 있는데, 유가증권을 증권사에 대여하고 받는 소득은 "물품(유가증권을 포함한다) 또는 장소를 일시적으로 대여하고 사용료로서 받는 금품"에 해당하여 이 역시 기타소득으로 과세됩니다(소득세법 제21조 제1항 제8호). 하지만 동 유가증권 대여소득은 300만원을 초과할 경우 종합소득에 포함되어 과세된다는 점에서 가상자산과 관련된 기타소득과 차이가 있습니다.

○ 스테이킹 보상시 소득금액 계산

에어드랍과 하드포크는 증여세 과세대상이 될 수 있음에 반해 스테이킹에 대한 보상은 기타소득에 해당할 가능성이 있다고 설명하였습니다. 그런데 상증세법과 달리 소득세법은 아직 스테이킹 보상으로 수령하는 가상자산을 어떻게 평가해야 하는지 '시가'에 대한 명확한 규정을 가지고 있지 않습니다.

소득세법상 이용가능한 평가방법으로는 1) 사업소득 계산시 금전 이외 대가를 수령한 경우 총수입금액 계산을 위하여 현물 평가가 필요한 경우, 2) 비거주자의 가상자산 양도·대여소득을 산정하는 경우, 3) 양도소득의 부당행위계산 부인을 판단하기 위한 시가 등을 들 수 있는데, 첫 번째와 세 번째는 결국 상증세법상 평가방법(평가기준일 전·이후 각 1개월 동안의 시가 평균액)을 준용하는 것이고, 두 번째는 특정시점의 시장가격을 이용하는 것입니다.

거주자와 비거주자 간의 과세형평성을 고려할 때, 스테이킹에 대한 보상이 기타소득으로 과세된다면 두 번째 방법이 좀 더 타당해 보입니다.

소득세법 제126조【비거주자 분리과세 시 과세표준과 세액의 계산 등】
① 제121조 제3항 및 제4항에 따른 비거주자의 국내원천소득(제119조 제7호에 따른 국내원천 근로소득 및 같은 조 제8호의 2에 따른 국내원천 연금소득은 제외한다)에 대한 과세표준은

그 지급받는 해당 국내원천소득별 수입금액에 따라 계산한다. 다만, 다음 각 호의 소득에 대한 과세표준의 계산은 같은 호에서 정하는 바에 따라 그 수입금액에서 필요경비 등을 공제한 금액으로 할 수 있다. (2018. 12. 31. 개정)

3. 제119조 제12호 타목에 따른 가상자산소득에 대해서는 그 수입금액(비거주자가 가상자산사업자등이 보관·관리하는 가상자산을 인출하는 경우에는 인출시점의 가상자산 시가로서 대통령령으로 정하는 금액을 말한다)에서 대통령령으로 정하는 필요경비를 공제하여 계산한 금액 (2020. 12. 29. 신설)

소득세법 시행령 제183조【비거주자의 분리과세의 경우의 과세표준과 세액의 계산】

⑤ 법 제126조 제1항 제3호에서 "대통령령으로 정하는 금액"이란 비거주자가 가상자산을 인출하는 시점에 그 가상자산을 보관·관리하는 「특정 금융거래정보의 보고 및 이용 등에 관한 법률」 제2조 제1호 하목에 따른 가상자산사업자나 이와 유사한 사업자(이하 "가상자산사업자등"이라 한다)가 표시한 그 가상자산 1개의 가액에 인출한 가상자산의 수량을 곱한 금액을 말한다. (2022. 3. 8. 신설)

○ 법인이 취득하는 스테이킹 보상

앞서 살펴본 바와 같이 법인이 수령하는 스케이킹 보상에 법인세가 과세되는 것에 대해서는 혼선은 없겠으나, 만약 법인이 에어드랍이나 스테이킹으로 가상자산을 취득한다면 개인과 다른 평가 규정이 적용될 수 있으므로 주의해야 합니다.

○ 스테이킹 보상을 지급하는 거래소의 원천징수의무

유가증권 대여소득의 경우 증권회사는 기타소득에 대한 세액을 원천징수한 후 차액을 소득자에게 지급하고 있습니다. 비슷한 개념으로 가상자산거래소가 지급하는 스테이킹 보상도 가상자산거래소에 원천징수의무가 있는 것으로 오해할 수 있으나, 현행 세법에서 증여재산이나 소득세법상 가상자산 양도·대여를 통해 발생하는 기타소득은 원천징수대상이 아니므로 거래소는 원천징수의무를 부담하지 않습니다. 다만 개인이 내국법인에게서 받는 소득의 경우 특별한 사정이 있는 경우를 제외하고 원천징수로 납세의무가 종결되는 경우가 많은 만큼 향후 가상 자산 소득의 과세체계에 변동에 있을 경우 원천징수의무가 부과될 가능성이 있 습니다.

> 소득세법 제127조 【원천징수의무】
> ① 국내에서 거주자나 비거주자에게 다음 각 호의 어느 하나에 해당하는 소득을 지급하는 자 (제3호 또는 제9호의 소득을 지급하는 자의 경우에는 사업자 등 대통령령으로 정하는 자로 한 정한다)는 이 절의 규정에 따라 그 거주자나 비거주자에 대한 소득세를 원천징수하여야 한다.
> 6. 기타소득. 다만, 다음 각 목의 어느 하나에 해당하는 소득은 제외한다.
> 　가. 제8호에 따른 소득 (2009. 12. 31. 개정)
> 　나. 제21조 제1항 제10호에 따른 위약금·배상금(계약금이 위약금·배상금으로 대체되는 경우만 해당한다) (2009. 12. 31. 개정)
> 　다. 제21조 제1항 제23호, 제24호 또는 제27호에 따른 소득

5) 이벤트 리워드 보상

국내 가상자산거래소를 이용하다 보면 다양한 형태의 이벤트를 통해서 금전적 보상을 받는 경우가 있습니다. 통상 소액의 금전적인 보상이라면 마케팅 행사를 통해서 지급되는 것으로 보아 소득세가 부과되지 않을 수 있으나, 일정금액 이상 인 경우에는 투자자 개인의 기타소득으로 과세될 수 있으므로 주의하여야 합니다.

아래 심판례는 기타소득 중 필요경비 인정여부에 대한 분쟁에 관한 것인데, 지급된 금원에 대해서 80%의 필요경비를 인정해달라는 가상자산거래소의 청구 에 대해 조세심판원은 이벤트를 통해서 무상 지급된 가상자산은 필요경비가 인정 되지 않는 기타소득으로 결정하였습니다.

조심 2024서3379, 2024.9.23.
쟁점이벤트의 목적이 쟁점법인이 운영하는 가상자산거래소에 신규 상장되는 가상자산의 홍보 및 판촉을 목적으로 진행되는 것으로서 쟁점이벤트를 '대회'라고 인정하기도 어려운 점, 쟁점이벤트를 통해 가상자산이 지급되는 경우를 단순히 거래가 많은 거래자들이라고 명시되어 있어 다수가 순위를 경쟁하는 대회라고 보기도 어려운 점 등에 비추어, 이 건 처분은 달리 잘못이 없는 것으로 판단됨.

심판례에서 쟁점이 된 이벤트 보상액의 구분에 따른 필요경비 의제여부를 법규정에 따라 정리하면 다음과 같습니다. 즉, 대회 상금이나 포상금 등에 대해서는 별도 증빙없이 80% 필요경비가 인정되지만 경품권이나 사례금인 경우에는 증빙 없는 필요경비는 인정되지 않습니다.

이벤트 보상액 구분	필요경비 의제여부
소득세법 제21조【기타소득】 제1항	제87조【기타소득의 필요경비계산】
1. 상금, 현상금, 포상금, 보로금 또는 이에 준하는 금품	'다수가 순위 경쟁하는 대회에서 입상자가 받는 상금 및 부상'은 80% 필요경비 의제
2. 복권, 경품권, 그 밖의 추첨권에 당첨되어 받는 금품	없음
17. 사례금	없음

참고로 일반적인 기타소득은 필요경비를 제외한 소득금액이 건별로 5만원 이하인 경우 과세하지 않습니다. 따라서 가상자산거래소가 이벤트 리워드로 고객에게 1회에 5만원을 초과하여 지급하는 경우라면 법적으로 원천징수의무가 발생합니다.

> 제84조 【기타소득의 과세최저한】
>
> 기타소득이 다음 각 호의 어느 하나에 해당하면 그 소득에 대한 소득세를 과세하지 아니한다.
>
> 3. 해당 과세기간의 가상자산소득금액이 250만원 이하인 경우
>
> 4. 그 밖의 기타소득금액(제21조 제1항 제21호의 기타소득금액은 제외한다)이 건별로 5만 원 이하인 경우

4. 해외금융계좌 신고의무

국제조세조정에 관한 법률에 따라 거주자 및 내국법인은 과세연도 중에 보유한 모든 해외금융계좌 내 현금, 주식, 채권, 보험상품, 가상자산 등 잔액을 합산한 금액이 매월 말일 중 어느 한번이라도 5억원을 넘었다면 그 계좌정보를 다음해 6월 1일부터 6월 30일까지 기간에 국세청에 신고하여야 하며, 만약 해외금융계좌 신고의무를 위반하면 미신고금액의 최대 20%의 과태료가 부과되고 미신고금액이 50억원을 초과하면 형사처벌 및 명단공개 대상이 될 수 있습니다.

가상자산은 2023년부터는 신고대상 해외금융계좌에 포함되었으며, 이때 '해외가상자산계좌'란 가상자산거래를 위해 해외 가상자산사업자에 개설한 계좌를 뜻하며, 가상자산 매매를 위해 해외 가상자산거래소에 개설한 계정은 물론 가상자산 보관을 위해 해외 지갑사업자에 개설한 지갑도 포함됩니다.

제반 여건의 미비로 인해 당장 과세당국이 해외가상자산계좌 보유 여부를 파악할 수는 없겠지만, 해외가상자산계좌에 보관된 가상자산이 해외로부터 국내 가상자산거래소 계좌나 지갑으로 이체된다면 과세당국은 해당 이체자료에 근거하여 과거 해외금융계좌신고에서 누락되었다는 것을 파악할 수 있으며 그 금액이 상당한 경우에 추가로 자금출처 세무조사가 개시될 가능성이 높습니다. 참고로 OECD

의 발표에 따르면 48개국(우리나라 포함)이 2027년까지 가상자산에 대한 국가 간 정보 교환을 약속하였습니다.

〈그림 13〉 OECD 뉴스룸. 2023년 11월 10일

여하한 사정으로 신고기한 내에 해외금융계좌정보를 미신고 또는 불성실 신고한 경우 과태료가 부과되기 전까지 기한 후 신고 또는 수정신고를 할 수 있습니다. 이 경우 경과한 기간에 따라 최대 90%까지 과태료가 경감될 수 있고, 신고의무 위반금액이 50억원을 초과한 경우라도 명단공개 대상에서 제외될 수 있다는 점을 고려할 필요가 있습니다.

아울러 최근 정부는 가상자산을 외국환거래법 적용대상으로 법을 개정하여 국경간 거래 정보를 매월 보고하도록 하는 법을 제정하겠다는 뜻을 보도하였습니다. 가상자산거래소는 외국환거래법의 개정 추이에 따라 국가 간 거래에 대한 보고체계를 준비하여야 할 것입니다.

2.3 │ 가상자산거래소에 대한 과세

가상자산거래소는 가상자산을 사고팔 수 있는 온라인 플랫폼입니다. 주식거래의 경험이 있다면 가상자산거래소를 이용하여 가상자산을 매매하는 것이 주식거래와 상당히 유사하다는 것을 알 수 있습니다. 하지만 주식거래의 경우 증권회사, 증권거래소, 예탁결제원 등 주식거래와 관련된 기능이 각각 분리되어 있으나 가상자산 시장은 이 모두가 가상자산거래소에 통합되어 있는데, 이는 가상자산의 태생에서 기인한 것입니다.

가상자산은 탈중앙화(Decentralization), 보안성(Security), 투명성(Transparency), 개방성(Openness) 등을 목표로 하고 있으므로 기존 제도권에서 상당기간 가상자산을 인정하지 않았고 이에 따라 거래를 중개할 수 있는 등록된 거래소가 설립되지 못하고, 사설중개소가 그 역할을 담당하였습니다. 이후 규제당국은 뒤늦게 건전한 시장의 육성 및 투자자 보호를 위해서 관리가 필요하다는 사회적 요청에 따라 사설중개소를 등록하도록 하였습니다.

현재 등록된 가상자산거래소는 거래를 중개하는 것은 물론 투자자에게 정보를 제공하고 다양한 투자관련 서비스를 제공하고 있으며, 주요 수입 유형은 아래와 같이 요약될 수 있습니다.

- 거래 수수료: 가상자산 거래 시 매수자와 매도자 양쪽에서 수수료를 부과하며, 거래 금액에 따라 일정 비율로 책정되는데, 주로 가상자산으로 수수료를 수취합니다.
- 출금 수수료: 출금 수수료는 가상자산을 다른 계좌나 지갑으로 전송할 때 발생하는 수수료인데, 이는 코인별로 다른 수수료율이 부과됩니다.
- 광고 수익: 거래소는 홈페이지나 모바일 앱 등을 통해 광고를 유치하여, 광고 수익을 창출합니다.
- 기타 수수료: 가상자산 지갑 생성, 가상자산 관련 컨설팅 등의 서비스를 제공하고 수수료를 수취합니다.
- 금융상품 판매: 가상자산을 기반으로 한 금융상품(스테이킹, 디파이(DeFi)) 등을 판매하여 수익을 창출합니다.
- 자산운용 수익: 거래소가 직접 자산을 운용하여 수익을 창출하는 경우도 있습니다.

참고로 국내 등록 가상자산거래소인 업비트를 운영하는 두나무는 2024년 상반기 매출 7천771억원, 영업이익 5천153억원을 기록하였습니다. 영업이익률이 무려 66%에 달하는데 경제학 원론 강의에서 들었던 독과점기업의 초과이익을 실증하는 것 같습니다.

1. 수수료에 대한 부가가치세 과세 여부

앞서 설명한 바와 같이 가상자산의 공급은 부가가치세 과세대상인 재화의 공급에 해당하지 않습니다. 따라서 가상자산을 매도하는 자는 부가가치세를 납부할 의무가 없습니다.

가상자산거래소는 부가가치세 과세대상이 아닌 무체물의 매매를 중개하는 업체로서 지위를 가지게 되는데, 이때 거래를 중개하고 수령하는 수수료는 부가가치세의 과세대상이 되는 것인가라는 의문이 있을 수 있습니다. 이러한 의문은 가상자산 중개수수료를 증권 중개수수료와 유사한 면세되는 용역으로 볼 수 있지 않을까 하는 생각 때문인데, 결론적으로 해당 수수료는 부가가치세 면세 대상으로 나열되지 않았으므로 현행 부가가치세법 체계상 부가가치세 과세대상입니다.

면세 조건은 현행 부가가치세법에서 가장 복잡하게 규정하고 있다고 해도 과언이 아닙니다. 부가가치세법은 오직 3개 조항에서 면세를 다루고 있지만, 법에서 위임된 내용을 세부적으로 정하는 부가가치세법 시행령에서는 제34조부터 제58조까지 총 24개 조항이 모두 면세 사업 및 신고 등을 규정하고 있는데, 이는 전체 부가가치세법 시행령 122개 조항 중 약 20%에 해당합니다.

가상자산 중개는 한국표준산업분류상 정보통신업(58~63) 중 가상자산매매 및 중개업(639992)에 해당하며, 국세청의 업종분류로는 정보 서비스업 중 그 외 기타 정보 서비스업(724002)에 해당합니다.

[표 22] 한국표준산업분류

분류코드	63992	분류명(한글)	가상자산 매매 및 중개업
		분류명(영문)	Virtual assets dealing and brokering
설명(한글)			가상자산 매매 및 중개와 관련한 서비스를 제공하는 산업활동을 말한다. 블록체인 기술에 기반하여 산출되는 가상자산을 보관·관리·교환·매매·알선 또는 중개하는 산업활동도 포함한다. 〈예시〉 • 가상자산 매매 및 중개 • 가상화폐 매매 및 중개 • 암호화폐 매매 및 중개 〈제외〉 • 가상자산(가상화폐, 암호화폐) 채굴(62090) • 각종 실물자산을 매매 및 중개하는 과정에서 거래 편의를 위해 전자적 증표로 변형한 경우에는 본질적 활동에 따라 분류
색인어			가상자산 매매 및 중개, 가상화폐 매매 및 중개, 암호화폐 매매 및 중개

[표 23] 국세청 업종코드

귀속연도	2024
기준경비율코드	724002
중분류명	정보 서비스업
세분류명	그 외 기타 정보 서비스업
세세분류명	그 외 기타 정보 서비스업
적용범위 및 기준	정보를 제공하는 기타 서비스 활동을 말한다. 〈예시〉 • 텍스트 음성 변환 서비스 • 가상자산 거래(판매 또는 중개) (가상자산 등 무형 정보재를 거래(판매 또는 중개) 하는 것이 주된 산업활동인 경우)

흥미로운 점은 미국과 일본이 가상자산거래소를 금융 서비스 산업으로 분류하고 이에 따라 금융당국이 관리·감독하고 있는 반면 우리나라는 정보통신업으로

분류하되 그 관리·감독은 과학기술정보통신부가 아닌 금융감독원이 관할하고 있다는 점입니다.

SIC code	Office	Industry Title
6189	Office of Structured Finance	ASSET-BACKED SECURITIES
6199	Office of Finance or Office of Crypto Assets	FINANCE SERVICES
6200	Office of Finance	SECURITY & COMMODITY BROKERS, DEALERS, EXCHANGES & SERVICES
6211	Office of Finance	SECURITY BROKERS, DEALERS & FLOTATION COMPANIES
6221	Office of Crypto Assets	COMMODITY CONTRACTS BROKERS & DEALERS
6282	Office of Finance	INVESTMENT ADVICE

https://www.sec.gov/search-filings/standard-industrial-classification-sic-code-list

가상자산거래소가 금융업의 범주에 들지 않는 이상 현행 법체계에서 가상자산거래소가 수취하는 중개수수료 등이 면세로 취급될 여지는 거의 없다고 볼 수 있습니다.

하지만 가상자산거래소가 수취하는 모든 수수료에 부가가치세가 부과된다고 단언하기는 어렵습니다. 왜냐하면 가상자산거래소가 제공하는 서비스 중 일부는 금융업의 것과 아주 유사하거나 일치하는 것이 있을 수 있기 때문입니다. 특히 향후 토큰 증권의 법제화가 이루어지고 본격적으로 토큰 증권이 발행 및 거래된다면 유틸리티 토큰과 토큰 증권 간 과세형평성 문제가 본격적으로 대두될 것으로 보입니다.

2. 가상자산으로 수령한 수수료와 과세표준 산정

가상자산거래소의 거래 수수료는 대개 일정비율로 책정되어 현금으로 결제되는 반면 출금 수수료는 가상자산별로 일정 수량으로 결제가 이루어집니다.

거래 수수료 = 체결가(KRW) × 체결수량(가상자산수량) × 거래 수수료율

출금 수수료 = 가상자산 종류별 특정수량

이투데이 2024년 4월 27일 기사 발췌

거래 수수료만큼 다른 출금 수수료…코인 거래소 따라 천차만별
윤희성 기자

실제로 대표적인 가상자산인 비트코인(BTC) 출금 수수료는 빗썸(0.0008BTC), 업비트(0.0009BTC), 코빗(0.0009BTC), 고팍스(0.0012BTC), 코인원(0.0015BTC) 순서로 빗썸이 가장 저렴한 수준이다. 이날 오후 2시 30분경 빗썸에서 거래되는 비트코인은 개당 9,200만원 수준으로 0.0008 BTC는 약 7만 3,000원 수준이다. 가장 비싼 코인원의 BTC 출금 수수료는 약 13만 8,000원 수준이다.

이더리움(ETH) 출금 수수료 또한 빗썸(0.009ETH), 코빗(0.005ETH), 고팍스(0.005ETH), 업비트(0.01ETH), 코인원(0.02ETH) 순서였다.

전송 속도가 빨라 코인 전송 수단으로 주로 사용한 리플(XRP) 출금 수수료에서도 빗썸이 고팍스와 함께 가장 낮은 수수료를 수취한다. 업비트, 코인원, 코빗 등이 리플 전송 수수료를 개당 1XRP를 받는 반면, 빗썸과 고팍스는 개당 0.4XRP를 받고 있다.

그런데 가상자산은 통화나 금전의 역할을 수행할 수 있으나 법적으로는 통화로 인정되지 않아, 가상자산(가상화폐)으로 결제된 대가는 소비자에게 현금영수증

을 발행할 수 없다는 것이 현재 우리나라 과세관청의 입장입니다[57].

그렇다면 가상자산거래소 입장에서 가상자산으로 수령한 수수료는 어떻게 원화로 표시하여 부가가치세 및 법인세를 납부하여야 하는 것인지 실무상 혼선이 있을 수 있습니다.

부가가치세법에 따르면 금전 외의 대가를 받은 경우 '자기가 공급한 용역의 시가'를 공급가액으로 하도록 하고 있습니다(부가가치세법 제29조 제3항 제2호). 즉, 원칙적으로 서비스 대가로 수령한 가상자산의 시가가 아닌 거래소가 제공한 서비스의 시가를 공급가액으로 하여야 한다는 것입니다.

부가가치세법 제29조 【과세표준】
　① 재화 또는 용역의 공급에 대한 부가가치세의 과세표준은 해당 과세기간에 공급한 재화 또는 용역의 공급가액을 합한 금액으로 한다.
　③ 제1항의 공급가액은 다음 각 호의 가액을 말한다. 이 경우 대금, 요금, 수수료, 그 밖에 어떤 명목이든 상관없이 재화 또는 용역을 공급받는 자로부터 받는 금전적 가치 있는 모든 것을 포함하되, 부가가치세는 포함하지 아니한다.
　1. 금전으로 대가를 받는 경우: 그 대가. 다만, 그 대가를 외국통화나 그 밖의 외국환으로 받은 경우에는 대통령령으로 정한 바에 따라 환산한 가액
　2. 금전 외의 대가를 받는 경우: 자기가 공급한 재화 또는 용역의 시가

부가가치세법 시행령 제62조 【시가의 기준】
　법 제29조 제3항 및 제4항에 따른 시가는 다음 각 호의 가격으로 한다.
　1. 사업자가 특수관계인이 아닌 자와 해당 거래와 유사한 상황에서 계속적으로 거래한 가격 또는 제3자 간에 일반적으로 거래된 가격
　2. 제1호의 가격이 없는 경우에는 사업자가 그 대가로 받은 재화 또는 용역의 가격(공급받은

57　기획재정부 소득세제과-162(2021.3.12.) 재화나 용역을 구입하고 가상화폐로 결제한 경우 현금영수증 발급대상에 해당하지 아니함.

그렇다면 거래소가 제공한 서비스의 시가는 어떻게 산정하여야 할까요? 가상
자산거래소별로 서로 다른 수수료율을 적용하는 상황에서 시가 결정 방법은 무엇
일까요?

다행히 부가가치세법 시행령을 살펴보면 수령한 가상자산의 가격을 '해당 거래
와 유사한 상황에서 계속적으로 거래한 가격'으로 볼 수 있고 이를 근거로 공급가
액으로 산정하는 것이 가능할 것으로 보입니다(부가가치세법 시행령 제62조).
그런데 또 가상자산의 가격은 어떻게 산정하여야 할까요? 즉 가상자산거래소에
서 24시간 거래가 이루어지고 또한 그 시세가 급변하는 가상자산의 가격 중 어떤
가격을 사용하여 수수료로 수령한 가상가산을 원화로 환산하여야 하는 것인가라
는 문제가 발생합니다.

이론적으로는 서비스 제공이 완료되어 수수료가 확정되는 매 시점에 수수료로
수취한 가상자산의 수량에 동 시점에 형성된 가상자산 가격을 곱하여 과세표준을
산정하여야 합니다. 즉, 2024년 1월 1일 1시 1분 1초의 거래와 2024년 1월
1일 1시 1분 2초의 거래에는 서로 다른 가상자산 시세가 적용되어야 하는 것입
니다. 과연 이러한 부가가치세 과세표준 계산 체계를 가상자산거래소 내부 시스
템에서 올바르게 구현하고 있는지 의문입니다.

이외에도 만약 가상자산거래소 별로 특정 가상자산의 가격이 서로 다르게 거래되고 있다면 서로 다른 가격을 사용하여 부가가치세 과세표준을 계산하는 것은 과세형평성 측면에서 용인될 수 있는 것인지, 가상자산거래소가 대가로 수령한 가상자산을 다시 원화로 변환하는데 상당한 수준의 회피 불가능한 수수료가 필요하다면 이때 수수료는 공급가액 계산시 공제할 수 있는 것인지 아직 확실하지 않은 부분이 많습니다.

가상자산거래소가 자체적으로 여하한 방법이나 기준을 설정하여 부가가치세 공급가액을 결정하였다면 이를 법인세법상 총 수익금액으로 보고 법인세 과세표준을 계산하여 신고·납부하는 것에 대해서 세무상 큰 위험은 없어 보입니다. 하지만 어떤 수수료는 그 수행의무에 따라 부가가치세법상 공급시기, 법인세법상 수익인식시기, 기업회계기준상 수익인식시기에 차이가 발생할 수 있으므로 주의하여야 합니다.

또한 현행 법인세법상 가상자산거래소가 수수료로 수령한 가상자산을 기말까지 보유할 경우 이를 시가로 재평가한다는 규정이 없는 만큼, 이론적으로 매번 수수료 수령 시점에 가상자산의 시가를 합산하여 법인세 과세표준을 계산하여야 합니다. 즉 세무상 가상자산에 대해서는 원가법을 유지하여야 한다는 것입니다. 그런데, 만약 가상자산거래소가 보유한 가상자산을 재무회계 목적상 활성시장의 기말 현재 시가로 측정하는 ERP를 가지고 있다면 그 차액을 관리함에 있어 상당한 노력이 필요할 수 있습니다.

[표 24] 자산별 세무상 평가방법

구분	재고자산	화폐성 외화자산	유가증권	가상자산
평가 가격	원가법과 저가법	기말환율로 평가	취득원가*	없음
흐름에 대한 가정	개별법, 선입선출법, 후입선출법, 총평균법, 이동평균법, 매출가격환원법	없음	개별법, 총평균법, 이동평균법	선입선출법
납세자 선택	가능	-	가능	-

* 투자회사는 시가법 가능

3. 가스피에 대한 부가가치세 과세표준 공제 여부

자동차를 움직이기 위해 가스(gasoline)가 필요한 것처럼 블록체인 가상자산 생태계를 운영하기 위해서 필수적인 검증 절차에 소요되는 경비를 충당하기 위해 가스피(gas fee)라는 개념이 고안되었습니다. 이는 개별 트랜잭션(블록의 생성)을 수행하기 위해 블록체인 네크워크에 지불해야 하는 일종의 수수료이며, 실시간으로 수수료 수준을 확인할 수 있습니다[58]. 이렇게 모여진 수수료는 작업증명 방식의 네트워크에서는 채굴자에 대한 보상으로, 지분증명 방식의 네트워크에서는 스테이킹 보상으로 지급됩니다.

가상자산거래소에 대한 세무조사에서 국세청은 가상자산 출금거래 시 이용자로부터 수취한 출금 수수료에서 가스피(블록체인 네트워크 수수료) 명목의 일정액을 차감하여 부가가치세 과세표준을 신고한 가상자산거래소에 대해서 출금 수수료에서 가스피를 제외한 것은 부가가치세 과세표준 누락이라고 판단하여 거액

---

58 https://etherscan.io/gastracker#historicaldata

을 추징하였습니다.

이에 대해서 현재 불복이 진행 중이며, 조세심판원은 과세관청의 과세가 타당하다는 결론을 내렸습니다(조심 2022서7769, 2023.7.4.). 아직 최종 법적 판단이 내려진 것은 아니므로 간단히 가상자산거래소와 국세청의 주장을 요약하여 소개하고자 합니다.

가상가산거래소의 주장	국세청의 주장
가스피는 거래소의 용역과는 별개인 제3자의 채굴·연산작업에 대한 보상으로 고객이 지급하는 것으로 거래소의 용역제공에 대한 대가가 아니고 거래소에 귀속되지도 아니한다.	가상자산거래소에서 제공하는 서비스의 대가로 고객으로부터 지급받는 수수료 수익 전체가 수수료 수익이고, 쟁점수수료(가스피)는 필요경비에 해당하게 되는 것이다.
가스피는 가상자산에 대한 채굴(연산) 작업에 대한 대가로 채굴업자들이 수취해가는 것이고, 그러한 용역을 제공받는 자는 개인지갑을 사용하든, 거래소를 이용하든 용역의 내용인 "채굴(연산)"의 대상에 해당하는 가상자산의 소유자인 바, 단순히 가상자산 거래를 중개하는 거래소의 경우 그러한 채굴, 연산 용역과는 무관한 지위에 있음이 명백하다{즉, 가상자산 채굴(연산) 용역을 고객에게 제공하지도 않고, 채굴업자로부터 제공받지도 아니하였다}.	고객은 가스피의 금액이 정확히 얼마인지 알 수 없으며, 전송된 지갑에는 당초 거래소가 고객에게 정액 차감으로 표시한 출금 수수료 차감 후 잔액이 지갑에 반영된다. 동종업종을 영위하는 주요 거래소의 약관 및 수수료 정책을 비교 검토해 보면, 공통적으로 가스피의 시장가격이 크게 변동 시 출금 수수료를 변경하여 조정하고 있어 자기의 책임과 통제 하에 비용과 수익을 관리하고 있음을 알 수 있다.
가스피를 거래소의 용역 공급에 대한 대가로 보더라도 해당 용역[가상자산 채굴(연산)]은 부가가치세 과세대상에 해당하지 아니한다.	가스피 변동금액을 고객에게 추가 요청하거나 별도 정산하지 않고 가스피의 시장가격 변동은 거래소의 수익에만 영향을 준다. 거래소는 출금서비스에 필수적인 가스피를 법률적인 책임과 통제 하에 고객으로부터 수취하였고 손익에 미치는 영향과 위험이 거래소에 있으므로 단순히 집행한 것으로 보기 어렵다.

위 사건에서 과세관청은 가스피를 인터넷쇼핑몰에서 게시하고 있는 정액 배송료와 유사하게 판단하고 있는 것을 알 수 있습니다. 예들 들어 3,000원이라는 배송료가 소비자에게 결제되나, 실제 배송료는 배송업체와 계약에 따라 또는 월간 배송물량에 따라 변동할 수 있으며 이에 대한 위험은 인터넷쇼핑몰이 부담하므로 배송료를 포함한 총액을 부가가치세 과세대상으로 본 것입니다.

이러한 사례를 볼 때, 실제 수취한 수수료 총액과 부가가치세 과세표준을 다르게 신고할 경우 가상자산거래소는 사전에 충분히 검토한 후 시행하여야 합니다.

4. 가상자산거래소의 원천징수의무 (비거주자 기타소득)

현행 세법상 거주자가 가상자산을 양도·대여함으로써 발생하는 기타소득은 원천징수 대상이 아니라는 점은 앞서 설명하였습니다. 그러나 기타소득의 귀속자가 비거주자라면 어떨까요?

국세청은 비거주자가 국내 가상자산거래소를 이용하여 가상자산을 양도하여 발생한 소득을 '국내에 있는 자산과 관련하여 받은 경제적 이익으로 인한 소득', 즉 비거주자의 국내원천 기타소득으로 규정하고 가상자산거래소에 대해 소득세 원천징수액을 과세하였습니다.

당연히 가상자산거래소는 국세청의 부과처분에 불복하여 조세심판원에 심판청구를 하였으나, 2021년 12월과 2022년 1월 조세심판원은 국내원천 기타소득에 해당하므로 과세처분이 타당하다고 결정하였습니다(조심 2020서859, 2021.12.7., 조심 2020서7378, 2022.1.18.).

국세청의 과세에 즈음한 2020년 말 기획재정부는 비거주자의 가상자산소득에 대한 과세체계를 마련하기 위해 가상자산소득을 국내원천 기타소득의 하나로 법을 개정하였으며, 동 개정규정은 이후 수차례 시행연기를 거쳐 2027년 1월 1일 이후 가상자산을 양도·대여·인출하는 분부터 적용하도록 하였습니다.

> 소득세법 제119조 【비거주자의 국내원천소득】
> 비거주자의 국내원천소득은 다음 각 호와 같이 구분한다.
> 12. 국내원천 기타소득: 제1호부터 제8호까지, 제8호의 2, 제9호부터 제11호까지의 규정에 따른 소득 외의 소득으로서 다음 각 목의 어느 하나에 해당하는 소득
> 타. 제21조 제1항 제27호에 따른 가상자산소득[비거주자가 「가상자산 이용자 보호 등에 관한 법률」 제2조 제2호에 따른 가상자산사업자 또는 이와 유사한 사업자(이하 "가상자산사업자등"이라 한다)가 보관·관리하는 가상자산을 인출하는 경우 인출시점을 양도시점으로 보아 대통령령으로 정하는 바에 따라 계산한 금액을 포함한다]

과세당국의 노력에도 불구하고 해당 과세처분은 이후 서울행정법원에서 모두 국세청이 패소하였습니다.

사건번호	요약
서울행정법원2022구합63966, 2024.6.13.	가상자산이 재산적 가치가 있는 무형의 재산에 해당하더라도, 이 사건 거래차익은 구 소득세법 제119조 제12호 마목 또는 카목, 구 법인세법 제93조 제10호 바목 또는 차목에서 정한 국내원천소득이라고 볼 수 없어 이를 전제로 한 이 사건 각 처분은 위법함
서울행정법원2022구합82219, 2024.4.12.	가상자산이 재산적 가치가 있는 무형의 재산에 해당한다고 하더라도 이 사건 지급액은 구 소득세법 제119조 제12호 마목 또는 카목에서 정한 국내원천소득이라고 볼 수 없음
서울행정법원2022구합58346, 2024.2.8.	가상자산은 블록체인 네트워크에 연결된 전세계 여러 컴퓨터에 저장 및 보관하고 있고 소득세법은 열거주의 방식을 택하고 있어 구 소득세법 제119조 제12호에서 정한 "국내자산" 또는 "국내에 있는 자산"이라고 단정하기 어려움

개정전 소득세법 하에서 해당 사건의 쟁점은 '비트코인이 국내에 있는 자산인가?'라는 단순한 질문에서 출발한 것인데, 탈중앙화라는 가치를 표명한 비트코인에 과세당국이 강제로 소재지국을 부여한 사건이 되어버리고 말았습니다. 물론 법원은 국내에 있는 자산이라고 단정하기 어렵다고 판단하였습니다.

만약 해당 사건이 미국에서 발생하였다면 어떻게 전개되었을까요?

우리나라와 미국의 가장 근본적인 차이는 가상자산 양도에서 발생하는 소득의 종류에서 찾을 수 있는데, 우리나라가 일본과 유사하게 가상자산 양도에서 발생하는 소득을 기타소득으로 규정한 반면 미국은 capital gain(일종의 투자자산 양도소득)으로 규정하고 있습니다. 미국은 비거주자에게 귀속되는 capital gain에 대해 해당 소득의 실질적인 관리장소를 미국 내에 두지 않는 한 미국에서 과세하지 않는다는 것이 원칙입니다. 동 원칙에 따라 우리나라 거주자가 미국에 등록된 거래소를 통하여 가상자산을 양도하고 얻은 소득은 미국에 실질적 관리장소가 없다면 미국세법 및 조세조약에 따라 과세되지 않을 것입니다.

7쪽, 주요국의 가상자산 소득과세 제도 현황과 시사점 (국회입법조사처, 2022. 5. 12., 제249호)
미국은 가상화폐를 양도한 경우 다른 자본자산 처분과 마찬가지로 원칙적으로 자본이득세(capital gain tax)를 부과한다. 다만, 사업목적으로 보유하는 가상화폐를 양도하여 발생한 소득은 10%~37%의 세율로 종합과세한다.

한국정부와 미국정부 간에 서명된 소득에 관한 조세협약
제16조【양도소득】
Article 16【Capital Gains】
 (1) 일방 체약국의 거주자는 아래의 경우에 해당되지 아니하는 한, 자본적 자산의 매각, 교환 또는 기타의 처분으로부터 발생하는 소득에 대하여 타방 체약국에 의한 과세로부터 면제된다.

그런데 향후 미국 거주자가 우리나라에 등록한 거래소를 통하여 가상자산을 양도·대여·인출하여 발생한 소득을 기타소득으로 과세한다면 어떻게 될까요? 서울행정법원은 위 판례에서 '개정 소득세법은 거주자와 비거주자 모두에 대하여 가상자산소득에 관한 과세근거 및 구체적인 소득금액 산정방식을 마련하면서 장래효를 규정하였는바, 가상자산에 관한 위 개정 소득세법 규정들은 특별한 사정이 없는 한 새롭게 납세의무를 부과하는 규정으로 봄이 타당하다.'라고 판시하였으므로 비록 차별적인 면이 있다고 하더라도 미국 거주자에 대한 소득세 원천징수는 행하여야 합니다.

5. 외국법인 및 비거주자에 대한 원천징수 방법

거주자가 얻은 가상자산소득을 과세할 수 있도록 소득세법을 2020년 12월 개정하면서 동시에 비거주자 및 외국법인에 대해서도 유사한 규정을 마련하였습니다. 따라서 이론적으로 가상자산을 외국법인 및 비거주자와 거래하는 자는 누구나 원천징수의무를 부담할 수 있고, 이를 이행하지 않는다면 원천징수세액과 가산세를 부과당할 수 있습니다. 이때, 거래하는 자에는 재화 및 용역을 공급하고 가상자산으로 대가를 수취하는 자도 포함될 가능성이 있습니다.

예를 들어 당초 가상자산을 1달러에 구입한 비거주자가 가상자산의 시가가 100달러일 때 100달러에 상당하는 재화를 구입한다면 이론적으로 99달러의 차익이 실현된 것이며, 이론적으로 해당 재화의 판매자는 비거주자에게 99달러의 차익을 지급한 자로 간주되어 원천징수의무가 발생하는 것입니다.

물론 현실적으로 가상자산거래소 이외의 자가 원천징수의무를 부담하는 경우는 상당히 예외적으로 발생할 수 있을 것으로 생각되며, 실제 법 조항도 국내에 등록된 가상자산거래소를 염두하고 마련된 것으로 보입니다. 또한 동 규정은 2027년 1월 1일 이후에 귀속하는 소득부터 과세될 수 있도록 거주자와 동일하게 의제취득가액 규정을 준용하고 있습니다.

(과세대상) 비거주자·외국법인이 가상자산을 양도·대여함으로써 발생하는 소득
∘ 가상자산 사업자가 보관·관리하는 가상자산을 인출하는 경우 포함
- (소득구분) 기타소득
- (과세방법) 원천징수
∘ (원천징수 의무자) 소득을 지급하는 자
 - 가상자산 사업자를 통하여 양도·대여·인출시 : 가상자산 사업자
∘ (원천징수 금액) Min[양도가액×10%, (양도가액−취득가액 등)×20%]
∘ (원천징수 시기) 소득을 지급하는 때
 - 가상자산 사업자가 보관·관리하는 가상자산을 인출하는 때 포함
∘ (납부시기) 가상자산 또는 원화(양도·대여 대가) 인출시 인출일의 다음 달 10일까지
※ 조세조약 체결국의 거주자는 조세조약에 따라 비과세·면제 적용 가능(비과세·면제 신청서 제출 필요)
【개정이유】
■ 소득 간 과세형평 제고

비거주자 또는 외국법인에 대한 원천징수를 바르게 실행하기 위해서 원천징수 의무자는 몇 가지 확인할 사항은 있는데, 가장 먼저 소득을 수령하는 자가 어떤 조세조약을 적용받을 수 있는지 확인하여야 합니다. 왜냐하면, 조세조약에 따라 기타소득 자체를 우리나라에서 과세할 수 없는 국가가 있기 때문입니다.

유 형	국 가
원천지국에서 과세 불가	영국, 독일, 프랑스, 일본 등 73개 국가
원천지국 과세 가능	캐나다, 호주, 싱가포르 등 20개국
원천지국 과세 가능 (조세조약에 기타소득 조항이 없음)	네덜란드, 덴마크, 미국 및 조세조약 미체결국가

* 원천지국은 소득이 발생한 국가를 말함.

만약 조세조약에 따라 기타소득을 우리나라에서 과세할 수 없는 국가의 거주자라면, 비과세·면제신청서에 실질귀속자 증명하는 서류(거주자증명서)를 첨부하여 가상자산거래소가 세무서장에게 제출하여야 합니다.

비과세가 적용되지 않고 조세조약 및 법인세법(소득세법)에 따라 원천징수를 하여야 한다면, 그 다음 단계로 원천징수대상금액을 산정하여야 합니다. 통상 원천징수는 지급되는 총 금액에 정해진 비율을 적용하는 것이 일반적이나 가상자산소득의 경우 필요경비를 공제한 차액(이익)에 대해 원천징수를 선택할 수 있고, 수입금액 전체를 기준으로 할 경우에는 10%, 차액을 기준으로 할 경우에는 20%를 법인세 및 소득세로 원천징수하며, 지방소득세는 추가로 1% 내지 2%가 부과됩니다.

비거주자나 외국법인 입장에서 우리나라에 납부한 세액은 본국에서 외국납부세액으로 인정받아야 하므로 원천징수의무자인 가상자산거래소는 원천징수영수증에 인적사항, 과세표준, 세액 등을 정확히 기재하여 제공하여야 합니다.

소득세법 제126조【비거주자 분리과세 시 과세표준과 세액의 계산 등】

① 제121조 제3항 및 제4항에 따른 비거주자의 국내원천소득(제119조 제7호에 따른 국내원천 근로소득 및 같은 조 제8호의 2에 따른 국내원천 연금소득은 제외한다)에 대한 과세표준은 그 지급받는 해당 국내원천소득별 수입금액에 따라 계산한다. 다만, 다음 각 호의 소득에 대한 과세표준의 계산은 같은 호에서 정하는 바에 따라 그 수입금액에서 필요경비 등을 공제한 금액으로 할 수 있다.

3. 제119조 제12호 타목에 따른 가상자산소득에 대해서는 그 수입금액(비거주자가 가상자산사업자등이 보관·관리하는 가상자산을 인출하는 경우에는 인출시점의 가상자산 시가로서 대통령령으로 정하는 금액을 말한다)에서 대통령령으로 정하는 필요경비를 공제하여 계산한 금액 (2020. 12. 29. 신설)

소득세법 시행령 제183조【비거주자의 분리과세의 경우의 과세표준과 세액의 계산】

⑤ 법 제126조 제1항 제3호에서 "대통령령으로 정하는 금액"이란 비거주자가 가상자산을 인출하는 시점에 그 가상자산을 보관·관리하는 「특정 금융거래정보의 보고 및 이용 등에 관한 법률」 제2조 제1호 하목에 따른 가상자산사업자나 이와 유사한 사업자(이하 "가상자산사업자등"이라 한다)가 표시한 그 가상자산 1개의 가액에 인출한 가상자산의 수량을 곱한 금액을 말한다. (2022. 3. 8. 신설)

⑥ 법 제126조 제1항 제3호에서 "대통령령으로 정하는 필요경비"란 법 제37조 제1항 제3호, 같은 조 제5항 및 제6항에 따른 가상자산의 필요경비 계산 규정을 준용하여 산출한 금액을 말한다. 다만, 비거주자가 가상자산사업자등에게 가상자산을 직접 입고한 경우 입고한 가상자산의 취득가액은 입고시점에 해당 가상자산사업자등이 표시한 그 가상자산 1개의 가액에 입고한 가상자산의 수량을 곱한 금액으로 한다. (2022. 3. 8. 신설)

⑦ 제5항 및 제6항에 따른 수입금액과 필요경비를 산출할 때 가상자산의 가치가 금액으로 표시되지 않는 경우에는 제88조 제3항 및 제4항을 준용하여 해당 금액을 산출한다. 이 경우 "교환거래"는 "가상자산의 입고 또는 인출"로 본다. (2022. 3. 8. 신설)

6. NFT 저작권자에 대한 수수료 원천징수

NFT 거래를 중개하는 거래소는 NFT의 종류에 따라 거래를 중개하면서 일정 비율의 수수료는 징수하여 저작권자에게 지급할 수 있습니다. 이렇게 저작권자에게 지급되는 금액은 소득세법에 규정된 기타소득 중 저작권에 대한 대가 또는 사업소득으로 구분될 수 있습니다. 따라서, 가상자산거래소 또는 NFT를 양도한 자가 원저작권자에게 거래대가의 일정금액을 수수료로 지급하는 경우에는 22%

또는 3.3%의 세율로 원천징수할 의무가 발생합니다.

7. 이용자에게 지급하는 예치금 이용료 원천징수

가상자산거래소가 가상자산을 구입하고자 하는 이용자로부터 받은 금전을 이용자가 가상자산을 구입하기 전까지 일시적으로 예치하고 받은 수익을 미리 정해진 방식을 사용하여 그 이용자에게 지급하는 경우 이는 이자소득에 해당하므로 가상자산거래소에 원천징수의무가 발생하게 됩니다.

서면법규소득-2019, 2024.6.27.
귀 서면질의 신청의 경우, '24.7.19. 시행 예정인 「가상자산 이용자 보호 등에 관한 법률」 등에 따라 가상자산사업자가 이용자로부터 가상자산의 매매, 매매의 중개, 그 밖의 영업행위와 관련하여 예치받은 금전(이하 "예치금")을 관리기관에 예치 또는 신탁하여 운용하고, 이에 따라 발생하는 운용수익 등을 감안하여 산정된 이용료(이하 "예치금이용료")를 이용자에게 지급하는 경우, 예치금이용료는 이용자의 「소득세법」 제16조 제1항에 따른 이자소득에 해당하는 것임.

UPbit 거래소 입출금 투자내역 코인동향 서비스+ 고객센터 NFT ↗

예치금 이용료 정기 지급 관련 안내 (2024년 3분기)
등록 2024.10.08 15:44

거래 이용 안내
입출금 이용 안내
입출금 현황
Open API 안내
정책 및 거래지원 문의
1:1 문의하기
문의내역
이용자 가이드
카카오톡 문의(24시간)
증명서 발급
공시 안내

안녕하세요. 가장 신뢰받는 글로벌 표준 디지털 자산 거래소 업비트입니다.

2024년 3분기 예치금 이용료를 지급해 드립니다.
예치금 이용료는 순차적으로 지급 완료될 예정이며, 자세한 사항은 아래 내용을 참고해주시기 바랍니다.

[지급 상세 안내]
- 지급 일정 : 2024-10-08(화)
- 지급 기준 기간 : 2024-07-19(금) ~ 2024-09-30(월)
- 지급 대상 : 유효한 고객확인(KYC) 정보가 있는 국내 거주 회원
  - 지급 기준 기간 내 예치금 이용료가 발생한 회원분들께만 본 이용료가 지급될 예정입니다.
- 이용료율 : 연 2.1% (세전)
- 지급 계산 방식 : 예치금(KRW) 잔고("일마감잔고")를 기준으로 일 예치금 이용료를 계산하며, 지급 기준 기간 중 누적된 예치금 이용료를 원천징수세액(15.4%)을 공제 후 지급해 드립니다.
  - 일 예치금 이용료 = 예치금(KRW)의 일마감잔고 x 이용료율(2.1%) / 365 (*1원 미만 절사)

2.4 | NFT와 관련된 세무 문제

NFT(Non-Fungible Token)는 대체 불가능한 토큰이라는 명칭에서 기인한 바와 같이 각각의 토큰이 서로 다른 속성을 가지고 있는 특징, 즉 개별성 또는 희소성이 있다는 점이 다른 가상자산과 다른 점이라고 볼 수 있습니다. 통상 게임 아이템, 예술품, 수집품 등에 사용되고 있는데, 가상자산 이용자 보호법에서는 이러한 것들은 "수집을 주된 목적으로 하거나 거래 당사자 간에 거래의 확인을 위하여 수수하는 것 등과 같이 단일하게 존재하여 상호 간에 대체할 수 없는 전자적 증표"로 취급하여 가상자산에 해당하지 않는 것으로 규정하고 있습니다.

이와 같은 맥락에서 금융당국은 NFT의 법적성격은 '이를 발행·유통·취급하려는 자가 발행·유통 구조, 약관 및 광고, 사업 및 서비스의 내용 등 제반사항을 종합적으로 고려하여 명칭이나 기술이 아닌 실질을 기준으로 사안별로 판단해야 한다'라는 가이드라인을 제시하고 있으며, 과세당국도 NFT의 성격을 일률적으로 규정할 수 없다는 점을 고려하여 부가가치세 과세대상 여부에 대해서 사실판단 사항이라는 일반론적인 유권해석을 가지고 있습니다[59].

이하에서는 이해와 설명을 용이하게 진행하기 위해서 저작권법에 의해 보호되는 창작품에 기초하여 발행되는 NFT를 기준으로 세무상 고려할 쟁점을 설명하겠습니다.

먼저 법적인 관점에서 창작품의 저작권과 소유권은 구분되는 권리입니다. 두

---

59 NFT(Non-Fungible Token)가 가상자산에 해당되는지 판단할 수 있는 가이드라인을 마련하였습니다(보도자료 2024.6.10. 금융감독원)., 기획재정부 부가가치세제과-385, 2024.6.14.

권리 모두 배타적인 권리로서 계약상대방 뿐만 아니라 일반인에게도 주장할 수 있는 권리인데, 소위 저작권법을 실수로 위반한 일반인이 저작권자나 저작권자를 대리하는 변호사에게 고소를 당하는 이유이기도 합니다.

저작권은 창작된 저작물(컨텐츠)에 대해서 발생하는 권리이고 소유권은 그 컨텐츠를 담고 있는 용기에 대해서 발생하는 권리로 간단히 설명할 수 있습니다. 예를 들어 음악이 들어있는 CD를 구입한 소비자는 CD의 소유권자로서 CD를 사용하여 음악을 청취하거나 CD를 다시 판매할 수 있는 권리를 가지고 있습니다. 하지만 CD에 들어있는 음악의 저작권은 여전히 저작권자가 보유하며 CD의 소유권자(구매자)에게 이전되지 않습니다. 따라서 CD 구매자가 이를 복제하여 판매하는 것은 저작권자의 권리를 침해하는 것이 됩니다.

참고로 저작권은 소유권과 같이 민법에 의해 창설되는 권리가 아니고 특별법인 저작권법에 의해 창설된 복제권·공연권·방송권·전시권·배포권·2차적 저작물 작성권 등을 포함하며 상속이나 매매의 대상이 된다는 점도 특징입니다.

음악과 달리 미술, 사진, 건축 저작물의 경우에는 컨텐츠와 용기가 서로 밀착되어 구분되지 않고 원본이 있다는 점이 특징이 있습니다. 하지만 화가는 자신이 그린 그림 원본을 제3자에게 판매한 후에도 그 저작권을 계속 보유합니다. 이는 저작권이 작가의 독자적인 사상 또는 감정의 표현, 즉 무형의 것을 권리의 대상으로 삼고 있기 때문입니다. 다만, 저작권의 보호기간인 70년이 경과하게 되면, 저작권은 소멸하지만 그림 원본 소유권자는 그림을 사용·수익·처분할 수 있는 권리가 있으므로 만약 제3자가 해당 그림을 사용·수익하는 행위를 하는 경우 소유자의 권리를 침해하는 것이 될 수 있습니다.

NFT에 대한 세무 문제를 설명하기 전에 소유권과 저작권을 설명드린 이유는 NFT가 통상 창작품의 소유권에 대해 발행되며, 저작권은 여전히 저작권자에게 있다는 점을 이해하는 것이 NFT에서 파생하는 지급금의 성격 및 귀속을 이해하는 기초이기 때문입니다.

1. 소득세법상 과세대상 여부

먼저 예술창작품(작가 자신의 독자적인 사상 또는 감정의 표현을 담고 있는 것)의 저작권자이자 소유권자인 원 창작자가 예술품에 대한 소유권을 대상으로 하는 NFT를 발행하는 상황을 가정해 봅시다. 저작권자는 최초로 NFT를 발행하여 판매하면서 일정 대가를 수취하게 되며, 이후 판매된 NFT가 거래될 때마다 매번 정해진 수수료를 수취하게 됩니다. 이러한 과정은 NFT를 거래하는 플랫폼을 통해서 이루어지며 플랫폼은 최초 발행시 발행대금 및 거래 수수료를 수취하여 그 일부를 저작권자에게 지급하는 구조입니다. 물론 결제수단으로 가상자산이 사용된다면 이 과정에서 가스피도 발생할 것입니다.

여기서 최초 NFT 발행시점에 창작자인 저작권자가 수취하는 소득과 이후 거래 단계에서 저작권자가 수취하는 소득은 '창작품에 대하여 받는 대가'인 기타소득(소득세법 제21조 제1항 제15호) 또는 사업성이 있는 저작권자인 경우 사업소득에 해당됩니다.

> 사전-2021-법규소득-1877, 2022.3.30.
> 【질의】
> ◦ 질의인은 생존한 작가로 서양화 작품을 1점당 6천만원 미만으로 화랑에 판매하였고, 화랑은 작품대금을 질의인에게 지급시 사업소득으로 원천징수하여 지급함.

한편 NFT를 구매한 구매자가 이를 재판매하면서 발생하는 차익은 소득세법 제21조 제1항 제5호에 해당하는 기타소득이 아닙니다. 왜냐하면 제5호는 저작권 또는 저작인접권의 양도 또는 사용을 대가로 규정하고 있기 때문에 저작권과 분리된 소유권을 기초로 발행된 NFT를 양도한 경우에는 적용할 수 없습니다.

NFT 구매자가 이를 재판매하면서 발생하는 소득은 해당 NFT가 가상자산에 해당한다면 2027년 1월 1일부터 기타소득으로 과세될 수 있지만, 앞서 살펴본 바와 같이 국내 법률에서 NFT를 가상자산과 별개의 자산으로 보고 있습니다. 따라서 열거주의를 채택하는 현행 소득세법 체계에서 NFT 재판매에서 발생하는 소득은 과세 사각지대에 놓여있는 상황으로 보입니다.

2. 부가가치세 과세 여부

부가가치세법에서는 가상자산을 부가가치세 과세대상으로 규정하고 있지 않다는 것은 앞서 살펴본 바와 같습니다. 그런데 창작품에 기초하여 발행되는 NFT는 가상자산 이용자 보호법에서 가상자산이 아닌 것으로 규정하였으므로, 논리상 이러한 NFT를 사업성을 가지고 매매한다면 부가가치세 과세대상이 될 여지가 높습니다.

기획재정부도 다양한 형태의 NFT가 발행되는 점을 고려하여 아래와 같이 해석하였는데, 결국 케이스별로 과세 여부를 판단하여야 한다는 원론적인 입장입니다.

기획재정부 부가가치세제과-385, 2024.6.14.
【질의】
NFT 콘텐츠를 제작하여 NFT를 판매하는 사업을 영위하는 경우 해당 NFT의 공급이 부가가치세 과세대상인지 여부

【회신】
NFT(Non-Fungible Token)의 공급에 대해 부가가치세가 과세 또는 면제되는지 여부는 NFT의 유형, 특성, 내재된 기초자산의 성격, NFT의 용도 및 거래형태 등을 고려하여 판단할 사항임.

창작품에 기초하여 발행되는 NFT는 '미술, 음악, 사진, 연극 또는 무용에 속하는 창작품'에 속한다면 부가가치세가 과세되지 않을 수 있습니다(부가가치세법 제26조 제1항 제16호 및 동법 시행령 제43조 제1호). 이런데 유일 무이한 창작품과 수개로 분할되어 발행된 NFT를 동일한 것으로 취급할 수 있는지 의문이 있습니다. 물론 해당 면세 적용 취지가 순수 예술 창작행위에 대한 지원이라는 취지를 고려한다면, 원저작자가 본인의 창작품을 여러 개의 NFT로 분할하여 판매하는 경우에도 부가가치세법상 과세대상에서 제외된다고 보는 것이 합리적일 것입니다.

하지만 원저작자가 아닌 자가 창작품의 소유권 만을 보유한 상황에서 이를 기초로 NFT를 공급한 경우 위와 같은 면세 적용 목적을 달성할 수 없고, 창작이 전혀 개입되지 않은 거래 상황이므로 부가가치세 과세대상이 될 가능성이 높습니다.

> 부가가치세법 집행기준 26-43-1 【예술창작품 등의 면세 범위】
> ① 사업자가 미술품 등의 창작품을 모방하여 대량으로 제작하는 작품은 예술창작품으로 보지 아니한다.

3. 플랫폼의 원천징수 의무

앞서 언급한 바와 같이 NFT를 통해 저작권자가 받는 기타소득(15호 기타소득) 또는 사업소득은 가상자산 양도 및 대여에 따른 기타소득(27호 기타소득)이 아니므로 해당 소득을 지급하는 자에게 원천징수 의무가 발생합니다(소득세법 제127조). 이 경우 NFT 거래를 중개하는 플랫폼이 그 대가를 지급하는 자로서 원천징수의무를 부담할 것입니다.

상당히 요약된 형태로 공개된 아래 유권해석 내용 중 개인발행인은 아마도 저작권자로 이해되는데, 플랫폼 운영사업자가 원천징수하도록 해석하고 있습니다.

기획재정부 소득세제과-69, 2023.1.20.
【질의】
NFT 거래 플랫폼 운영사업자가 NFT 거래당사자로부터 수취하는 거래 수수료 중 일부를 개인 발행인에게 지급하는 경우의 원천징수의무의 존부

【회신】
본 건 쟁점수수료는 원천징수대상 기타소득에 해당함.
【관련법령】
소득세법 제21조

2.5 │ 자산운용용역과 관련된 부가가치세 과세문제

과거에는 가상자산과 관련하여 타인을 대신하여 운용해 주고, 기본보수의 형태로 일정한 수수료를 지급받고, 성과보수의 형태로 운용수익 중 일부를 받을 수 있었습니다. 하지만 '가상자산 이용자 보호 등에 관한 법률'이 도입되면서 해당 서비스는 금지되었습니다.

해당 서비스는 자본시장법상 투자자문업, 투자일임업 등 자산운용업과 유사한 것으로 보아 용역수수료는 부가가치세법상 면세되는 금융용역으로 부가가치세가 과세되지 아니한다고 볼 여지가 있습니다.

하지만, 면세의 범위에 관해 부가가치세법은 '금융·보험 용역으로서 대통령령으로 정하는 것'으로 규정하고 있고, 다시 같은 법 시행령에서는 자본시장과 금융투자업에 관한 법률에 따른 투자자문업, 투자일임업 등을 규정하고 있습니다(부가가치세법 제26조 제1항 제11호, 부가가치세법 시행령 제40조 제1항 제2호). 결론적으로 자본시장과 금융투자업에 관한 법률에 따라 인가되지 않은 업체가 공급하는 유사 면세 용역은 부가가치세가 과세되는 것입니다.

대법원은 부가가치세법상 면세용역인 교육용역은 주무관청의 허가를 받은 경우에 한하여 적용된다고 보고 있고, 자본시장법에 따른 금융위원회의 인가 없이 투자중개업(불법선물·옵션계좌대여업, 일명 미니선물)을 영위한 경우에는 부가가치세의 면세대상에 해당하지 아니한다고 보고 있습니다(대법원 2016.4.12. 2016두30743, 서울고등법원-2014-누-73083, 2015.12.2.).

가상자산 주석공시 모범사례[60]

디지털자산 (가상자산)에 대한 이해

주석공시 모범사례(안) 목차

---

60 2023년 금융감독원 제시

② 무형자산으로 분류한 가상자산 상각·후속평가

③ 가상자산 손상·처분손익 손익분류 등

2. 가상자산 취득, 보유 및 처분현황

① 취득목적

② 취득 및 보유현황

③ 처분현황

3. 가상자산 보유위험

Ⅲ. 가상자산 거래소

1. 중요한 회계정책

① 사업자 자체 소유 가상자산

② 고객위탁 가상자산 자산·부채로 인식하였는지 여부 및 그 근거

2. 가상자산 자체취득, 보유 및 처분현황

① 가상자산 취득목적

② 가상자산 취득 및 처분에 대한 관리기준(리스크 관리기준 포함)

③ 자체 취득 및 보유현황

④ 자체 취득 가상자산 처분현황

3. 고객위탁 가상자산 현황

① 고객위탁 가상자산 현황

② 고객위탁 가상자산의 보관정책

③ 가상자산 보관 등 고객위탁 자산 관련 위험

④ 고객위탁 가상자산의 분류현황(사업자 자산·부채 및 기타)

Ⅳ. 경과규정

1. 중요한 회계정책

2. 재무제표에 대한 영향

3. 조기적용하지 않는 경우 사전공시

- 기업의 주석공시 작성 편의를 도모하고 재무정보이용자의 이해가능성을 제고하고자 참고목적으로 제시하는 것으로 해당 기업회계기준서에서 정한 모든 공시사항을 포함하고 있지 않으므로, 기업은 모범사례에서 제시된 사항 이외에 추가로 기재하여야 할 사항이 있는지 검토하여야 함

- 모범사례가 제시하는 양식 및 기재범위는 기업의 합리적인 판단에 따라 조정될 수 있음
  ◦ 따라서 기업은 주석 작성 시 재무정보이용자의 정보이용 효익과 기업의 특성 등을 고려하여 공시사항을 추가하거나 변경·축소하여 사용할 수 있음

※ 주석공시 모범사례에는 '연결회사'라고 표현되어 있으나 회사가 주석공시 대상 가상자산을 보유하고 있다면 연결재무제표뿐만 아니라 개별재무제표나 별도재무제표에서도 이를 공시하여야 함

Ⅰ. 가상자산 발행자

1. 중요한 회계정책

• 연결회사는 「가상자산 이용자 보호 등에 관한 법률」에 의한 가상자산을 발행하는 경우 다음과 같이 회계처리하고 있습니다.

① 가상자산의 개발 및 발행관련 비용

㈀ 가상자산 개발비용

• (비용으로 계상하는 경우) 연결회사는 플랫폼 및 가상자산의 개발활동이 기업회계기준서 제1038호 문단 57의 무형자산의 인식기준을 충족한다고 보기 어려워 개발원가를 지출 당시 비용으로 계상하고 있습니다.

플랫폼 및 가상자산 개발비용 현황

(단위: 원)

가상자산명	개발비용(계정명 :)			
	전전기 이전	전기	당기	계

- • (자산으로 계상하는 경우) 연결회사는 플랫폼 및 가상자산의 개발활동이 기업회계기준서 제1038호 문단 57의 무형자산의 인식기준을 충족한다고 판단하여 개발원가를 무형자산으로 계상하고 있습니다.

  - 무형자산으로 계상한 개발비는 내용연수가 비한정된 것으로 보아 상각하지 아니하며, 매년 또는 손상을 시사하는 징후가 있을 때 손상검사를 수행하고 회수가액이 장부가액보다 낮은 경우 손상차손을 계상합니다.

플랫폼 및 가상자산 개발원가 현황

- 무형자산 계상

(단위: 원)

가상자산명	무형자산 총장부금액(A)		손상차손 누계액(B)		무형자산 장부가액(C=A-B)
	전기	당기	전기	당기	

ㄴ) 가상자산 발행비용

- • (원가를 식별할 수 없는 경우) 연결회사의 가상자산 발행비용은 자산의 정의를 충족하지 않으므로 가상자산 발행과정에서 지출한 원가는 비용으로 계상하였습니다.

② 가상자산 매각 등 배분 관련

- 연결회사는 발행한 가상자산을 유상매각, 생태계 활성 촉진 목적의 무상배포(Air Drop), 개발자 배분물량으로 제3자 및 연결회사에 배분하고 있으며, 유상매각 금액은 매각금액 수령 당시 선수수익으로 계상하고 가상자산 백서에서 정하는 발행회사 수행의무 이행시점(또는 이행기간)(예시 : 가상자산과 교환하여 플랫폼 서비스 제공 등)에 수익을 계상합니다.

- 개발자 배분물량의 경우 개발자에게 지급해야 할 용역대가로 가상자산을 배분하는 경우 관련 용역대가를 비용으로 계상하고 같은 금액을 선수수익으로 계상하며 가상자산 백서에서 정하는 발행회사 수행의무 이행시점(예시 : 가상자산과 교환하여 플랫폼 서비스 제공 등)에 수익을 계상합니다.

- 무상배포의 경우 배분 당시에는 별도의 회계처리를 하지 않습니다. 만일 가상자산 백서에서 정하는 수행의무와 관련하여 배분물량의 귀속주체가 구분되지 않는 경우에는 수행의무 이행 정도를 반영하는 합리적인 방법(예시 : 총배분물량에서 수행의무 제공물량 비중)으로 수익을 인식합니다.

- 토큰 배분 등에 대한 회계정책
  - 배분된 토큰에 대한 수익인식 정책
  - 현금을 수령하지 않고 배분된 토큰(용역대가, 무상배포 등)에 대한 회계정책

③ 유보물량(Reserved) 관련

- 발행자가 보유하고 있는 유보분(Reserved)과 관련하여 자산으로 인식한 금액은 없습니다.

④ 자체발행 가상자산 재취득 관련

- 연결회사는 자체발행 가상자산을 ○○○(예시 : 용역대가 등)으로 재취득하는 경우가 있는데, 가상자산 취득과 관련한 교환가치에 해당하는 금액을 무형자산으로 계상합니다. 다만, 수행의무 완료 이전 단계에 발행자에게 재유입되는 경우, 계약부채의 잔액이 있다면 우선 계약부채와 지급대가를 상계합니다.

2. 가상자산 개발 및 발행 현황

① 가상자산 발행목적 및 관련위험

- 연결회사는 ○○○○년 메인넷 ○○○ 및 가상자산 ○○○을 개발하였습니다. 가상자산 ○○○는 ○○○ 메인넷 이용시 발생하는 각종 수수료의 지급수단으로 사용될 목적으로 개발되었습니다.

- 회사가 개발한 가상자산 ○○○는 ○○○플랫폼에서 운영되는 다수 게임들의 게임토큰과 교환 가능하며, 연결회사는 ○○○의 가치가 유지되고 생태계가

활성화될 수 있도록 다양한 게임을 지속적으로 ○○○ 플랫폼에 온보딩하고, 다수의 이용자가 해당 게임들을 즐길 수 있도록 노력하고 있습니다. 이는 다양한 게임이 하나의 플랫폼을 통해 연결되어 유저 간의 상호작용을 바탕으로 공통의 이해 충족을 목적으로 하고 있습니다.

• 연결회사는 메인넷 활성화 등을 위해 ○○○ 등의 의무를 수행해야 합니다. 만일 메인넷이 ○○○ 이유로 예상대로 활성화되지 않을 경우, 가상자산 사용 가치가 낮아질 위험이 있으며, 총 발행물량 대비 유보물량의 비중이 높은 경우 추가 배분되는 경우 가상자산 가치의 희석요인으로 작용할 수 있습니다.

• 가상자산 ○○○ 유보물량은 총 발행물량의 ○○%이며, 추가 매각 등으로 유통되는 경우 거래소 시세의 희석요인으로 작용할 수 있습니다.

주석공시 참고사항

■ 플랫폼 및 토큰 등 개발 프로젝트 성공 여부와 보고기간 말 현재 진행 상황
  ◦ 발행자인 회사의 사업모델과 프로젝트의 목적
  ◦ 발행자에게 노출되어 있는 위험(예: 시장위험, 기술적 위험) 등
  ◦ 계약상대방이 발행자인 회사에 무엇을 기대하고 구매하였는지, 받은 대가의 유형(예: 현금, 다른 가상자산)과 금액
  ◦ 계약상대방에 대한 발행자의 의무와 그 이행 상황
  ◦ 특히 백서상 공표한 약속 중 개발사의 의무가 아닌 것은 무엇인지, 백서상 각 약속의 이행 주체는 누구인지 등
  ◦ 발행자의 의무범위에 변경이 있다면 그 변경사항

■ 보고기간 후 사건
  ◦ 토큰 등 판매 계약 또는 기타 유의적인 목표치의 달성 또는 실패

② 가상자산 발행 및 배분현황

• 가상자산 ○○○는 현재 총 ○○○개가 발행되었고, 이중 ○○○개가 배분되었으며 ○○○개는 유보물량으로 연결회사가 보관하고 있습니다.

• 가상자산은 유상매각 ○○○개, 무상배포(Air Drop) ○○○개, 개발자 배분 물량 ○○○개(연결회사 ○○○ 포함) 등으로 배분되었습니다.

• 가상자산 ○○○는 ○○○○년 총 ○○○개가 발행하였고, 이중 ○○○가 배분되었으며 ○○○는 유보물량으로 연결회사가 보관하고 있습니다. 배분물량은 유상매각 ○○○, 무상배포(Air Drop), 개발자 물량 ○○○(연결회사 ○○○ 포함) 등입니다.

가상자산 발행 및 유통현황(누적기준)

(단위: 개)

구분	총 발행물량	배분물량				유보물량
		유상매각	무상배포	개발자 물량	계	
전기						
당기						

주석공시 참고사항

■ 발행 및 배분된 토큰의 현황
  ◦ 총발행수량 및 유상매각, 무상배포, 종업원 및 용역제공회사 등에 지급한 물량

③ 가상자산 유상매각 등의 수익인식 현황

• 연결회사는 상기 매각 이후 메인넷의 안정성 및 인터페이스가 목표한 수준에 도달하여 회사가 개발한 가상자산 플랫폼의 의사결정 권한을 ○○○위원회에 이양함으로써 탈중앙화가 이루어졌고 이에 매각과 관련된 수행의무가 모두 이행되었다고 판단하여 당기에 수익으로 인식한 금액은 ○○○원입니다.

• 연결회사는 메인넷의 안정성 및 인터페이스가 목표한 수준에 도달하였다고 보아 회사가 개발한 가상자산 플랫폼의 의사결정 권한을 ○○○위원회에 이양하였으나, 최근 해킹 사건 및 시스템 정지 등의 발생으로 다수의 DApp들이 연결회사의 메인넷과 결별하는 등 메인넷의 안정성이 목표한 수준에 도달하지 못하였음이 판명되었습니다. 이에 연결회사는 매각과 관련된 수행의무가 아직까지 이행되지 못하였다고 판단하여 이를 수익으로 인식하지 아니하였고 매각 대가는 당기말 현재 선수금(계약부채)으로 계상(선수금 인식 금액 : ○○○원)하였습니다.

• 연결회사는 사전판매계약 등을 통해 일반인에게 가상자산 ○○○개를 ○○○에 매각하고(개당 ○○원), 메인넷 개발자에게 용역대가 ○○○ 대신 가상자산을 ○○○을 지급하였습니다.

• 연결회사는 ○○○○년 가상자산 ○○○개를 ○○○원에 유상매각 하였으며, 이와 관련하여 매출로 인식한 금액은 ○○○원입니다.

가상자산 명칭	배분방식	배분일자	연도별 수익인식 금액			
			전전기	전기	당기	합계

- (플랫폼 내 서비스 대가로 가상자산 결제시 수익을 인식하는 경우) 유상매각, 무상배포 등을 통해 배분된 가상자산 보유자가 플랫폼 내에서 서비스 이용 수수료 결제시 가상자산을 사용하는 경우 관련 수익을 인식합니다. 총 배분수량 대비 결제시 사용된 수량의 비중을 고려하여 영업수익을 인식합니다.

가상자산 유상매각 등 관련 수익인식

(단위: 개, 원)

총 배분물량	유상매각 등				플랫폼 내 사용물량			수익인식 금액			선수수익 잔액
	유상매각	용역대가	…주)	계	전기	당기	누적	전기	당기	누적	

주) 기타의 방법을 기재

주석공시 참고사항

- 토큰 판매 내역
  - 회사가 판매한 토큰의 명칭, 수량, 매각일, 매각금액
  - 토큰을 판매하고 수익을 인식하였는지 여부와 수익을 인식한 경우 수익을 인식하게 된 이유, 수익인식 금액, 손익계산서에 반영한 계정과목명 공시
  - 토큰을 판매하였으나 관련 수익을 인식하지 않은 경우, 수익을 인식하지 않은 이유와 판매와 관련해 재무제표에 반영한 계정과목 및 그 금액

④ 유보물량 현황 및 향후 관리계획

• '23년 말 연결회사가 발행한 가상자산 ○○○의 유보물량은 ○○○개입니다. 이중 ○○○개는 초기 개발 용역회사인 ○○○에게 용역대가의 잔여 지급을 목적으로 '24년 중 지급할 예정이며, ○○○개는 '25년까지 소각할 예정입니다.

(단위 : 개, 원)

가상자산 명칭	총발행수량	유보물량	향후 계획			
			24 년	25 년		

> **주석공시 참고사항**
>
> ■ 유보 토큰에 대한 정보
>   ◦ 개발된 토큰의 총 수량 및 유보 토큰 수량, 시세정보 등
>   ◦ 유보 토큰에 대한 향후 활용 및 발행계획

⑤ 자체발행 가상자산 상장 및 거래소가치 현황

• 가상자산 ○○○은 국내 ○개 거래소 및 국외 ○개 거래소에 상장되어 거래되고 있습니다. ○○○○.○○.○○ 시 현재 ○○ 거래소가격(거래소 명칭)은 ○○○입니다.

• 총 배분된 물량(연결회사에 재유입된 ○○○포함)의 시가총액은 ○○○원입니다. 이 경우 유보물량은 시가총액에 포함하지 않았습니다.

• 총 배분된 물량 중 연결회사에 배분된 물량 및 재유입된 물량의 거래소가격은

○○○원이나, 연결회사가 동 가상자산을 ○○○등의 방법으로만 처분할 수 있으므로 실현가치는 ○○○원입니다.

가상자산 상장 및 거래소가격 현황

(단위: 개, 원)

총 발행 물량	배분물량				연결회사 보유 물량					
	거래 불가 물량[주1]	거래가능		최초 배분	배분 후 재유입	소계	처분 가능 물량	처분 가능 물량의 시장가치[주2]	처분 가능 물량의 순실현가치
		물량	거래소 가격[주2]						

주1) 예약물량 등
주2) 시세 산정방식(거래소 평균 등) 및 시점 등을 기재

주석공시 참고사항

- ■ 토큰의 거래소가격 현황
  - ◦ 가상자산거래소 상장일, 상장폐지일
  - ◦ 당기말 현재 가상자산 거래소가격
  - ◦ 매각에 제한이 있거나 거래소에서 매각이 어려운 경우 실현가치 산정방식 등

II. 가상자산 보유자

1. 중요한 회계정책

① 취득목적별 가상자산 계정분류

• (플랫폼 운영으로 인한 취득) 연결회사는 플랫폼 운영(채굴 등)을 통해 가상자산 ○○○개를 수령하였으며, 토큰 취득과 직접 관련된 원가 ○○○원을 취득가액으로 인식하였습니다.

- (용역제공으로 인한 취득원가) 연결회사는 플랫폼 개발에 기여한 대가로 토큰 ○○○개를 수령하였으며, 용역제공 대가로 취득한 토큰 등의 공정가치로 토큰과 수익 ○○○원을 인식하였습니다.

- (무상수령) 연결회사는 가상자산 ○○○개는 무상으로 수령하여 보유하고 있습니다. 무상으로 수령하여 보유한 가상자산은 플랫폼 내에서 재화나 용역 이용대가로 자유롭게 사용할 수 있고 공정가치가 형성되어 있어 공정가치로 인식하였습니다.
  - (마케팅 목적의 Airdrop으로 취득한 경우) 연결회사는 가상자산 ○○○개를 발행회사로부터 마케팅 목적으로 무상으로 수령하였으나, 상장물량 대비 대규모 Airdrop으로 시가에 영향을 줄 수 있다고 보아 취득원가를 0으로 인식하였습니다.

- (무형자산 분류시) 연결회사는 취득한 가상자산을 무형자산으로 분류하며, 취득시 구입가격에 취득과 직접 관련된 원가를 가산하여 취득가액을 인식합니다.

- (재고자산 분류시) 연결회사는 ○○○업을 영위하는 과정에서 ○○○ 메인넷 운영과 관련하여 ○○○ 역할을 하고 있으며, 용역제공 대가로 가상자산 ○○○을 배분받아 제3자에게 매각할 목적으로 보유하고 있으며 매각되기 전까지 재고자산으로 분류하고 있습니다.

- (기타자산 분류시) 연결회사(일반기업회계기준 적용시)는 경영진의 판단에 따라 취득한 가상자산을 ○○자산으로 분류하며, 취득시점에 가상자산에 제공한 대가의 공정가치로 측정하여 자산으로 인식합니다.

② 무형자산으로 분류한 가상자산 상각·후속평가

- 무형자산으로 분류한 가상자산은 내용연수가 비한정된 것으로 보아 상각하지 않고 원가는 선입선출법(또는 가중평균법)에 따라 결정됩니다.

- (원가모형 적용시) 무형자산으로 분류한 가상자산에 대하여는 매년 또는 손상을 시사하는 징후가 있을 때 손상검사를 수행하고 손상차손누계액을 차감한 금액을 장부금액으로 합니다.

- (재평가모형 적용시) 무형자산으로 분류한 가상자산의 활성시장이 존재하는 경우에는, 공정가치로 재평가하고 공정가치에서 재평가 이후의 손상차손 누계액을 차감한 금액을 장부가액으로 합니다.

- (기타자산의 공정가치법 적용시) ○○자산으로 인식된 가상자산은 거래되는 항목이 동질적이고, 일반적으로 거래의사가 있는 구매자들과 판매자들을 언제든지 찾을 수 있으며, 가격이 공개되어 이용가능한 시장이 있어, 시장에서 공개되어 이용가능한 가격으로 평가하고 평가손익을 당기손익에 반영하고 있습니다.

③ 가상자산 손상·처분손익 손익분류 등

- 가상자산의 손상차손 및 처분손익은 영업외손익(또는 영업손익)으로 분류하였습니다. (분류한 근거를 기술)

주석공시 참고사항

- ■ 토큰의 계정분류, 인식 및 측정 등 회계정책
  - ◦ 토큰의 계정분류 및 판단근거
  - ◦ 공정가치로 후속측정하는 토큰 등의 현황 및 판단근거 등

---

2. 가상자산 취득, 보유 및 처분현황

① 취득목적

- 연결회사는 가상자산 ○○○ 플랫폼 구축 및 토큰 개발과정 등에 개발회사로 참여하여 용역을 제공한 대가로 토큰을 분배받았고 당시 가상자산 공정가치 (또는 용역제공 대가)에 해당하는 금액을 무형자산(또는 재고자산)으로 계상 하였습니다. (보유하고 있는 가상자산의 상장여부 등에 대하여 기재)

- (취득목적) 연결회사는 주된 ○○○업을 영위하는 과정(기타 매매차익 확보 목적 등)에서 가상자산을 취득하여 보유하고 있습니다.

② 취득 및 보유현황

- 가상자산 취득 및 보유현황은 다음과 같습니다.

가상자산 취득 및 보유현황

(단위: 개, 원)

가상 자산명	상장 여부[주1]	수량				공정가치(개당)[주2]	
		전기말	취득	처분	당기말	전기말	당기말

주1) 국내 및 국외 가상자산 거래소에 상장된 경우 해당 내용 기재
주2) 공정가치 산정방식 및 시점 등을 기재

- 가상자산과 관련하여 당기와 전기 중 무형자산손상차손으로 인식한 금액은 각각 ○○○원, ○○○원입니다.

가상자산 계상현황

(단위: 원)

가상 자산명	계정 분류	평가 방법	취득 경로	전기말			당기말		
				취득 원가	손상차손 누계액	장부 가액	취득 원가	손상차손 누계액	장부 가액

③ 처분현황

- 취득한 가상자산은 주로 ○○○ 경우 ○○○방법으로 처분하며 당기와 전기의 무형자산처분손익으로 인식한 금액은 각각 ○○○원, ○○○원입니다.

가상자산 처분현황

(단위: 개, 원)

가상 자산명	전기(말)				당기(말)				계정분류
	처분 수량	처분 가액	장부 가액	처분 손익	처분 수량	처분 가액	장부 가액	처분 손익	

> **주석공시 참고사항**
>
> - 토큰의 취득목적 및 회사의 영업에 활용 계획, 처분계획
> - 토큰 취득, 처분현황
>   - 보유 토큰 등의 취득원가, 재무제표에 반영된 계정과목, 취득경로, 보고기간 말 평가금액, 관련 손익현황
>   - 보유 토큰 처분에 따른 당기손익 효과
>   - 토큰 처분손익을 영업손익으로 분류한 경우 그 판단근거
>   - 취득 및 보유토큰의 공정가치 평가방법

3. 가상자산 보유위험

- 가상자산 ○○○ 백서에 따르면 플랫폼 구축회사 및 가상자산 발행회사는 가상 자산이 사용되는 생태계를 지속적으로 활성화하기 위해 ○○○ 의무가 있으나, 사업이 계획대로 진행되지 않을 경우 가상자산이 상장폐지되는 등 가치가 소멸될 수도 있는 상황입니다. 또한, 가상자산 거래소에 위탁 보관된 경우 거래소의 파산 및 해킹사고 발생시 위탁한 가상자산을 반환받지 못할 위험이 있습니다.

- 가상자산 ○○○는 ○○○ 등 ○개 거래소에 상장되어 거래되고 있고 ○○○ 거래소 가격을 기준으로 평가하여 재무제표에 무형자산으로 계상하고 있으나, 재평가모형 적용시 공정가치의 변동성이 크기 때문에 회계연도 간 자산가액에 큰 영향을 줄 수 있습니다.

- 참고로 전년도의 최고가격은 ○○○, 최저가격은 ○○○이고 당해연도 최고가격은 ○○○, 최저가격은 ○○○입니다.

- 연결회사가 당기말 현재 보유하고 있던 가상자산의 공정가치가 당기말 이후 유의적으로 변동하고 있으나, 감사보고서일 현재 이러한 유의적 변동이 재무제표에 미칠 영향을 예측할 수 없습니다. 회사의 재무제표에는 이러한 불확실성으로 인하여 발생 가능한 조정사항이 반영되어 있지 않습니다.

주석공시 참고사항

- ■ 토큰 보유에 따라 노출된 위험
  - ◦ 공정가치 측정과 관련된 사항(예: 거래소, 측정시점 등)과 가격변동위험에 대한 정보
  - ◦ 토큰 보유에 따른 위험의 성격에 대한 정보

III. 가상자산 거래소

1. 중요한 회계정책

① 사업자 자체 소유 가상자산

- 연결회사는 주된 영업활동인 가상자산 중개·보관 사업을 영위하는 과정에서 가상자산 취득 및 처분 거래를 하고 있습니다.

- (무형자산 분류) 연결회사는 관련 법규 등 규제로 인해 취득 후 단기간 내에 처분하지 못하는 가상자산의 경우 무형자산으로 분류하고 있습니다.

- (무형자산 분류) 취득시 지급한 원가를 무형자산으로 최초 인식한 후 손상차손 누계액을 차감한 금액을 장부금액으로 하고 있습니다.

- (재고자산 분류) 연결회사는 가상자산을 영업과정에서 판매 및 사업에 사용할 목적으로 취득하거나, 단기간 내에 매도하여 가격변동이익이나 중개이익을 얻을 목적으로 취득한 경우에는 재고자산으로 분류합니다.

- 연결회사는 취득하여 보유하고 있는 가상자산을 재고자산으로 계상하고 있으며, 취득원가와 순실현가능가치 중 낮은 금액으로 측정하고 있습니다.

- (일반상품인 경우) 연결회사는 취득하여 보유하고 있는 가상자산을 재고자산으로 계상하고 있으며, 공정가치에서 처분부대원가를 뺀 금액으로 측정하고 있습니다.

- (기타자산 분류시) 연결회사(일반기업회계기준 적용시)는 경영진의 판단에 따라 취득한 가상자산을 ○○자산으로 분류하며, 취득시점에 가상자산에 제공한 대가의 공정가치로 측정하여 자산으로 인식합니다.

주석공시 참고사항

- 토큰 보유목적
- 취득 토큰 등의 계정분류, 인식 및 측정 등 회계정책
  - 취득 토큰 등의 계정분류 및 판단근거(토큰 증권으로 판단한 근거 등 포함)
  - 재고자산으로 분류하였으나 공정가치로 후속측정하는 토큰 등의 현황 및 판단근거

② 고객위탁 가상자산

- (자산·부채 미인식) 연결회사는 고객으로부터 가상자산을 위탁받아 보관하고 있으며, 해당 가상자산에 대한 통제권이 없다고 보아 이를 연결회사의 자산으로 계상하지 않았습니다. (경제적 통제권을 중심으로 판단근거를 상세기술)

- (자산·부채 인식) 연결회사 플랫폼의 디지털 지갑에서 고객의 가상자산을 보관하는 업무절차를 고려하여 고객으로부터 위탁받은 가상자산을 고객위탁자산 및 고객위탁 부채로 인식하였습니다. (경제적 통제권을 근거로 판단근거를 상세기술)

- 고객위탁 가상자산에서 발생하는 평가손익은 순액으로 표시하였으며, 이와 관련한 평가이익은 ○○○원이고, 평가손실은 ○○○원입니다.

- 연결회사는 고객으로부터 예치받은 가상자산을 블록체인 검증에 활용하고 가상자산을 보상으로 분배하는 스테이킹 서비스를 제공하고 있으며, 스테이킹된 자산은 고객위탁 자산과 동일하게 콜드월렛에 안전하게 보관하고 있습니다.

주석공시 참고사항

- 고객위탁 토큰을 사업자의 자산·부채로 인식하였는지 여부
  - 고객소유 자산으로 판단한 경우 그 근거
  - 사업자의 자산·부채로 판단한 경우 그 근거

---

2. 가상자산 자체 취득, 보유 및 처분현황

① 가상자산 취득목적

- 연결회사는 주된 영업활동인 가상자산 중개·보관 사업을 영위하는 과정에서 가상자산 취득 및 처분 거래를 하고 있습니다.

② 가상자산 취득 및 처분에 대한 관리기준

- 연결회사는 가상자산의 취득 및 처분에 대한 기준을 마련하여 동 기준을 준수하는 범위에서 거래를 하고 있으며, 동 기준의 주요내용은 ○○○입니다. (재무제표 이용자 및 고객에 대한 거래소의 리스크 관리현황 등을 잘 파악할 수 있도록 해당 사항이 있는 경우 기재 필요)

③ 자체 취득 및 보유현황

- 연결회사가 가상자산을 자체 취득 및 보유한 현황은 다음과 같습니다.

가상자산 자체 취득 및 보유현황

(단위: 개, 원)

가상 자산명	계정과목	수량		거래소가격(개당) [주1)]		장부금액	
		전기말	당기말	전기말	당기말	전기말	당기말

주1) 산정방식(거래소 평균 등) 및 시점 등을 기재

- 가상자산과 관련하여 당기와 전기 중 무형자산손상차손으로 인식한 금액은 각각 ○○○원, ○○○원이고, 당기말과 전기말 무형자산손상차손누계액은 각각 ○○○원, ○○○원입니다.

④ 자체 취득 가상자산 처분현황

- 취득한 가상자산은 주로 ○○○ 경우 ○○○방법으로 처분하며 당기와 전기의 무형자산 처분손익으로 인식한 금액은 각각 ○○○원, ○○○원입니다.

자체 취득 가상자산 처분현황

(단위: 개, 원)

가상 자산명	전기(말)				당기(말)				계정분류
	처분 수량	처분 가액	장부 가액	처분 손익	처분 수량	처분 가액	장부 가액	처분 손익	

- 토큰 취득, 처분현황
  - 보유 토큰 등의 취득원가, 재무제표에 반영된 계정과목, 취득경로, 보고기간 말 평가금액, 관련 손익현황
  - 보유한 토큰 처분에 따른 당기손익 효과
  - 토큰 처분손익을 영업손익으로 분류한 경우 그 판단근거
  - 취득 및 보유 토큰의 거래소가격 평가방법

3. 고객위탁 가상자산 현황

① 고객위탁 가상자산 현황

• 연결회사가 당기말과 전기말 현재 위탁받아 보관하고 있는 가상자산의 현황은 다음과 같습니다.

(단위 : 개, 원)

가상자산 명칭	당기말		전기말	
	수량	거래소가격[주]	수량	거래소가격[주]
합계금액				

주) 당기말 및 전기말의 수량에 가상자산거래소 ○○(거래소명 명시)에 고시된 해당 가상자산의 당기말 및 전기말 금액을 각각 곱하여 산출하였으며, 여러 거래소 중 ○○ 거래소의 시세를 적용한 이유는 ○입니다.

② 고객위탁 가상자산 보관정책

• 연결회사는 위험을 분산하고자 위탁받아 보관하고 있는 가상자산의 암호키 정보에 대한 관리를 제3자에게 위탁하고 있습니다.

- 연결회사는 고객으로부터 위탁받은 가상자산을 안전하게 저장할 의무가 있으며, 가상자산의 도난 및 분실 위험을 최소화하기 위해 개인키 관리에 대한 보안을 설정했습니다. ○○○을 사용하여 보관된 자산을 전략적으로 오프라인에 저장합니다.

- 연결회사는 회사 보유 가상자산과 고객위탁 가상자산을 분리하여 보관하고 있습니다. ○○○ (콜드월렛 스토리지) 등을 통해 가상자산은 전용주소에 별도로 보관되며 독점적인 하드웨어 보안모듈 조합을 사용하여 원장에 기록됩니다.

③ 가상자산 보관 등 고객위탁 자산 관련 위험

- 연결회사가 위탁받아 보관하고 있는 가상자산은 연결회사의 전자지갑에 연결회사 소유의 가상자산과 함께 혼합하여 보관되어 있어 연결회사의 파산 및 해킹사고 발생시 고객에게 가상자산을 반환하지 못할 위험이 존재합니다.

- 연결회사가 위탁받아 보관하고 있는 가상자산의 암호키 정보의 파괴, 망실, 도난 또는 사용 불능 및 연결회사가 위탁받아 보관하고 있는 가상자산의 도난 등이 연결회사의 지속적인 사업, 재무상태, 영업실적 및 현금흐름에 미칠 수 있는 잠재적인 영향은 ○○○원에 달할 수 있는 것으로 판단됩니다.(잠재적 영향 판단 근거를 구체적으로 기술)

④ 고객위탁 가상자산의 분류현황(사업자 자산·부채 및 기타)

- 연결회사가 고객위탁 자산 및 고객위탁 부채로 인식한 가상자산은 ○○○원이고, 연결회사 자산 및 부채로 계상하지 않은 가상자산의 거래소 가격은 ○

○○원입니다.

(경제적 통제권을 중심으로 판단근거를 상세기술)

(단위 : 개, 원)

자산·부채 인식		주석기재	
장부금액	공정가치 (거래소가격)	수량	공정가치 (거래소가격)

주석공시 참고사항

- 고객위탁 토큰의 총수량 및 시세정보 등
  - 고객위탁 토큰 등의 종류, 수량, 기말 거래소가격(사업자의 자산·부채로 인식하는 경우와 그 외로 구분)

- 고객위탁 토큰 등의 계약관계 및 위험 관리 현황
  - 계약관계상 사업자의 권리·의무
  - 사업자 청산 시 고객의 청구권 행사관계
  - 해킹위험 등에서 고객위탁 토큰 등을 보호하기 위한 절차

- 고객위탁 토큰등과 사업자 소유 토큰 등을 분리하기 위해 실시하는 정책
  - 위탁정책 및 위탁현황(사업자가 외부에 위탁한 토큰의 종류, 수량, 공정가치, 위탁기관 현황 등)
  - 고객별 보유토큰 등의 거래원장 관리정책 및 주기적 검증절차 실시내역
  - 전자지갑 등 고객토큰 등의 보관정책

Ⅳ. 경과규정

1. 중요한 회계정책

- (소급법) 연결회사는 가상자산 회계처리에 대하여 「가상자산 회계처리 감독지침」을 적용하였습니다. 감독지침의 경과규정에 따라 가상자산 회계처리는 소급적으로 적용되었고 비교 표시된 전기 재무제표는 재작성되었습니다.

- (수정소급법) 연결회사는 가상자산 회계처리에 대하여 「가상자산 회계처리 감독지침」을 적용하였습니다. 감독지침의 경과규정에 따라 가상자산 회계처리는 최초 적용으로 인한 누적효과를 기초자본에서 조정하였습니다. 그러므로 비교표시 기간의 정보는 재작성되지 않았습니다.

2. 재무제표에 대한 영향

- (소급법) 「가상자산 회계처리 감독지침」 최초 적용일(당기초)과 비교표시되는 기간의 개시일(전기초) 현재 재무상태표에 반영한 수정금액은 다음과 같습니다.

(단위 : 원)

구분	전기말 재무제표	당기초 수정 재무제표	이익잉여금 효과

- (수정소급법) 다음은 당기말 「가상자산 회계처리 감독지침」 적용으로 인한 연결재무제표의 영향을 요약하였습니다.

연결재무상태표

(단위 : 원)

구분	장부금액		
	감독지침 적용 전	조정금액	보고금액
재고자산			
무형자산			
총자산			
이익잉여금			
…			
순자산			

연결포괄손익계산서

(단위 : 원)

구분	장부금액		
	감독지침 적용 전	조정금액	보고금액
영업외손익			
가상자산손상차손			
가상자산처분손익			
…			
당기순이익			

3. 조기적용하지 않는 경우 사전공시

• 연결회사는 기업회계기준서 제1001호 개정사항(한 138.6, 가상자산 공시)을 조기 적용하지 않으며, '24.1.1. 이후 최초 개시되는 회계연도(의무적용일)부터 적용할 예정입니다.

- 동 기준서 개정으로 인해, 연결회사는 발행 가상자산(보유 가상자산 및 고객 위탁 가상자산 등)에 대해 보다 충분하게 공시할 예정이며, 주석 ○○(수익관련), 주석 ○○(무형자산 관련) 주석 ○○*의 내용이 상세하게 보완될 것으로 예상됩니다.

* 영향을 받는 주석사항 모두 기재

용어	설명
Active Addresses	암호화폐 네트워크에서 활동 중인 주소의 수. 즉, 특정 기간 동안 트랜잭션에 참여한 고유 주소의 수를 말함
Altcoin(알트코인)	Alternative Coin으로 비트코인 이외의 나머지 모든 가상자산을 알트코인이라고 함.
Blockchain(블록체인)	데이터를 블록 단위로 저장하고 이를 체인 형태로 연결한 분산 원장 기술
CDBC (Central bank digital currency)	중앙은행에서 발행한 디지털 화폐
Coin & Token	코인은 독자적인 메인넷을 구축한 플랫폼에서 발행된 화폐이고, 토큰은 다른 메인넷에 의존하여 발행된 가상화폐. 코인은 주로 결제 수단이나 가치 저장 수단으로 사용되고 토큰은 보상, 보안, 자산 등 다양한 형태로 사용
Crypto Economy (크립토이코노미)	크립토이코노미(Crypto Economy)는 가상화폐(cryptocurrency)의 사용이 활성화된 경제 체제로서 블록체인 기술을 기반으로 한 코인과 토큰의 생태계가 결합된 형태로서 이루어지는 경제생태계
Cryptoassets	Cryptoassets는 암호화 기술을 사용하여 운영되는 디지털 자산을 의미
Defi (Decentralized Finance)	디파이(DeFi) 탈중앙화 금융을 의미하며, 블록체인 기술을 기반으로 전통적인 금융 서비스(예: 대출, 예금, 거래 등)를 중개기관 없이 제공하는 금융 생태계를 말함

용어	설명
DEX	Decentralized Exchange, 탈중앙화 거래소
ICO (Initial Coin Offering)	새로운 암호화폐를 공개하고 자금을 조달하는 방법. 이는 주식 시장에서 기업이 처음으로 주식을 공개 매도하는 IPO(Initial Public Offering)와 유사함. ICO를 통해 블록체인 관련 스타트업들은 코인이나 토큰을 발행하고 이를 투자자들에게 판매하여 자금을 확보함
NFT (Non-Fungible Token)	대체 불가능한 토큰, 디지털 자산의 소유권을 증명하는 것으로 이는 각 토큰이 고유하며 다른 토큰으로 대체될 수 없음을 나타냄
Private Key(개인키)	개인키(Private Key)는 지갑 소유자가 암호화폐에 접근하고 거래를 승인하는데 사용하는 비밀키. 은행 카드의 PIN 번호와 유사
Proof of Stake (PoS, 지분증명)	지분증명(Proof of Stake, PoS)은 블록체인 네트워크에서 새로운 블록을 추가하고 트랜잭션을 검증하는 방식 중 하나. PoS에서는 네트워크 참여자들이 자신의 암호화폐를 일정량 스테이킹(잠금)하여 검증인(Validator)으로 활동할 수 있음
Proof of Work (PoW, 작업증명)	작업증명(Proof of Work, PoW)은 블록체인 네트워크에서 트랜잭션을 검증하고 새로운 블록을 생성하기 위해 사용되는 합의 알고리즘. 일반적으로 네트워크 참여자(채굴자)가 복잡한 수학 문제를 해결하여 블록을 생성하고, 문제를 가장 먼저 해결한 채굴자는 새로운 블록을 추가하고 보상으로 암호화폐를 받음
Public Key(공개키)	공개키(Public Key)는 지갑 주소로, 다른 사람들이 이 주소를 통해 암호화폐를 보낼 수 있음. 은행 계좌번호와 비슷한 개념
Smart contract (스마트 계약)	블록체인 기술을 기반으로 하는 자동화으로 실행되는 디지털 계약으로 이 계약은 특정 조건이 충족되면 자동으로 실행되도록 프로그래밍됨
Stablecoin (스테이블코인)	가치 안정화를 목표로 하는 암호화폐. 일반적으로 법정화폐(예: USD)나 자산(예: 금)과 연동되어 있어, 가격 변동성이 적으며, 디지털 자산 거래에서 안정적인 교환 수단으로 사용되는 것을 목적으로 함. 테더(USDT), 다이(DAI), USD코인(UDSC)등이 있음
Staking(스테이킹)	스테이킹은 블록체인 네트워크에서 지분 증명(Proof of Stake, PoS) 방식으로 작동하는 시스템으로, 사용자는 자신의 암호화폐를 네트워크에 잠금(Stake)으로써, 네트워크의 보안과 운영에 기여함. 이 과정에서 사용자는 검증인(Validator)이 되어 트랜잭션을 검증하고 새로운 블록을 생성하는 역할을 하게됨. 보상으로는 스테이킹 보상을 받게 되며, 이는 네트워크의 수수료나 새롭게 발행된 암호화폐로 지급됨

용어	설명
STO (Security Token Offering)	증권형 토큰(Security Token)발행. 가상화폐를 전통적인 증권처럼 발행해 자금을 조달하는 방식으로 자본시장법 등의 규제를 받음
TAM (Total Addressable Market)	이는 특정 제품이나 서비스가 잠재적으로 도달할 수 있는 전체 시장 규모를 나타내며, 기업이 최대한으로 성장할 수 있는 기회를 평가하는데 사용
Tokenomics (토크노믹스)	"Token Economics"의 줄임말로, 암호화폐의 경제 구조를 의미하며, 토큰의 분배 방법과 토큰 수요에 영향을 미치는 기능을 결정하는 인센티브 체계 등으로 정의될 수 있음
TVL (Total Value Locked)	Total Value Locked는 암호화폐 분야에서 사용되는 지표로, 특정 블록체인 네트워크에 잠겨 있는 디지털 자산의 총 가치를 나타냄. 이는 탈중앙화 금융(DeFi) 플랫폼이나 탈중앙화 애플리케이션(dApps)에 스테이킹된 자산의 미국 달러 가치로 측정
Utility Token(유틸리티 토큰), Utility Coin(유틸리티 코인)	유틸리티 토큰은 특정 블록체인 플랫폼에서 발행된 암호화폐로, 해당 플랫폼 내에서 서비스나 제품을 사용하는데 사용됨. 예를 들어, 이더리움 플랫폼에서 발행된 이더(ETH)는 이더리움 기반의 디앱(Dapp)에서 사용될 수 있음. 유틸리티 토큰은 주로 프로젝트의 생태계 내에서 가치를 증명하고, 서비스 접근을 가능하게 함. 유틸리티 코인/토큰을 기능에 따라 좀더 세부적으로 구분하기도 하여 게임/콘텐츠 등 다양한 서비스를 이용하기 위해 사용하는 유틸리티 코인과 스마트 계약 또는 DAapp을 개발할 수 있는 플랫폼에서 사용하는 플랫폼 코인으로 분류하기도 함
거버넌스	암호화폐에서 거버넌스는 네트워크와 블록체인 기술의 개발, 관리, 운영을 위해 사용자, 개발자 및 기타 관계자들이 모여서 의사 결정을 내리는 투표와 회의 체계 전반을 의미
거버넌스 토큰	거버넌스 토큰은 보유자가 탈중앙화 프로토콜과 플랫폼의 의사결정 과정에 적극적으로 참여할 수 있도록 지원하는 특수한 유형의 암호화폐 토큰. 이 토큰을 통해 사용자는 투표권을 행사하고, 변경 사항을 제안하며, 프로토콜의 향후 개발과 운영을 형성하는데 참여할 수 있음
결제코인(Payment coin)	결제수단으로 사용되기 위해 화폐처럼 실생활에서 상품이나 서비스의 대가로 결제/송금/지불 목적으로 위해 개발된 가상자산. 비트코인, 라이트코인 등

용어	설명
데이비드 차움	데이비드 차움은 Digital cash의 발명자로 널리 알려진 미국의 컴퓨터 과학자이자 암호학자. 1982년 박사 논문에서 최초의 블록체인 프로토콜을 제안했으며, 이는 이후 비트코인 백서에 상세히 설명된 블록체인 요소를 대부분 포함하고 있음
디파이 코인(DeFi Coin)	디파이 코인은 디파이 경제(탈중앙화 된 경제)에서 사용되는 가장자산으로 이자, 대출, 자산관리, 디지털지갑, NFT 등을 위해 사용되는 가상자산
반감기	비트코인 반감기는 비트코인 블록 채굴자들에게 주어지는 보상이 50% 줄어드는 현상을 의미. 이는 약 4년에 한 번씩 발생하며, 비트코인의 공급량을 줄여 인플레이션을 방지하고 희소성을 유지하는데 중요한 역할을 함
분산원장 (Distributed ledger)	분산원장은 블록체인 네트워크에서 트랜잭션을 검증하고 기록하는 방식으로, 중앙 기관 없이도 신뢰를 유지할 수 있도록 하는 매커니즘
비트코인	최초의 암호화폐로, 탈중앙화된 디지털 통화
사토시 나카모토	비트코인의 창시자로 알려진 신원미상의 인물. 2008년에 비트코인의 개념과 작동 방식을 설명하는 백서를 발표하고, 2009년에 비트코인의 소프트웨어를 개발해 첫 블록체인 네트워크를 운영하기 시작
알트코인(Altcoin)	알트코인(Altcoin)은 비트코인을 제외한 모든 암호화폐를 의미. Alternative coin의 줄임말로, 비트코인의 대안으로 등장한 다양한 암호화폐를 지칭
에어드랍(airdrop)	가상자산 에어드롭은 사용자들에게 무료로 암호화폐를 제공함으로써 사용자 참여를 유도하고 프로젝트의 인지도를 높이고자 하는 것
온체인과 오프체인	온체인(On-chain)은 모든 트랜잭션과 데이터가 블록체인 네트워크에 기록되고 검증되는 방식. 투명성과 보안성이 높지만, 처리 속도가 느리고 비용이 많이 들 수 있음. 오프체인(Off-chain)은 블록체인 외부에서 트랜잭션을 처리하는 방식. 속도와 비용 면에서 효율적이지만, 온체인보다 투명성과 보안성이 낮을 수 있음
이더리움	스마트 계약 기능을 갖춘 블록체인 플랫폼. 비트코인과 이더리움의 가장 큰 차이는 적용 범위에 있는데, 비트코인이 결제나 거래 관련 시스템, 즉 화폐로서의 기능에 집중하는 반면, 이더리움은 핵심 기술인 블록체인(blockchain)을 기반으로 거래나 결제분 아니라 계약서, SNS, 이메일, 전자투표 등 다양한 애플리케이션을 투명하게 운영할 수 있게 확장성을 제공함. 이더리움 플랫폼에서 발행된 화폐가 이더 (ETH)

용어	설명
지갑	암호화폐를 안전하게 저장하고 관리하기 위한 디지털 도구. 공개키와 개인키를 통해 관리
채굴(mining)	블록체인 네트워크의 거래를 검증하고 새로운 암호화폐를 생성하는 과정
콜드월렛과 핫월렛	콜드월렛(Cold Wallet)은 암호화폐를 오프라인 상태에서 보관하는 지갑으로, 해킹이나 온라인 공격으로부터 디지털 자산을 보호하기 위한 방식임. 핫월렛(Hot wallet)은 인터넷에 연결된 상태의 지갑으로 보안성은 상대적으로 낮으나, 사용 편의성이 높음
토큰이코노미	토큰이코노미는 특정 행동에 대해 토큰을 보상으로 주어 경제 활동을 유도하는 시스템
프라이버시 코인 (Privacy Coin)	자금 출처와 목적지를 불분명하게 할 목적으로 zero-knowledge proof 기술 등을 이용하여 블록체인상에 거래를 암호화하여 소유자의 노출을 방지하는 가상자산
플랫폼코인 (Platform Coin)	비트코인과 같이 거래에 대한 정보만 기록하는 코인이 아니라 이더리움과 같이 스마트계약 또는 DAapp을 개발할 수 있는 플랫폼에서 사용되는 이더와 같은 코인. 이더, 이오스 등
하드포크(Hard fork)와 소프트 포크(soft fork)	하드포크는 블록체인 네트워크에서 이루어지는 큰 업데이트나 개선 작업, 소프트포크는 점진적인 개선 작업을 의미

참고문헌 및 사이트

- VALUATION OF CRYPTOASSETS: A GUIDE FOR INVESTMENT PROFESSIONALS, 2023 CFA Institute.
- 가상자산 회계처리 감독지침, 금융위원회, 2023.12.20.
- 가상자산과 조세(2023), 신병진, 삼일인포마인 2023.
- 국내 가상자산 소득과세에 있어서의 주요 쟁점 및 개선 방향, 김갑래, 자본시장연구원, 이슈보고서 22-23.
- 현행 토큰증권 양도차익 과세제도의 문제점과 개선방안, 김갑래, 자본시장연구원, 자본시장포커스(2023-21).
- 국내 ICO 시장과 STO 시장의 당면 과제와 발전 방향, 김갑래, 자본시장연구원, 이슈보고서 22-23.
- PwC In-dept release report 2019 december, 암호화자산 및 관련 거래 : IFRS에 따른 회계처리 고려 사항
- 암호화폐와 NFT, 무엇이 문제일까? 김승주, 동아엠앤비
- 삼정KPMG, 가상자산, 금융생태계의 새로운 패러다임. 2022.10.

- 가상자산의 증권성 판단기준 및 규제 방향, 민기호, 2023.2.

- 주요국의 가상자산 소득과세 제도 현황과 시사점, 국회입법조사처, 현안분석 제249호, 2022.5.12.

- 암호화폐 과세제도 및 과세인프라연구, 한국조세재정연구원(신상화, 홍성희, 정훈), 세법연구18-07, 2018.12.31.

- 가상화폐 이용 증대에 따른 과세상 쟁점 분석 및 대응 방안 연구-비트코인을 중심으로, 한국조세재정연구원(신상화, 강성훈), 2015.12.31.

- 가상자산과 토큰 증권의 조세 이슈, 신용우, 법무법인율촌 2023.4.27.

- NFT(Non-Fungible Token)가 가상자산에 해당되는지 판단할 수 있는 가이드라인, 금융위원회 보도자료, 2024.6.11.

- 가상화폐(Virtual Currency)와 과세, 정승영, 삼일아이닷컴, 2016.8.16.

- [보도자료] 토큰 증권(Security Token) 발행·유통 규율체계 정비방안 - 2023-2-6, 금융위원회

- 디지털자산 밸류에이션에 대한 고찰, Korbit research, 2022.1.26.

- 가상자산 현물 ETF의 리스크, KOREA CAPITAL MARKET INSTITUTE, 2024-09호, 2024.4.16.~4.29.

- 업비트 투자자보호센터

- GOPAX, Valuing Bitcoin & Ethereum

- Valuing Bitcoin, Grayscale, Last Update 08/20/2020

- 이더리움의 적정 가치는?, 코빗리서치, 2024.4.3.

- Facebook Values Itself Based on Metcalfe's Law, But the Market Is Using Zipf's, Forbes, May 31, 2012.

- Willy Woo, Is Bitcoin in a Bubble? Check the NVT Ratio. The Forbes,

Sept. 29th, 2017, https://www.forbes.com/sites/wwoo/2017/09/29/is-bitcoin-in-a-bubble-check-the-nvt-ratio/?sh=7afc19e26a23.

- 코인메트릭스, "실현 자본법이란 무엇인가" 2018.12.14. https://coinmetrics.io/realized-capitalization/.

- Crypto-Asset Reporting Framework and Amendments to the Common Reporting Standard, OECD, 2022.

- Taxing Virtual Currencies: An Overview of Tax Treatments and Emerging Tax Policy Issues, OECD, 2020.

- Regulation of Cryptocurrency Around the World: November 2021 Update, Law Library of Congress., 2021.11.

- Digital Assets, IRS, https://www.irs.gov/businesses/small-businesses-self-employed/digital-assets.

- Taxing Crypto-Asset Transactions - Foundations for a Globally Coordinated Approach, Shaun Parsons, Thesis submitted to the University of Cape Town, 22 July 2022.

- Form10-K Annual Report, Coinbase, 2024.2.15. https://investor.coinbase.com/financials/sec-filings/sec-filings-details/default.aspx?FilingId=17280851.

저자소개

■ 전우수

- 공인회계사, 세무사, Passed CFA Exam Level 3 (2018)
- 전) 삼일회계법인, 한영회계법인
- 전) General Electric International Inc.
- 전) 김·장 법률사무소
- 현) 이촌회계법인
- 주요저서
  - 기업금융과 M&A

■ 김성수

- 공인회계사, 세무사
- 전) 삼일회계법인 이사
- 전) PwC컨설팅 상무
- 전) EY, KPMG 파트너
- 전) 블록체인컨텐츠협회 감사
- 현) 부광약품 부사장
- 주요저서
  - 기업가치평가와 재무실사
  - M&A와 투자, 기업재편가이드

■ 이중욱

- 공인회계사, 세무사
- 전) 삼일회계법인 이사
- 현) 삼화회계법인
- 주요저서
  - 기업가치평가와 재무실사
  - M&A와 투자, 기업재편가이드
  - 가치투자를 위한 나의 첫 주식가치평가
  - M&A 소설 "비하인드 바이아웃"